中国新时代教育文库

改制

民办学校运营25问及政策导读

余苏 著

中国经济出版社
CHINA ECONOMIC PUBLISHING HOUSE
·北京·

图书在版编目（CIP）数据

改制：民办学校运营25问及政策导读/余苏著.--北京：中国经济出版社，2022.1
ISBN 978-7-5136-6767-8

Ⅰ.①改… Ⅱ.①余… Ⅲ.①民办学校-学校管理-研究-中国 Ⅳ.①G522.74

中国版本图书馆CIP数据核字（2021）第257892号

组稿编辑	崔姜薇
责任编辑	夏军城
责任印制	马小宾
封面设计	任燕飞

出版发行	中国经济出版社
印 刷 者	北京科信印刷有限公司
经 销 者	各地新华书店
开 本	710mm×1000mm 1/16
印 张	17.5
字 数	302千字
版 次	2022年1月第1版
印 次	2022年1月第1次
定 价	88.00元

广告经营许可证 京西工商广字第8179号

中国经济出版社 网址 www.economyph.com 社址 北京市东城区安定门外大街58号 邮编 100011
本版图书如存在印装质量问题，请与本社销售中心联系调换（联系电话：010-57512564）

版权所有　盗版必究（举报电话：010-57512600）
国家版权局反盗版举报中心（举报电话：12390）　　服务热线：010-57512564

做与时代共进的教育法律工作者

我国的教育体系已经基本形成。截至目前，我国共颁布7部相关法律，分别是《中华人民共和国教育法》（以下简称《教育法》）、《中华人民共和国学位条例》、《中华人民共和国义务教育法》、《中华人民共和国教师法》、《中华人民共和国职业教育法》、《中华人民共和国高等教育法》以及《中华人民共和国民办教育促进法》（2002年12月28日，第九届全国人民代表大会常务委员会第三十一次会议通过；2013年6月29日，第十二届全国人民代表大会常务委员会第三次会议《关于修改〈中华人民共和国文物保护法〉等十二部法律的决定》第一次修正；2016年11月7日，第十二届全国人民代表大会常务委员会第二十四次会议《关于修改〈中华人民共和国民办教育促进法〉的决定》第二次修正；2018年12月29日，第十三届全国人民代表大会常务委员会第七次会议《关于修改〈中华人民共和国劳动法〉等七部法律的决定》第三次修正，自2018年12月29日起实施。以下简称《民促法》）。此外，尚有15部法规，约80个教育部规章及100多部各地方性教育法规。教育从无法可依到初步形成了有中国特色的社会主义教育法律法规体系，有关教育的重大问题和教育工作的重要方面基本有了法律依据和保障。

深入研究，我们就会发现教育的法制体系有其自身的规律和逻辑。以民办教育为例，1982年11月26日，时任全国人大常委会委员长的彭真在第五届全国人民代表大会第五次会议上所作的《关于中华人民共和国宪法修改草案的报告》中首次提出了"两条腿"办教育的方针。1985年5月，中共中央发布的《关于教育体制改革的决定》中指出，"地方要鼓励和指导国家企业、社会团体和个人办学"。这一时期出现的民办教育都是非学历的文化补习性质的培训机构。

1993年2月，中共中央、国务院颁布的《中国教育改革和发展纲要》规定："改变政府包揽办学的格局，逐步建立以政府办学为主体、社会各界共同办学的体制。""国家对社会团体和公民个人依法办学，采取积极鼓励、大力支持、正确引导、加强管理的方针。"将民办教育推进中等、高等职业教育和职业培训领域。

1997年，国务院颁布《社会力量办学条例》，作为新中国第一部规范民办教育的行政法规，标志着中国民办教育进入依法办学、依法管理、依法行政的新阶段。1999年召开的全国教育工作会议提出，要大力发展民办教育。该会议决定，在中国第十个五年计划期间，要基本形成以政府办学为主体，公办学校与民办学校共同发展的教育格局。

2002年底，中国第一部关于民办教育的单行法律《中华人民共和国民办教育促进法》颁布。2004年，国务院审议通过了《中华人民共和国民办教育促进法实施条例》，自此中国民办教育进入了快速发展期。尤其是教育部于2008年颁布实施了《独立学院设置与管理办法》之后，从学前教育到小学、初中、高中，直至高等教育、职业教育和培训领域，民办教育机构如雨后春笋般发展起来。

《民促法》允许"民办学校的举办者可以自主选择设立非营利性或者营利性民办学校"，确定了民办教育分类管理制度。

国务院于2017年1月18日发布《关于鼓励社会力量兴办教育促进民办教育健康发展的若干意见》（国发〔2016〕81号，以下简称"国务院三十条"）。其后，为了深入贯彻《民促法》和"国务院三十条"，稳妥推进民办学校分类管理改革，由教育部等五部门研究制定并于2017年1月5日发布了《民办学校分类登记实施细则》（以下简称《登记细则》），由教育部等三部门下发了《关于印发〈营利性民办学校监督管理实施细则〉的通知》（教发〔2016〕20号，以下简称《监管细则》）。上述法律法规即俗称的《民促法》新政背景下的"1+1+2"。

根据教育部2021年11月15日发布的《中国教育概况——2020年全国教育事业发展情况》，全国共有各级各类民办学校18.7万所，招生1730.5万人，在校生5564.5万人。其中，民办幼儿园16.8万所，在园幼儿2378.6万人，占全国学前教育在园（班）幼儿总数的比例49.4%。民办普通小学6187所，在校生966.0万人，占全国小学在校生总数的比例9.0%。民办初中6041所，在校生719.0万人，占全国初中在校生总数的比例14.6%。民办普通高中3694所，在校生401.3万人，占全国普通高中在校生总数的比例16.1%。民办中等职业学校1953所，在校生249.4万人，占全国中职学校在校生的比例19.7%。民办普通高校771所（含独立学院241所），在校生791.3万人，占全国普通本专科在校生总数的比例24.1%；硕士研究生招生1260人，在学2556人。

教育是关系千家万户的民生问题，教育越来越成为社会的刚需，市场势必越来越需要既懂法律又懂教育的专业律师。在《民促法》第三次修正前，民办教育的从业人员，包括专家、学者、举办者、校长等关心的大多是如何提高教学质量，如何吸引生源，如何确定收费，如何培养师资等教育教学领域的问题；而《民促法》第三次修正后，大家开始关注举办者对学校的出资形式、举办者与学校的关系、学校的集团化管理、学校运营中的关联交易、办学收益的资本化等运营管理类问题。这不仅是时代的变迁，更是行业的跨越。

"德成智出，业广惟勤；小富靠勤，中富靠智，大富靠德；小胜靠智，大胜靠德。"作为专注于教育法律服务的教育人，我们应始终"不忘初心、牢记使命"，为推进教育事业特别是民办教育的发展做出应有的贡献。

目 录

上篇 民办学校运营25问

第1章 民办教育的未来 …………………………………………… 003
  问题1：兴办托育机构相关规定 ………………………………… 003
  问题2：普惠性幼儿园相关政策释疑 …………………………… 009
  问题3：营利性还是非营利性民办学校如何选择 ……………… 016
  问题4：现有民办学校如何分立营利性高中 …………………… 020
  问题5：长期租赁土地办学的民办高校何去何从 ……………… 026
  问题6：民办教育的未来 ………………………………………… 029

第2章 民办学校办学风险防范 …………………………………… 037
  问题7：谁来为幼儿安全事故买单 ……………………………… 037
  问题8：教师常见工伤情形与民办学校责任 …………………… 041
  问题9："双减政策"下在线教育的运营管理风险 …………… 047
  问题10：民办教育涉及的刑事犯罪 …………………………… 053
  问题11：民办学校办学过程中合同法律风险防范 …………… 063
  问题12：民办学校通过劳务派遣方式聘用教师是否合法 …… 068
  问题13：民办学校如何聘请外籍教师 ………………………… 072
  问题14：对连续教育违法行为能否多次行政处罚 …………… 075
  问题15：民办学校应如何防范应对突发公共卫生事件的法律风险 … 078

第3章 民办学校经营管理要点 …………………………………… 092
  问题16：民办学校如何完善章程和治理结构 ………………… 092
  问题17：营利性民办学校章程的特殊规定及起草建议 ……… 095

问题 18：民办学校义务教育的收费标准 ………………………… 106

问题 19：民办学校的财产能否用于融资担保 ……………………… 112

问题 20：选择分类管理时如何梳理学校的资产及财务信息 …… 117

问题 21：如何正确管理和使用民办学校的公租房 ………………… 120

问题 22：小区配套幼儿园是否必须移交政府 ……………………… 126

问题 23：城镇小区配套幼儿园的产权归属 ………………………… 134

问题 24：营利性民办学校举办者拥有哪些权利 …………………… 139

问题 25：为什么个人不宜作为民办学校的举办者 ………………… 143

下篇　民办教育相关法规、政策解读

第 4 章　《民法典》民办教育相关规定解读 ………………… 149

解读 1：《民法典》总则编关涉民办学校的重要条款 …………… 149

解读 2：民办学校运营管理中的物权问题 ………………………… 154

解读 3：民办学校资产的担保规则 ………………………………… 159

解读 4：民办学校的合同管理 ……………………………………… 164

解读 5：民办学校的侵权责任 ……………………………………… 171

第 5 章　民办教育主要法规、政策解读 …………………… 179

解读 6：民办教育改革之火已燎原——《国务院关于鼓励社会力量兴办教育促进民办教育健康发展的若干意见》………………… 179

解读 7：营利性民办学校如何办学——《营利性民办学校监督管理实施细则》……………………………………………… 182

解读 8：民办学前教育的重锤新政——《中共中央 国务院关于学前教育深化改革规范发展的若干意见》……………………… 188

解读 9：学前教育终将有法可依——《中华人民共和国学前教育法草案（征求意见稿）》…………………………………… 194

第 6 章　《民促法》地方配套政策解读 …………………… 202

解读 10：辽宁省配套政策重点 …………………………………… 202

解读 11：湖北省配套政策重点 …………………………………… 207

解读 12：上海市配套政策重点 …………………………………… 213

解读 13：浙江省配套政策重点 …………………………………… 219

解读 14：陕西省配套政策重点 …………………………………… 225

解读 15：江苏省配套政策重点 …………………………………… 230

解读 16：广东省配套政策重点 …………………………………… 235

解读 17：湖南省配套政策重点 …………………………………… 240

解读 18：海南省配套政策重点 …………………………………… 247

附录 1 ……………………………………………………………… 254

附录 2 ……………………………………………………………… 265

后　记 ……………………………………………………………… 267

上篇 民办学校运营25问

第 1 章 民办教育的未来

问题 1：兴办托育机构相关规定

中共中央、国务院于 2018 年 11 月 7 日发布的《关于学前教育深化改革规范发展的若干意见》（自 2018 年 11 月 7 日起实施，以下简称《学前教育深化意见》）实施以来，业内对民办学前教育的发展方向存有疑虑，不少投资者开始转向被认为是"蓝海"的托育产业。原因如下：第一，托育可以为学前教育输送生源，拉长了产业链；第二，托育服务不需要办学许可证；第三，托育机构的主管部门为卫健委，监管相对宽松；第四，家长对托育的期望不高，行业门槛较低。一时之间，托育行业风起云涌、飞速发展。

托育产业的发展与民生息息相关，它真的可以自由地"飞翔"吗？

当前，托育问题是社会经济健康发展、民生持续改善过程中需要解决的重点、难点问题。但一方面社会对托育服务的需求量巨大；另一方面托育机构的服务质量普遍不高、相应的监管措施不完善，急需明确托育机构的设置标准，出台相关监管措施。

为此，国务院办公厅于 2019 年 4 月 17 日印发并于同日生效的《关于促进 3 岁以下婴幼儿照护服务发展的指导意见》（国办发〔2019〕15 号，以下简称《指导意见》）。《指导意见》是国家层面首个针对 3 岁以下婴幼儿照护服务的指导意见，对婴幼儿照护服务机构（以下简称托育机构）以及婴幼儿照护服务（以下简称托育服务）业的发展与规范具有重要的指导意义。《指导意见》的主要内容及其对托育机构发展的影响如下。

一、《指导意见》的主要内容

（一）明确服务的范围

《指导意见》明确婴幼儿照护服务的对象是"3 岁以下婴幼儿"，与《幼儿园管理条例》规定的幼儿园招生对象为"三周岁以上学龄前幼儿"明确分开。

（二）基本原则

《指导意见》确定的基本原则：一是家庭为主，托育补充，明确儿童的监护抚养是父母的法定责任和义务，婴幼儿照护服务重点为家庭提供科学养育指导以及为照顾婴幼儿有困难的家庭提供必要的服务；二是政策引导，普惠优先，即优先支持普惠性婴幼儿照护服务机构；三是安全健康，科学规范，强调国家最大限度地保护婴幼儿的安全和健康，意味着国家对婴幼儿照护服务机构提出了更高要求；四是属地管理，分类指导，即婴幼儿照护服务的各项监管政策主要由地方政府制定。婴幼照护服务机构既可以为营利性机构，也可以为非营利性机构。

（三）发展目标

《指导意见》提出了两个阶段的发展目标：到2020年的发展目标是初步建立婴幼儿照护服务的政策法规体系和标准规范体系，使婴幼儿照护服务机构的设立、运营以及政府对其的监管有法可依；到2025年的发展目标是对婴幼儿照护服务机构的服务水平提出更高要求，相关监管措施更加完善。

（四）婴幼儿照护服务设施建设

《指导意见》指出新建小区的婴幼儿照护服务设施要与住宅同步验收、同步交付使用；老城区和已建成居住区无婴幼儿照护服务设施的，限期通过购置、置换、租赁等方式建设。明确小区婴幼儿照护服务设施建设的标准和规范由住房城乡建设部门制定。截至目前，一些省份已明确了具体的小区婴幼儿照护服务设施建设标准。

例如，广西壮族自治区人民政府办公厅于2019年10月30日印发并于同日生效的《关于促进3岁以下婴幼儿照护服务发展的实施意见》（桂政办发〔2019〕102号）规定："各市、县（市、区）应按照标准和规范，在新建居住区按照每百户不低于20平方米的标准规划、建设婴幼儿照护服务场地，建设必备的服务设施及安全配套设施，并与住宅同步规划、同步设计、同步建设、同步验收、同步交付使用。老城区和已建成居住区无婴幼儿照护服务设施的，可按照每百户不低于15平方米的标准通过购置、置换、租赁等方式建设。"

根据《指导意见》的规定可以预期，婴幼儿照护服务设施有望成为住宅小区的公建配套设施。

（五）设立婴幼儿照护服务机构的程序

《指导意见》明确规定了社会力量举办的婴幼儿照护服务机构采取备案登记制度，即非营利性婴幼儿照护服务机构在所在地的县级以上机构编制部门或民政部门注册登记；营利性婴幼儿照护服务机构在所在地的县级以上市场监管部门注册登记完成后，再向当地卫生健康部门备案，无须取得"办学许可证"。婴幼儿照护服务机构实行备案登记制度，是否会导致服务机构出现质量问题？国家卫生健康委副主任于学军在 2019 年 5 月 10 日国务院政策吹风会上明确表示，实行备案制是落实"放管服"改革的一项重要举措。不进行行政许可不等于放松监管；相反，这不仅要求行政部门的管理要到位，服务更要到位。《指导意见》明确规定了多种监管措施，包括地方政府负主要的安全监管职责，17 个部门和单位对婴幼儿照护服务机构进行联合监管，实行从业人员职业资格准入制度，"对虐童等行为零容忍、对相关个人和直接管理人员实行终身禁入"，信息公示制度，质量评估制度等。

《指导意见》还明确国家对于婴幼儿照护服务机构的建设提供多种保障，包括政策支持、用地保障、从业人员队伍建设、信息支撑、社会支持五个方面。其中，对婴幼儿照护服务设施和非营利性婴幼儿照护服务机构建设用地，符合《划拨用地目录》的，可采取划拨方式予以保障。

二、地方相关规定

国家层面的托育机构设置标准和监管办法虽尚未出台，但是一些地方已经先于国家对托育机构的设置标准做出相应的管理规范，如上海的相关规定就非常具有参考意义。我们可以参照上海市已经出台的托育机构设置标准和管理办法。

上海市人民政府办公厅于 2018 年 4 月 28 日印发并于 2018 年 6 月 1 日生效的《上海市 3 岁以下幼儿托育机构管理暂行办法》（沪府办规〔2018〕12 号，以下简称《上海市管理办法》）和《上海市 3 岁以下幼儿托育机构设置标准（试行）》（以下简称《上海市设置标准》），对托育机构的选址要求、人员设置、班级规模、监管措施等方面做出了规定，具体如下。

（一）选址要求

托育机构功能布局、建筑设计、设施设备等应当以保障安全为先，同时要满足以下条件。

（1）避开可能发生地质灾害和洪水等不安全地带，避开加油站、医院、污水处理站、公共娱乐场所等污染源或者不利于幼儿身心健康的场所。

（2）建筑要符合《托儿所、幼儿园建筑设计规范》的要求。

（3）幼儿生活用房不得设置于地下或半地下。

（4）建筑面积不得低于 $360m^2$（只招收本单位、本社区适龄幼儿且人数不超过25人的，建筑面积不低于 $200m^2$），且幼儿人均建筑面积不低于 $8m^2$。

（5）尽可能为幼儿提供户外活动场所，面积不宜低于 $60m^2$，且做好防护措施。

（6）举办者租用场地的，租赁期限自申请开办托育机构之日起不得少于3年。

（二）功能要求

托育机构的房屋建筑分幼儿活动用房、服务用房、附属用房三部分。全日制、半日制托育机构的幼儿活动用房包括班级活动单元、综合活动室等。计时制托育机构的幼儿活动用房包括生活区与游戏活动区。托育机构的服务用房包括保健观察室、晨检处、幼儿盥洗室（含淋浴功能）、洗涤消毒用房等。附属用房则包括厨房（非自行加工膳食的则为配餐间）、储藏室、教职工卫生间等。

（三）供餐要求

自行加工膳食的全日制托育机构应设置不低于 $30m^2$ 的厨房，不自行加工膳食但提供午餐的全日制托育机构应设置不低于 $8m^2$ 的配餐间。若用餐人数超过50人，须执行本市食品经营许可中关于幼托机构食堂的要求。半日制、计时制托育机构提供点心的，应设置不低于 $8m^2$ 的配餐间。

（四）卫生、安全问题防范

3岁以下婴幼儿入托前，应当在指定的医疗卫生机构进行健康检查，凭健康检查合格证明方可入托。除此之外，托育机构应建立健康检查制度，每日对入托的婴幼儿进行晨检和午检。在卫生保健人员的配置上，要求收托50人以下的至少配置一名兼职卫生保健人员，收托50~100人的至少配置一名专职卫生保健人员，收托 100~140 人的至少配置一名专职和一名兼职卫生保健人员。托育机构还需要做好食物过敏幼儿的登记，食品留样 48 小时，全日制托育机构每周应向家长公示幼儿食谱。

（五）班级规模

全日制或半日制托育机构每班只能招收 24~26 个月的幼儿 15~20 人，或者 18~24 个月的幼儿 10~15 人；计时制托育机构每班只能招收 24~26 个月的幼儿 11~20 人，或者 18~24 个月的幼儿 5~10 人。托育机构需根据幼儿人数和服务居住人口设置班级个数，全日制或半日制托育机构最多设置 7 个班级，计时制托育机构最多设置 4 个班级。

（六）人员设置

《上海市设置标准》对托育机构人员的设置要求较高，规定所有的托育机构从业人员须取得从业资格证书，上岗前需要接受培训，上岗后也要定期培训。托育机构的负责人须同时具有大专以上学历、教师资格证和育婴员四级及以上证书，从事学前教育管理工作 6 年及以上。育婴员、保育员、财务管理人员、卫生保健人员、保安员等须取得相应的学历证书和职业资格证书。

除此之外，每班应当配备育婴员和保育员（合称保育人员），其中育婴员不少于 1 名。2~3 岁幼儿与保育人员的比例应不高于 7∶1，18~24 个月幼儿与保育人员的比例应不高于 5∶1，18 个月以下幼儿与保育人员的比例应不高于 3∶1。托育机构应至少有 1 名保安员在岗。

（七）监督管理

《上海市管理办法》明确托育机构法定代表人和托育点举办者是机构安全和卫生保健工作的第一责任人，并制定了多种监管措施，包括市、区、街镇三级联动的综合监管机制、日常检查机制、归口受理和分派机制、违法查处机制、诚信评价机制、行业自律机制、托育服务信息管理平台监管等。

《上海市管理办法》还对托育机构的收费标准和财务管理进行了规定。托育服务收费标准虽由托育机构自行制定，但应向社会公示收费项目和标准以及退费办法等，伙食费用应当专款专用，对中途退出托育机构的幼儿应提供代办费使用明细账目。在财务管理方面，托育机构应建立财务、会计和资产管理等制度,接受财政、审计、行业主管部门以及社会各方面的监督检查。

综上所述,设立托育机构虽然不需要行政许可,但并不意味着托育机构不受监管,托育机构同时受地方政府、17个部门和单位、社会公众等方面的监督约束。

问题 2：普惠性幼儿园相关政策释疑

在各地教育行政管理部门加快推进学前教育普惠化的进程中，甚至出现一些民办非普惠幼儿园"被普惠"的问题。一旦成为普惠性民办幼儿园（以下简称普惠园），民办学校在招生、收费、财务监管、办学自主权、劳动用工等各方面都将发生根本性的改变。尤其是《民促法》修订实施后，教育从业人员对于普惠园与分类管理的关系有不少疑问，如什么是普惠园？普惠非普惠与营利非营利有何区别？普惠园是否应为非营利性幼儿园？是否可以办成营利性幼儿园？普惠园的收费和招生政策有什么不同？城镇小区中的幼儿园必须为普惠园吗？普惠园政策全国统一吗？各地①政策有何不同？以下一并梳理普惠园相关政策，并作深入分析。

一、什么是普惠园

2010 年 11 月 21 日国务院印发的《关于当前发展学前教育的若干意见》在国家层面首次明确了普惠性民办幼儿园的概念，即"面向大众、收费较低的普惠性民办幼儿园"。

此后，教育部、国家发展和改革委员会、财政部印发的《关于实施第二期学前教育三年行动计划的意见》（教基二〔2014〕9 号）要求"各地 2015 年底前出台认定和扶持普惠性民办园实施办法，对扶持对象、认定程序、成本核算、收费管理、日常监管、财务审计、奖补政策和退出机制等做出具体规定"。基于此，各地纷纷出台了普惠园的认定和扶持办法。其中，"收费合理""具有办园资质""面向大众""办学规范""接受财政扶持"等表述成为有关普惠园的高频词。例如，《广东省普惠性民办幼儿园认定、扶持和管理办法》（粤教基〔2016〕4 号）规定："普惠性民办幼儿园是指国家机构以外的社会组织或者个人，利用非国家财政性经费举办具有办园资质、面向大众、

---

① 因西藏未出台相关规定，同时我们未能通过公开渠道查询到河北、湖南、宁夏的相关规定，故下文分析未涉及以上地区，但上述地区的部分地级市对普惠园的认定和管理有专门规定，如石家庄市。

收费合理、办学规范、质量有保障的民办幼儿园。"《浙江省学前教育条例》（自2017年9月1日起实施）规定："本条例所称提供普惠性学前教育服务的民办幼儿园，是指接受县级以上人民政府财政扶持，按照规定标准收费并向一定区域的居民提供普遍学前教育服务的民办幼儿园。"

2020年《中华人民共和国学前教育法草案（征求意见稿）》（以下简称《学前教育法（征求意见稿）》）第十八条规定："政府及其有关部门举办，或者军队、国有企业、人民团体、高等学校等事业单位、街道和村集体等集体经济组织等利用财政经费或者国有资产、集体资产举办的幼儿园为公办幼儿园。前款规定以外的幼儿园为民办幼儿园，其中接受政府支持、执行收费政府指导价的非营利性民办幼儿园为普惠性民办幼儿园。省、自治区、直辖市或者设区的市、自治州人民政府制定普惠性民办幼儿园认定标准，由县级人民政府教育行政部门组织认定。公办幼儿园和普惠性民办幼儿园为普惠性幼儿园，应当提供普惠性学前教育服务。政府可以向民办幼儿园购买普惠性学前教育服务。"《学前教育法（征求意见稿）》将公办园和普惠性民办幼儿园统称为普惠园，提供普惠性学前教育服务，但其中普惠性民办幼儿园为非营利性民办幼儿园的规定尚有待商榷。

从民办普惠性幼儿园认定标准来看，普惠园需满足相关实体和程序条件。实体上，民办幼儿园应达到"具有办园资质""面向大众""办学规范"等有关标准。具体而言，包括取得办学许可证、食品经营许可证，消防审核、验收或备案手续齐全，各种证照年检合格；具备相应的场地、器材、班额等办学条件；财务、会计和资产管理制度完善；人事管理、考核制度规范，教职工依法签订劳动合同，工资、社会保险待遇合法、合理等各项要求。对此，云南、甘肃均构建了详细的评分体系。程序上，普惠园资格一般由民办幼儿园提出认定申请，经教育（会同物价、发展改革、人力资源与社会保障等）行政部门审核，并经社会公示无异议后方可取得，且需要定期复检。

二、普惠非普惠与营利非营利有何区别，普惠园是否必须登记为非营利性幼儿园

营利性、非营利性是界定法人属性，普惠性、非普惠性是服务定位。[①] 我们理解为，普惠非普惠、营利非营利实际分属于不同的框架体系：普惠非普

---

① 辛展：《给民办学校的建议》，载《中国教育报》2020年9月24日第7版。

惠的核心在于收费是否合理，能否通过普遍的、无差别的方式使公众获得优质的学前教育；而营利非营利的核心在于民办学校的收益分配权与剩余财产索取权是否归属于举办者。但因普惠性、非营利性显著的公益属性，与非普惠性、营利性较强的私益属性潜在的价值冲突，学界对普惠性民办学校为营利性民办学校抑或非营利性民办学校还存在争论。①

（一）国家规定

目前，国家并未就普惠园的具体认定条件做出统一规定，也未明确普惠园是否为非营利性民办幼儿园。

（二）地方规定

部分地区要求普惠园登记为非营利性民办幼儿园，其他未做具体要求。

1. 明确要求普惠园须登记为非营利性民办学校

《民促法》修订后，北京、天津、陕西、河南、辽宁、上海相继制定了普惠园认定的有关规则，明确普惠园必须是非营利性民办幼儿园。

《民促法》修订前，重庆、山东、江苏、贵州、新疆制定的普惠园认定规则均要求普惠园"不以营利为目的"。结合分类管理精神，我们认为"不以营利为目的"的要求应被理解为普惠园必须登记为非营利性民办幼儿园。

2. 未明确普惠园分类登记要求

除上述地方外，其余地方均未做明确规定。其中，在《民促法》修订后制定有关规定的黑龙江、浙江、安徽、江西、福建，均未对普惠园的分类登记做出要求。

三、普惠园的收费

（一）国家规定

与分类登记类似，在国家层面除《关于当前发展学前教育的若干意见》指出"收费较低"外，并未就普惠园的收费标准作更进一步规定。《学前教育法（征求意见稿）》第十八条规定普惠性民办幼儿园执行政府指导价。第五

---

① 魏聪、王海英、胡晨曦等：《促进普惠性民办幼儿园的非营利转向更适合中国国情》，载《中国教育学刊》2018 第 7 期。李文章：《非对立性：普惠性学前教育与营利性民办幼儿园的相互关系》，载《现代教育论丛》2018 年第 2 期。

十六条规定:"省、自治区、直辖市人民政府制定幼儿园收费管理办法,根据办园成本、经济发展水平和群众承受能力等因素,合理确定公办幼儿园收费标准、普惠性民办幼儿园最高收费标准和其他非营利性民办幼儿园的收费政府指导价,并建立定期动态调整机制。营利性民办幼儿园收费标准由幼儿园根据核算的生均成本合理确定。省、自治区、直辖市人民政府可以根据实际制定具体办法,对举办者获得收益的合理范围做出规定。县级以上地方人民政府及相关部门依法对营利性民办幼儿园实行价格指导和成本审核,加强对公办幼儿园和非营利性幼儿园收费的监管,遏制超成本过高收费。"

(二) 地方规定

各地方对普惠园的收费标准(保教费)基本都采取政府指导价或政府限价方式,具体模式概括如下。

1. 对标公办幼儿园收费标准

(1) 江苏:执行同类公办幼儿园收费标准。

(2) 北京、山西、新疆:不高于同级公办幼儿园收费标准。

(3) 重庆:不高于特定级别公办幼儿园收费标准。

(4) 重庆、河南、安徽、江西、福建、云南、海南、甘肃、内蒙古、广西:不高于同级公办幼儿园收费标准的一定比例(上浮50%~150%)。

(5) 上海:学前教育生均收费标准。

2. 绝对数额上限

(1) 天津:接受财政补助的普惠性民办幼儿园、城市民办幼儿园保育费(保教费)收费不超过每月1200元;农村地区民办幼儿园保育费(保教费)收费不超过每月600元。

(2) 贵州:幼儿保育教育费人均月收费标准在800元以下,根据物价水平,结合全省学前教育发展实际适时调整。

3. 收费标准的具体计算方式

(1) 政府综合有关因素制定收费标准,如广东、浙江。《广东省普惠性民办幼儿园认定、扶持和管理办法》要求各县(市、区)教育行政部门结合本地各类幼儿园运营成本、政府投入、幼儿园等级以及当地经济发展水平和居民承受能力,分层次制定普惠性民办幼儿园保教费最高标准。浙江省教育厅、浙江省财政厅、浙江省物价局《关于普惠性民办幼儿园认定及管理工作的指导意见》（浙教学前〔2015〕40号）规定："二是收费合理，参照公办幼儿园的收费管理办法，根据生均保育教育成本、当地城乡经济发展水平和群众承受能力等情况，并在各县（市、区）确定的价格浮动区间内制订收费标准。"

（2）按办园成本实行政府指导价，如山东。《山东省人民政府办公厅关于加快学前教育改革发展的意见》（鲁政办字〔2018〕71号）规定："经政府认定的普惠性民办幼儿园收费按办园成本实行政府指导价。"

（3）超出公办幼儿园收费标准的部分由政府部门确定，如湖北。《湖北省教育厅办公室关于进一步做好普惠性民办幼儿园认定工作的通知》（鄂教幼高办〔2016〕5号）第一条第六项规定："收费标准与本行政区域内同等级公办幼儿园收费标准相当或略高。高于公办幼儿园收费标准的，县级教育行政部门应结合本地消费水平特别是中低收入家庭经济承受能力，合理确定高出部分的比例。"

（4）政府与民办幼儿园协商确定（最高）收费标准，如陕西、辽宁、吉林、黑龙江、安徽。一般而言，协商定价时应综合考虑同级公办幼儿园的收费标准、政府投入、民办幼儿园的等级、当地的办园成本、经济发展水平以及当地居民的经济承受力等因素。

（5）由民办幼儿园参照公办幼儿园收费标准自行确定，如青海。《青海省普惠性民办幼儿园认定管理办法》（青教基〔2016〕103号）第八条规定："保教费和住宿费标准，由幼儿园按照相关规定，根据保育教育和住宿成本合理确定，并报所在地县级价格主管部门、教育行政部门备案后执行。其收费标准与本地区相应类别公办幼儿园收费标准大体相当。"

四、普惠园的招生

《关于当前发展学前教育的若干意见》提出普惠园是"面向大众"的民办幼儿园，各地大多引用该表述。但山东、四川、贵州、云南对普惠园的招生区域及对象作了一些限制性规定，如招生区域由教育部门划定，应优先在教育部门划定的服务范围内招生①以及实施不歧视困难家庭子女等普惠性政策。②

五、城镇小区中的幼儿园是否必须为普惠园

《关于当前发展学前教育的若干意见》明确规定："城镇小区配套幼儿园作为公共教育资源由当地政府统筹安排，举办公办幼儿园或委托办成普惠性民办幼儿园。"

我们认为，城镇小区配套幼儿园概念具有特定性，并非所有位于城镇小区内的幼儿园都在此列。城镇小区配套幼儿园被作为公共教育资源的前提是，政府对小区配套幼儿园依法享有产权或管理、使用权，只有当城镇小区中的幼儿园属于"城镇小区配套幼儿园"且政府拥有产权或管理、使用权时，幼儿园才需办成普惠园。然而，实践中并不乏政府部门强制举办者移交幼儿园或举办成普惠性民办幼儿园的情况，因此我们提醒民办学校举办者注意有关风险，考虑幼儿园移交政府与办成普惠园的利弊，并及时展开沟通。

六、普惠园相关问题问答

（一）问：什么是普惠园？

答：尚无统一概念，普惠园具有"收费合理""具有办园资质""面向大众""办学规范""接受财政扶持""民办幼儿园"等特征。普惠园的资格必须经过申请、审核、公示等程序方能取得。

（二）问：普惠非普惠、营利非营利有何区别？

答：普惠非普惠的核心在于收费是否合理，能否通过普遍的、无差别的方式使公众获得优质的学前教育；而营利非营利的核心则在于民办学校的收益分配权与剩余财产权是否归属于举办者。

---

① 《四川省教育厅 四川省财政厅 四川省发展和改革委员会关于普惠性民办幼儿园认定工作的指导意见》（川教〔2015〕79号）规定："面向大众提供普惠性服务，优先招收本区域内适龄儿童就近入园。"

② 《云南省教育厅关于印发云南省普惠性民办幼儿园评估指标体系的通知》（云教民办〔2013〕1号）规定的评分细则：(35) 具有公益性、普惠性入园规定并付诸实施不少于两年；(36) 对服务区域困难家庭子女入园收费有明确的减免措施……(38) 不拒收智障幼儿；(39) 不歧视困难家庭幼儿。

（三）问：普惠园一定是非营利性的吗？能否为营利性的？

答：有些地方要求普惠园必须登记为非营利性幼儿园，有些地方有待明确，还有一些地方在实践中可以选择营利性办学。普惠园能否为营利性，在实践和理论上均存在一定争议。

（四）问：普惠园的收费和招生有哪些特殊规定？

答：各地一般以政府定价、政府指导价的方式将普惠园的收费标准控制在较低水平，常见定价方法有对标公办园收费定价/限价、绝对数额限价、协商限价等；部分地区要求普惠园应在政府部门划定的服务范围内招生或优先招生等。

（五）问：城镇小区中的幼儿园是否必须为普惠园？

答：不是。只有城镇小区中的幼儿园属于"城镇小区配套幼儿园"且政府拥有产权或管理、使用权时，才需办成普惠园。

（六）问：有关普惠园的政策全国是否统一？各地有何不同？

答：不是。总体而言，国家层面的政策比较概括，各地应结合本地实际制定具体规定。

问题3：营利性还是非营利性民办学校如何选择

《民促法》实施后，民办学校管理者常有这些问题：学校章程需要修改吗？学校的资产应该如何理顺？学校的资产与举办者有何关系？学校应该是非营利性办学还是营利性办学？解答这些问题需要深入思考在《民促法》分类管理制度下，民办学校是应该选择营利性办学还是选择非营利性办学。

一、营利性学校与非营利性学校的区别

《民促法》第十九条第一款规定："民办学校的举办者可以自主选择设立非营利性或者营利性民办学校。但是，不得设立实施义务教育的营利性民办学校。"非营利性民办学校与营利性民办学校的区别有很多，如用地政策、政府扶持政策、税收政策等，其中最主要的区别在于举办者对学校财产的权益不同，具体如表1-1所示。

表1-1 营利性民办学校与非营利性民办学校的区别

不同点	营利性民办学校	非营利性民办学校
办学收益权不同	举办者可以取得办学收益，办学结余依照公司法等有关法律、行政法规的规定处理	举办者不能取得办学收益，办学结余必须全部用于办学
剩余财产分配权不同	清算后的剩余财产依照公司法的有关规定处理	清算后的剩余财产不能分配给举办者，继续用于其他非营利性学校办学
用地政策不同	政府以出让、转让方式（有偿）给予土地	政府以划拨等方式给予用地优惠
扶持政策不同	政府扶持途径少	政府扶持途径较多
税收政策不同	享受一般性税收优惠	享受与公办学校同等的税收优惠

（一）办学的收益权不同

《民促法》第十九条第二款和第三款规定非营利性民办学校的举办者不得取得办学收益，学校的办学结余全部用于办学。营利性民办学校的举办者可

以取得办学收益,学校的办学结余依照公司法等有关法律、行政法规的规定处理。这是《民促法》的重大修订,即从2017年9月1日之后非营利性学校的举办者不能取得办学收益,办学结余全部用于办学;而营利性学校的办学结余可以根据法律规定分配给举办者。

(二)剩余财产分配权不同

《民促法》第五十九条规定:"对民办学校的财产按照下列顺序清偿:(一)应退受教育者学费、杂费和其他费用;(二)应发教职工的工资及应缴纳的社会保险费用;(三)偿还其他债务。非营利性民办学校清偿上述债务后的剩余财产继续用于其他非营利性学校办学;营利性民办学校清偿上述债务后的剩余财产,依照公司法的有关规定处理。"这是《民促法》另一个重大修订,明确了非营利性学校清算后的剩余财产不能归举办者,应当继续用于其他非营利性学校办学。但营利性学校则可以根据《公司法》第一百八十六条的规定(公司财产在分别支付清算费用、职工的工资、社会保险费用和法定补偿金,缴纳所欠税款,清偿公司债务后的剩余财产,有限责任公司按照股东的出资比例分配,股份有限公司按照股东持有的股份比例分配)分配学校的剩余财产。

(三)用地政策不同

《民促法》第五十一条第一款规定:"新建、扩建非营利性民办学校,人民政府应当按照与公办学校同等原则,以划拨等方式给予用地优惠。新建、扩建营利性民办学校,人民政府应当按照国家规定供给土地。"该条款明确了非营利性民办学校与营利性民办学校办学用地不同的供给方式,营利性民办学校应按照国家规定以出让、转让方式(有偿)取得土地,非营利性民办学校可以通过划拨方式取得办学用地,营利性民办学校所支付的土地对价远高于非营利性民办学校,办学成本较高。

(四)扶持政策不同

《民促法》第四十六条规定:"县级以上各级人民政府可以采取购买服务、助学贷款、奖助学金和出租、转让闲置的国有资产等措施对民办学校予以扶持;对非营利性民办学校还可以采取政府补贴、基金奖励、捐资激励等扶持措施。"对该条规定应理解为"政府补贴、基金奖励及捐资激励"等扶持政策为非营利性民办学校专有。

(五) 税收政策不同

《民促法》第四十七条规定:"民办学校享受国家规定的税收优惠政策;其中,非营利性民办学校享受与公办学校同等的税收优惠政策。"由此可知,非营利性学校与营利性学校在税收政策上是不同的,可以预测营利性学校在缴纳税率和税种的基础上享受一定优惠,而非营利性学校等同于公立学校享受税收优惠。

二、影响民办学校选择的关键因素

《民促法》明确规定了义务教育阶段不能开办营利性民办学校,那么民办学校应当如何选择?我们认为,影响民办学校采用营利性还是非营利性办学有一个至关重要的因素,就是学校核心资产(办学用地、校舍等不动产)的权属现状。

从实践来看,学校核心资产的权属存在两种情况:一是自有资产,即学校的核心资产均登记在学校名下;二是非自有资产,学校租赁办学或者无偿使用举办者名下的资产。我们知道,办学用地、校舍的不动产权属以登记为准。

《民促法》修订实施后,民办学校可以自由选择营利性或者非营利性办学。从举办者的层面考虑,结合核心资产权属的分类,我们可以通过表1-2来分析营利性民办学校与非营利性民办学校核心资产权属的区别及其对举办者的影响。

表1-2 营利性民办学校与非营利性民办学校核心资产权属

学校类别	举办者享有不动产权属	学校享有不动产权属
营利性学校	享有不动产使用期间收益权,享有学校办学结余的分配权	不享有不动产收益权,享有学校办学结余分配权
非营利性学校	享有不动产收益权,不享有学校办学结余的分配权	不享有不动产收益权,不享有学校办学结余分配权

从表1-2我们可以看到,核心资产权属对举办者的重要影响:如果核心资产权属登记在举办者名下,则无论选择营利性还是非营利性办学,举办者均享有核心资产的收益权;如果资产权属登记在学校名下,举办者只有选择营利性办学,才享有核心资产最终收益权。

此外,财政部、国家税务总局发布的《关于教育税收政策的通知》规定:"对国家拨付事业经费和企业办的各类学校、托儿所、幼儿园自用的房产、土地，免征房产税、城镇土地使用税。""社会力量兴办的托儿所、幼儿园比照企事业单位政策执行，对于其自用的房产、土地免征房产税和城镇土地使用税。""对学校、幼儿园经批准征用的耕地，免征耕地占用税。""对县级以上人民政府教育行政主管部门或劳动行政主管部门审批并颁发办学许可证，由企业事业组织、社会团体及其他社会和公民个人利用非国家财政性教育经费面向社会举办的学校及教育机构，其承受的土地、房屋权属用于教学的，免征契税。"教育机构使用的土地和房屋，享有税收优惠政策，这里应理解为学校自有资产。因此，民办学校核心资产权属现状是影响其选择营利性与非营利性的重要因素之一。

三、影响民办学校选择的其他因素

基于非营利性办学与营利性办学的不同，影响民办学校选择的其他因素主要有土地价格、税负成本、政府扶持、收费标准等。但具体还有待于结合地方政府出台的相关政策进行分析。

（一）土地价格

民办学校如果选择营利性办学，若其办学用地为划拨方式取得，则需要重点考虑可能需支付土地出让金的问题。不同地区的土地价格存在巨大差异，如果按照基准地价，有的民办学校甚至要支付过亿元的土地出让金，这无疑将成为影响民办学校是否选择营利性办学的重要因素。

（二）税负成本

一些非义务教育阶段的民办学校举办者对于选择营利性办学患得患失，如担心未来的税负成本过高，挤占现有的办学结余，对此我们的观点如下：

第一，要分析营利性学校需要承担的税种及税率。

第二，民办学校举办者应有信心，很多利润率远低于民办学校的企业都能发展良好，民办学校营利性办学又有何惧？

第三，对于举办者而言，只有营利性办学才能取得投资的收益。

但各学校土地、房产等核心资产权属状况是不同的，有的是国有土地，有的是集体用地，有的是划拨取得，有的是向村集体购买取得，有的是租赁取得，等等。无论属于何种情况，民办学校举办者务必要梳理、落实办学用地、校舍、学校固定资产等权属来源和法律关系，基于学校未来发展战略，综合考虑各项政策，合理决策。

问题4：现有民办学校如何分立营利性高中

在《民促法》修订生效实施之前，民办学校都是非营利性质。修订后的《民促法》第十九条第一款规定："民办学校的举办者可以自主选择设立非营利性或者营利性民办学校。但是，不得设立实施义务教育的营利性民办学校。"这意味着高中阶段可以选择营利性办学。对于12年一贯制或者完全中学，要选择营利性办学，就必须首先分立，将初中和高中分离。

《民促法》第十九条第二款和第三款规定："非营利性民办学校的举办者不得取得办学收益，学校的办学结余全部用于办学。营利性民办学校的举办者可以取得办学收益，学校的办学结余依照公司法等有关法律、行政法规的规定处理。"当民办学校的办学用地及校舍的产权作为举办者投资权属登记在学校名下时，如果该民办学校选择非营利性办学，即意味着该民办学校终止办学后其用地及校舍作为清算后的剩余资产不能归于举办者；如果该民办学校选择营利性办学，在办学期间举办者虽然无法从学校取得土地及校舍的使用权益，但是在学校终止办学后其用地及校舍仍可归举办者所有。从实践来看，很多举办者在开办学校时，出于节税的考虑往往选择将办学用地及校舍的权属登记在学校名下。基于《民促法》的分类管理制度，对于举办者来讲，权益最大化的做法是将拥有办学用地及校舍权属的学校用于营利性办学，我们称之为"现有民办学校分立出营利性高中"。

但根据现行的有关民办教育的法律、法规，从现有民办学校分立出营利性高中存在各种法律问题。具体分析如下。

一、分立的法律依据及程序要求

《民促法》第二十二条第一款规定："学校理事会或者董事会行使下列职权：（一）聘任和解聘校长；（二）修改学校章程和制定学校的规章制度；（三）制定发展规划，批准年度工作计划；（四）筹集办学经费，审核预算、决算；（五）决定教职工的编制定额和工资标准；（六）决定学校的分立、合并、终止；（七）决定其他重大事项。"《民促法》第五十三条规定："民办学校的分立、合并,在进行财务清算后,由学校理事会或者董事会报审批机关批准。申请分立、合并民办学校的,审批机关应当自受理之日起三个月内以书面形式答复;其中申请分立、合并民办高等学校的,审批机关也可以自受理之日起六个月内以书面形式答复。"

修订的《中华人民共和国民办教育促进法实施条例》(2004年3月5日,中华人民共和国国务院令第399号发布;2021年4月7日,中华人民共和国国务院令第741号修正,自2021年9月1日起实施。以下简称《民促法实施条例》)第二十六条也规定了学校的分立系民办学校董(理)事会讨论的重大事项,应当经2/3以上组成人员同意方可通过。

同时,《民办非企业单位登记管理暂行条例》(1998年9月25日,中华人民共和国国务院令第251号发布,自1998年10月25日起实施。以下简称《民非登记条例》)第十六条规定:"民办非企业单位自行解散的,分立、合并的,或者由于其他原因需要注销登记的,应当向登记管理机关办理注销登记。民办非企业单位在办理注销登记前,应当在业务主管单位和其他有关机关的指导下成立清算组织,完成清算工作。清算期间,民办非企业单位不得开展清算以外的活动。"

鉴于上述,民办学校分立的基本程序为:学校董(理)事会2/3以上组成人员做出学校分立的决议—进行财务清算—报审批机关审批—进行法人设立或变更登记。

二、分立中的问题和困惑

(一)如何开展分立的财务清算

《民非登记条例》仅规定了民办非企业单位应当在业务主管单位和其他有关机关的指导下,成立清算组织,完成清算工作,并没有详细规定如何成立清算组织,清算组织成员的组成。例如,是否需要业务主管部门派员参加,是直接由学校董事会指定人员组成,还是由举办者自行指定人员组成?清算组织的职权有哪些,清算具体程序如何,对于清算报告的内容和形式有何要求等。国家层面的法律规定对此并未涉及,《民促法》仅规定"选择登记为营利性民办学校的,应当进行财务清算,依法明确财产权属,并缴纳相关税费,重新登记,继续办学。具体办法由省、自治区、直辖市制定"。截至目前,只有为数不多的地方政府对此进行了较为详细的规定,如浙江省。

《浙江省民办学校财务清算办法》第十三条规定:"清算组职责:(一)拟订教职工和学生安置方案,必要时向审批机关提出将学生安置到其他学校的申请;(二)清理民办学校资产,编制资产负债表和资产清单,制定清算方案;(三)向教职工、社会、债权人发布清算公告,书面通知债权人;(四)处理与清算有关未了结的业务;(五)提出财产评估作价和计算依据;(六)清缴所欠税款;(七)处理债权、债务;(八)处理民办学校清偿债务后的剩余财产;(九)代表民办学校参与民事诉讼活动;(十)清算结束时提出清算报告。"

同时,《浙江省民办学校财务清算办法》还规定了清算基本程序,如图1-1所示。

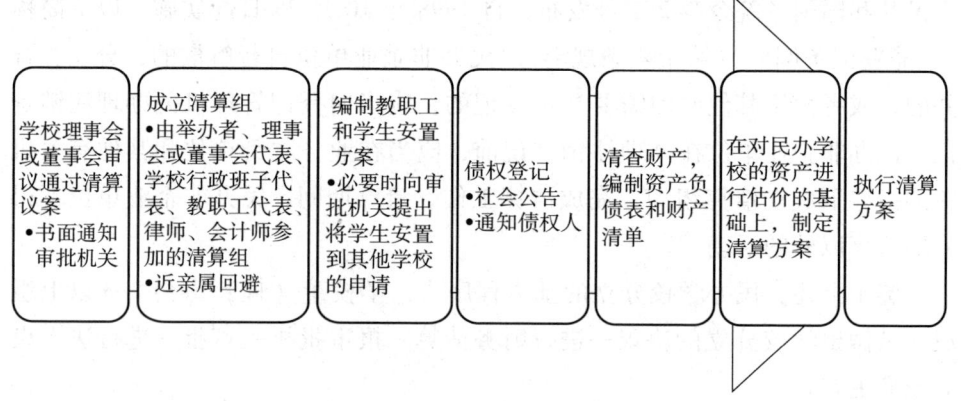

图 1-1　浙江省民办学校财务清算基本程序

(二)清算完成后再申请审批,届时审批机关不同意怎么办

《民促法》仅规定了民办学校的分立、合并,在进行财务清算后,由学校理事会或者董事会报审批机关批准,但是《民促法》并没有明确审批机关是业务主管部门还是主体登记部门、审批机关需要审批哪些内容、审批机关最终不同意如何处理等内容。

《浙江省民办学校财务清算办法》第二十三条规定:"清算结束后,清算组应制作清算报告,清算报告经中介机构审计、学校理事会或董事会确认后,连同清算收支报表、各项账册、剩余资产分配方案一并报审批机关审批。"鉴于审批的内容,我们理解审批机关应指业务主管部门。

为了避免得不到审批机关批准的尴尬局面,我们建议参考《外商投资企业合并与分立规定(2015修正)》的规定,进一步细化分立的程序和要求。

该规定第二十五条规定:"审批机关应自接到本规定第十九条或第二十二条规定报送的有关文件之日起四十五日内,以书面形式做出是否同意合并或分立的初步批复……"第二十六条规定:"拟合并或分立的公司应当自审批机关就同意公司合并或分立做出初步批复之日起十日内,向债权人发出通知书,并于三十日内在全国发行的省级以上报纸上至少公告三次……"

(三) 通过分立审批需满足什么条件

很多民办学校的举办者都有这样的疑惑:高中分立时,场地是否需要分割?现有的12年一贯制学校或者完全中学,大多共同使用操场、食堂及宿舍,甚至连教学楼都是共用。如果高中分立,是否意味着分立后的两个甚至三个学校都必须符合单独新设学校的标准?还是主要完成法律主体上的分立,而不需要对办学实体进行分割?

尽管多地并未就现有学校分立的审批和登记专门立法,但是实践中已有不少地方就此制定了办事指南。例如,北京市海淀区教育局已明确海淀区民办学校分立应提供的材料清单,如图1-2所示。

民办学校分立须提交如下材料:
(1) 办学许可证正本原件;
(2) 填写二份合格的《海淀区民办学校申请变更审批、核准表》;
(3) 变更申请;
(4) 董事会决议;
(5) 财务清算报告;
(6) 学校分立方案

图1-2 海淀区民办学校分立应提供的材料清单

《广州市民办学校(含学前教育、初等教育、初级中等教育、高级中等教育)审批许可服务指南(试行)》也列明了所需材料清单及法律依据,如表1-3所示。

表 1-3 广州市民办学校所需材料清单及法律依据

序号	材料名称	要求	法律依据
1	分立申请表		
2	原办学许可证正、副本		《中华人民共和国民办教育促进法》第六十条
3	学校决策机构同意分立的决议	会议的召集、召开及决议内容符合法律、法规及章程的规定；已备案的合法董事会、理事会成员签名	《中华人民共和国民办教育促进法》第五十三条；《中华人民共和国民办教育促进法实施条例》第二十条
4	财务清算报告	应对分立前民办学校的资产、债权、债务全面清理，编制财产目录和债权、债务清单，说明财产作价依据和债权、债务处理情况，以及各项遗留问题的处理情况	《中华人民共和国民办教育促进法》第五十三条
5	分立方案	应包括资产分割及处理、债权债务及税务承担、在校学生及教职工安置等主要内容，不得损害学生及教职工的合法权益；分立方案应加盖民办学校公章，并由分立前、后民办学校举办者签章确认	《中华人民共和国民办教育促进法》第五十七条、第五十九条
6	分立后民办学校设立资料	按设立民办学校（含学前教育、初等教育、初级中等教育、高级中等教育）的审批要求提交材料	

《广东省民办学校分类登记的实施办法》第二十二条规定："含有义务教育阶段多层次办学的现有民办学校，其中非义务教育阶段选择营利性办学的，清算后应进行资产剥离，重新办理办学许可证后分别到相应的登记管理机关登记。学校资产剥离时，应当优先满足非营利学校的办学需要。"本规定中"应当优先满足非营利学校的办学需要"如何理解？是现有学校持有的办学用地和校舍只能归属于非营利性学校，还是可以归属于营利性学校，只要该营利性学校保证将原非营利性学校使用的校舍长期租赁予其稳定使用即可？当然，根据修订的《民促法实施条例》有关规定，非营利性学校的校舍租赁禁止关联交易。

综上，我们理解，民办学校分立的清算方案审批标准至少应包含以下内容：

（1）清晰的财产分割及债权债务处置方案；

（2）保证办学秩序，妥善安置在校教职工及学生；

（3）不得损害债权人利益；

（4）优先保证非营利性民办学校办学，即明确现有学校的办学用地和校舍可以归属于分立后的营利性学校，但该营利性学校必须保证非营利性学校的办学，如仍然将原非营利性学校使用的校舍长期租赁予其稳定使用等。

（四）现有非营利性初中能否变更为营利性高中

很多于 2016 年 11 月 7 日前设立的民办非营利性学校试图将办学层次变更为高中，以期能够举办营利性高中，以确保举办者对所投入的办学用地和校舍的所有权。根据现行法律规定，现有非营利性初中能否转变为营利性高中？可采取何种办法实现转变？是否必须直接变更办学层次？是否可以先增加高中办学层次再减去初中办学层次，按照"现有民办学校"政策进行分类登记？在实践中这些问题都有待进一步探讨。

综上所述，我们认为，只有当地方政府依法规定民办学校终止退出管理机制、统一民办学校财务清算基本程序、建立财务清算的分阶段审批制度、明确分立审批所需的文件以及审查标准，才能切实保证民办学校终止清算的顺利进行，保护民办学校师生、债权人、社会利益相关者的合法权益，维护社会办学秩序，切实推进民办教育建立分类管理制度。

问题5：长期租赁土地办学的民办高校何去何从

依靠长期租赁的土地办学的民办高校并不少见。例如，民办高校 A 现有办学用地总面积约 800 亩，其中长期租赁的土地面积约 600 亩，约占总用地面积的 75%；民办高校 B 现有办学用地总面积约 750 亩，其中长期租赁的土地面积约 240 亩，约占总用地面积的 32%。两家学校在每年的教育厅年检报告中均被要求尽快整改土地过户问题。

那么，民办高校使用的土地是否必须是其自有土地？没有自有土地的高校是否可以继续办学？有哪些相关规定？

一、民办高校使用长期租赁的土地办学是否合法

对于民办高校而言，土地是其核心资产。那么，民办高校使用长期租赁的土地办学是否合法？

《普通高等学校设置暂行条例》第八条第一款规定："设置普通高等学校，须有与学校的学科门类和规模相适应的土地和校舍，保证教学、生活、体育锻炼及学校长远发展的需要，普通高等学校的占地面积及校舍建筑面积，参照国家规定的一般高等学校校舍规划面积的定额核算。"

《民办高等学校办学管理若干规定》第五条第一款规定："民办高校的办学条件必须符合国家规定的设置标准和普通高等学校基本办学条件指标的要求。"

《普通高等学校基本办学条件指标（试行）》规定"监测办学条件指标"的合格标准是综合类本科及高职（专科）院校生均用地面积为 54 平方米，但是监测办学条件是对基本办学条件指标的补充，为全面分析普通高等学校办学条件和引进社会监督机制的参考依据。同时，这些指标可反映普通高等学校基本办学条件的改善、更新情况，对提高教学质量和高等学校信息化程度等具有积极的指导作用。

《独立学院设置与管理办法》第八条规定："参与举办独立学院的社会组织，应当具有法人资格。注册资金不低于 5000 万元，总资产不少于 3 亿元，

净资产不少于1.2亿元,资产负债率低于60%。参与举办独立学院的个人,应当具有政治权利和完全民事行为能力。个人总资产不低于3亿元,其中货币资金不少于1.2亿元。"第十八条规定:"申请筹设独立学院,须提交下列材料:……(五)资产来源、资金数额及有效证明文件,并载明产权。其中包括不少于500亩的国有土地使用证或国有土地建设用地规划许可证。……"

但从相关法规规定来看,并未禁止举办者利用已取得长期租赁权的土地举办民办高校,甚至于2010年12月13日废止的《民办高等学校设置暂行规定》第十条①明文规定允许租赁场地办学。因此,长期租赁土地办学具有合法性。根据法不溯及既往的原理,即使《民办高等学校设置暂行规定》已于2010年12月13日被废止,新法也无法溯及民办高校在此之前签订长期租赁协议租赁场地办学的情况。

二、民办高校使用长期租赁的土地办学是否合理

很多人认为,民办高校不仅要有符合法律规定要求的开办规模,而且土地、房屋等权属还必须过户至学校名下。但是我们认为,既然法律曾经允许民办高校租赁土地办学,那么就应当从举办者的出资形式角度解读其出资义务的履行。

《民办高等学校办学管理若干规定》②第七条第一款、第二款规定:"民办高校的资产必须于批准设立之日起1年内过户到学校名下。本规定下发前资产未过户到学校名下的,自本规定下发之日起1年内完成过户工作。"也就是说,如果举办者以自有的不动产形式投资办学,则应根据法律规定于批准设立之日起1年内将举办者名下的不动产过户至学校名下,成为学校的自有资产,如此才履行完毕出资义务。如果举办者以现金或者其他形式投资办学,并没有承诺将不动产作为办学投资,那么我们认为该不动产则不必过户至学校名下。正因如此,包括《独立学院设置与管理办法》在内的相关法律法规并没有将举办者必须提供"自有"房地产作为开办条件之一。

根据"国务院三十条"的规定,国家鼓励放宽办学准入条件。社会力量投资教育,只要是不属于法律、法规禁止及不损害第三方利益、社会公共利

---

① 《民办高等学校设置暂行规定》第十条规定:"自行筹资建校舍尚有困难的民办高等学校,允许租借现有合适的校园或其他单位的适用土地、用房从事教学活动,但须有具法律效力的契约。长期租借外单位适用土地、房屋等设施满足办学需要的学校,其筹办启动资金要求可以适当放宽。"

② 该规定于2015年11月10日有修订。

益、国家安全的领域，政府不得限制。政府部门要制定准入负面清单，列出禁止和限制的办学行为。各地要重新梳理民办学校准入条件和程序，进一步简政放权，吸引更多的社会资源进入教育领域。

新修订的《民促法实施条例》第五十五条第三款进一步明确："实施学前教育、学历教育的民办学校使用土地，地方人民政府可以依法以协议、招标、拍卖等方式供应土地，也可以采取长期租赁、先租后让、租让结合的方式供应土地，土地出让价款和租金可以在规定期限内按合同约定分期缴纳。"

城市发展水平越高，土地供求关系越紧张，可供教育使用的土地资源就越少；而民办高校办学所需的土地面积大，一味强制要求举办者以足够的土地使用权作为出资并在规定的时间内过户至民办高校名下，在现有经济条件及土地供求状况下并不现实，所以国家要求各地重新梳理民办学校的准入条件和程序。为了民办高校拥有健康的发展环境，我们认为应该允许民办高校以长期租赁的土地办学。

综上所述，我们认为民办高校必须具备与学校的学科门类和规模相适应的土地和校舍。民办高校用于办学的土地和校舍既可以自行购买，也允许租借，但必须是具有法律效力的长期契约，以保证办学的稳定。民办高校只要达到法律要求的规模和生均面积，举办者无论是以自有房地产还是租借的房地产办学都应该被允许。

问题6：民办教育的未来[①]

一、职业教育的发展展望

职业教育与普通教育具有同等重要地位。教育部原部长陈宝生坦言，要对职业教育"高看一眼、厚爱一分"，职业教育有着广阔的发展前景。国家发展职业教育，推进职业教育改革，提高职业教育质量。2019—2020年，国家及地方制定了诸多鼓励发展职业教育的政策，使职业教育政策体系不断规范和完善。在发展职业教育，尤其是发展民办职业教育过程中，一些法律问题仍是我们关注的重点及热点问题。

（一）民办职业教育常见法律问题

1. 学制类职业教育

（1）民办职业院校的准入问题。现行有效的学制类职业教育学校的设置标准包括教育部印发的《高等职业学校设置标准（暂行）》和《中等职业学校设置标准》。总体而言，新建中等职业学校和高等职业学校的准入门槛较高，投入较大。其中，需要重点关注的法律问题包括：①办学用地的取得方式，如是划拨用地还是出让用地，或者是租赁办学场地的方式；②办学用地的用途，需要考虑地方性政策对于非教育用地（尤其是工业用地办学）的政策；③举办者的出资方式、出资金额；④教职工队伍的招聘等。

（2）民办职业学校投融资问题。民办职业学校的办学经费是否有保障，在很大程度上影响民办职业学校能否高质量发展。民办职业学校在经营管理过程中的融资需求很大，如校区扩建、信息化建设提升等都需要大笔资金。民办职业学校常见的融资途径包括举办者借款、银行贷款、资本市场融资、信托融资、资产证券化融资等。如何更好地解决民办职业学校融资问题，修订的《民促法实施条例》第六十条规定："国家鼓励、支持保险机构设立适合民办学校的保险产品，探索建立行业互助保险等机制，为民办学校重大事故

[①] 此部分节选于2021年《君合年报》。

处理、终止善后、教职工权益保障等事项提供风险保障。金融机构可以在风险可控前提下开发适合民办学校特点的金融产品。民办学校可以以未来经营收入、知识产权等进行融资。"

（3）民办职业学校专升本问题。2020年6月，教育部批准7所高职院校升格为本科"职业大学"，至此已有22所职业院校（21所民办+1所公办）开展本科层次的职业教育试点。高等职业院校升本一直是高等教育的热门话题，专科升本科意味着院校在学费水平、招生数量、办学水平等多方面质的提升，民办高职院校举办者以升本为目标，是投资者关心的重大利好。

但民办职业学校专科升本科面临比普通高等学校更加严格的设置条件，如何达到本科院校的设置条件，是举办者及民办职业学校首要解决的问题。如何紧跟职业教育发展步伐，调整职业教育培养方式，完善高层次应用型人才培养体系，是民办职业学校面临的另一重要问题。

（4）民办职业学校校企合作。2018年，教育部会同有关部门印发《职业学校校企合作促进办法》，明确了职业学校校企合作的目标原则、实施主体、合作形式、促进措施和监督保障，建立健全校企合作的基本制度框架。2019年3月，国家发展改革委、教育部联合印发《建设产教融合型企业实施办法（试行）》，对进入目录的产教融合型企业给予"金融+财政+土地+信用"的组合式激励，遴选了24家先期重点建设培育的产教融合型企业。

但校企合作仍有诸多需要探究和明晰的地方，如校企合作能否合作营利性职业教育机构？如何提升企业参与职业教育的积极性，培养企业真正需要的人才，即企业在校企合作中如何体现企业的权益和效益？给予产教融合型企业"金融+财政+土地+信用"的激励政策如何落实？

2. 非学制类职业培训

（1）非学制类职业培训产品研发问题。非学制类职业培训的品类多样，根据教育部给出的解释，职业培训主要是因就业、技术进步、转业以及生活情趣等需要，为人们提高技术业务知识和职业技能水平开展的一种教育活动。与学校教育相比较，内容多具有单一性，时间可长可短、方式灵活多样。目前，我国职业培训机构主要有成人技术培训学校（按培训对象不同分为职工技术培训学校和农民技术培训学校）、各级各类职业学校和就业训练中心等。培训的内容主要有资格认证培训、学徒制培训、就业培训（包括第一次就业培训和再就业培训）、在职人员岗位培训、农村劳动力转移培训、农民实用技术培训等。

如何抓住社会需求提供最具特色的职业培训，培训产品研发是关键，包括职业培训特色课程、授课方式、资格认证等一系列职业培训规划。其中，涉及核心商业秘密保护、知识产权保护、数据合规、核心师资激励机制、线上线下产品研发和推广机制等法律问题。

（2）外商投资非学制类职业培训。根据《鼓励外商投资产业目录（2020年版）》，全国范围内鼓励外国投资者进入的教育行业包括在线教育、非学制类职业培训机构及不包括学前教育、义务教育、高中阶段教育的非学历语言类培训机构。为外商提供进入非学制类培训机构投资机会的同时，也意味着非学制类培训机构具有走向国际市场的可能。但是，根据一家外资企业反映，其在申请注册设立经营范围包括"非学制类职业培训"的外商独资企业时，由于缺少相关的许可程序及管理办法，地方审批层面无法可依，相关部门不予受理，即存在"准入不准营"的状态，可见地方相关配套政策的重要影响。外商如何投资非学制类职业培训成为一个重要的法律问题。

（3）非学制类职业培训融资问题。近年来，非学制类职业培训市场吸引众多 VC/PE 投资，非学制类培训机构的海外上市风生水起。非学制类职业培训机构如何选择融资方式，如何做大、做强品牌，是非学制类职业培训机构在融资过程中需要重点关注的法律问题。

培训机构需注意日常经营的合法、合规性，留意法律、法规和政策的发展动态，对于教育行业而言，政策始终是引导行业发展的重要因素。非学制类职业培训机构需要有自身定位，有选择地深耕培训细分市场，根据自身实际选择融资方式。

（二）民办职业教育发展展望

职业教育发展前景广阔，职业教育机构应积极谋求创新、规范发展，做好顶层结构设计及战略发展规划，同时完善内部管理体系，迎接新发展机遇。

未来 5~10 年，以国家产业发展为依托，职业教育发展将迈上一个新台阶，形成具有中国特色的民办职业教育发展路径。职业教育机构及从业者、投资人着力跟进职业教育的政策利好，以国家政策作为发展职业教育的风向标。无论是学制类民办职业教育还是非学制类职业培训，都应全力把握发展机遇。

二、在线教育的发展展望

2020年，是在线教育处于风口浪尖的一年。受疫情影响，在线教育用户渗透率大幅提高，用户黏性持续加强，一线、二线城市的线上教培需求保持火热的发展态势；依托于互联网科技及教育智能硬件设备的发展，在线教育市场将进一步下沉，三线、四线城市的市场潜力越发凸显。根据艾媒数据，2020年我国在线教育市场规模达4858亿元，而2016年仅为2218亿元，在线教育市场的扩张速度不断加快。2020年7月，国家发展改革委等13部门发布的《关于支持新业态新模式健康发展激活消费市场带动扩大就业的意见》提出"大力发展融合化在线教育"，使在线教育迎来了政策利好。如何从法律层面做好在线教育的创业发展及投资布局？我们以此问题为切入点，展望在线教育行业前景态势，以期为广大教育行业创业者、管理者及投资者提供一些启示。

（一）利好 K12 素质教育，线上市场将进一步下沉

近年来，以 STEM、体适能训练、艺术美育和传统文化等为主的素质教育广受欢迎，融资数量及规模逐渐扩大，如已完成 D 轮 4000 万美元的美术宝教育。2020年10月，中共中央办公厅、国务院办公厅印发了《关于全面加强和改进新时代学校体育工作的意见》和《关于全面加强和改进新时代学校美育工作的意见》，要求推动学校体育、美育评价改革，将达到国家学生体质健康标准要求作为教育教学考核的重要内容，探索将艺术类科目纳入初中、高中学业水平考试范围。截至目前，全国已有多个省份将美术、体育科目纳入中考范围。素质教育的关键在于如何与学科教育建立紧密关联性。K12 学科培训的目的在于应试，素质教育则关注能力提升。家长关心的是如何利用素质教育的方法或能力提高学生学科学习能力，如编程技能对数理逻辑能力的提升、传统文化课程对语文素养的积极影响等。

同时，线上教育市场会进一步下沉。近年来，各行业都在进行市场下沉，但是教育行业的下沉幅度、广度仍有待加强。头部机构的线下培训业务主要集中在一线、二线城市，三线、四线城市的业务扩展较为缓慢。究其根源，阻碍教育行业市场下沉的主要因素在于教师资源匮乏，而在线教育恰恰可解决这一痛点。随着 5G 技术的落地、普及，教育信息化发展进程必将加快；同时，在 5G 技术的推动下，直播、增强实境（AR）、VR 等技术进一步深入在线教育的

实践中，既可以优化教学体验，也为解决教师资源匮乏问题提供了路径。我们认为，K12在线素质类培训教育未来将逐步向三线、四线城市等市场下沉，寻求新的增长点。

（二）市场监管力度加大，行业发展"马太效应"增强

近年来，教育部等相关部门陆续出台针对校外线上培训机构和互联网线上教育的监管政策。2018年11月，教育部办公厅、国家市场监管总局办公厅、应急管理部办公厅联合发布《关于健全校外培训机构专项治理整改若干工作机制的通知》（教基厅〔2018〕10号），要求按照线下培训机构管理政策，同步规范K12在线培训，在师资、宣传、收费等方面对K12校外线上培训提出监管要求。《民促法实施条例》第十六条对在线教育的办学许可、安全管理和安全保护、外籍人员的管理等做了明确规定。① 尤其是2021年7月中共中央办公厅、国务院办公厅印发的《关于进一步减轻义务教育阶段学生作业负担和校外培训负担的意见》对于在线教育做了严格规定。例如，"对原备案的线上学科类培训机构，改为审批制。各省（自治区、直辖市）要对已备案的线上学科类培训机构全面排查，并按标准重新办理审批手续。未通过审批的，取消原有备案登记和互联网信息服务业务经营许可证（ICP）""线上培训机构不得提供和传播'拍照搜题'等方法""严禁聘请在境外的外籍人员开展培训活动""不得开展面向学龄前儿童的线上培训"，等等。我们认为，随着教育主管部门进一步加大对在线教育企业的监管力度，在线教育企业包括在线教育服务平台，应尽早关注合规问题，切实解决如资质证照、教师资格证、广告宣传等问题；从长远来看，在线教育企业尤其对于走资本市场计划的企业，对合规问题要给予足够的重视，及早对业务及企业内控等问题进行识别、整改。

同时，在线教育将进一步冲击传统的线下教培机构。传统的线下教育培训受制于空间和时间，灵活性低，抗风险能力较弱。因此当疫情来临时，许

---

① 修订的《民促法实施条例》第十六条规定："国家鼓励民办学校利用互联网技术在线实施教育活动。利用互联网技术在线实施教育活动应当符合国家互联网管理有关法律、行政法规的规定。利用互联网技术在线实施教育活动的民办学校应当取得相应的办学许可。民办学校利用互联网技术在线实施教育活动，应当依法建立并落实互联网安全管理制度和安全保护技术措施，发现法律、行政法规禁止发布或者传输的信息，应当立即停止传输，采取消除等处置措施，防止信息扩散，保存有关记录，并向有关主管部门报告。外籍人员利用互联网技术在线实施教育活动，应当遵守教育和外国人在华工作管理等有关法律、行政法规的规定。"

多机构为减少资金压力和退费风险，将培训服务转到线上进行。但这种行业平台型商业模式（OMO）的转型必然涉及海量的资金投入以及用户培养成本，且中小型机构往往缺乏 OMO 转型的基因，难以找准定位。如此，头部机构持续吸收市场资金，地位进一步巩固；中小型机构因无法适应市场的快速变化，资金链断裂，技术更新缓慢或服务质量不佳，将逐步被淘汰，整个行业面临洗牌。一方面表现为对存量地方教培机构形成负面冲击，另一方面迫使中小机构进入整合期。

（三）教育信息化推动全产业链发展，利好教育硬件及服务企业

教育信息化是指运用现代化信息技术手段革新教育领域，包括教育管理、教育教学和教育科研的过程，使教育手段科技化、教育传播信息化、教学方式现代化。教育信息化已成为推动我国教育行业发展的一大增长点。根据艾瑞咨询的数据，2019 年我国教育信息化市场规模已突破 4300 亿元，包括 B 端和 C 端的教育硬件设备及以 C 端为导向的教育软件系统和教育服务市场，这些都处于赛道抢占期。

教育与科技的紧密融合成为行业发展趋势，利好教育硬件及教育服务企业。科技巨头进军在线教育，随着 5G 技术的深入发展及普及，AI、VR、AR 等技术在教育领域的全面应用，硬件升级、软件服务覆盖面扩大以及 C 端用户的付费场景增加等，教育信息化市场将迎来一波新的高速增长。

（四）二级市场融资渠道逐步畅通，A 股或成教育企业上市热土

2020 年 11 月下旬，传智播客成为 A 股首家教育类 IPO 过会企业，结合民办美术培训机构老鹰教育等教育企业在 A 股市场的资本运作动态，我们认为，A 股市场有对教育培训行业逐渐开放的态势，二级市场面向教培机构的上市通道将逐步畅通。另外，从教育板块来看，传智播客的成功表明职业教育在境内上市的利好趋势。除此之外，结合对市场的观察，我们认为素质教育板块企业同样有望实现在境内 A 股上市。2020 年以前，受限于严格的上市政策要求，中国内地教育企业多转向在美国及中国香港寻求上市；2020 年，教育企业集中赴港上市的势头有所减缓，同时内地资本市场正持续推进注册制改革，目前推行的科创板、创业板注册制改革将为后续中小板、主板的注册制改革提供更多的经验与教训。

三、非营利性学校的发展展望

《民促法》将民办学校分为营利性和非营利性两种，并规定非营利性学校的举办者不得取得办学收益，学校的办学结余全部用于办学，同时删除了此前关于出资人可以从办学结余中取得合理回报的规定。一时，非营利性学校举办者是否"无利可图"，如何对非营利性学校进行监管，特别是对非营利性学校关联交易监管等问题备受关注。通过相关部门后续出台的法规政策，我们可以看出国家对非营利性学校的监管导向逐渐清晰，即坚持社会主义办学方向，坚持以公益为导向，坚持以公办为主。

财政部于2020年6月15日发布的《〈民间非营利组织会计制度〉若干问题的解释》（财会〔2020〕9号，自2020年6月15日起实施）明确对民间非营利组织与关联方发生关联方交易，需在会计报表附注中披露该关联方关系的性质、交易类型及交易要素，表明了政府机关监督、审查非营利性学校关联交易的决心。

教育部、国家发展改革委员会、财政部、国家市场监管总局、国家新闻出版署于2020年8月17日发布的《关于进一步加强和规范教育收费管理的意见》（自2020年8月17日起实施），严禁非营利性民办学校举办者通过各种方式从学费收入等办学收益中取得收益，分配办学结余（剩余财产）或通过关联交易、关联方转移办学收益等行为。该规定强调了非营利性民办学校的公益属性，并明确禁止举办者通过关联交易转移非营利性学校的办学收益。

《关于规范民办义务教育发展的意见》对规范民办义务教育作了进一步规定，严格监测和通报民办义务教育在校生比例，同时规定原则上不再审批设立新的民办义务教育学校（含民办九年一贯制学校、十二年一贯制学校和完全中学）。

民办非营利性学校无法"盈利"，且关联交易的监管政策逐渐收紧，是否还能吸引社会资本投资办学？答案是肯定的。以只能选择登记为非营利性学校的义务制学校为例，虽然其无法"盈利"，但在十五年一贯制的教育链条中扮演着"承上启下"的关键角色。启下，义务制学校可以承接幼儿园的生源，为学生入读对口义务制学校提供保障；承上，义务制学校可以为营利性民办高中提供稳定的生源，在集团化办学过程中防止生源流失、保障营利性学校"招生率"等方面发挥着至关重要的作用。义务制教育的受众广，且受学生和家长的重视，如果教育集团重视义务制学校的办学和发展并形成品牌，对于稳定集团营利性学校的生源和提高其办学质量都具有促进作用。

近年来陆续出台的一系列法规、政策表明国家对落实非营利性学校公益属性的政策导向，以及加强对非营利性学校关联交易监管的决心。任何企图"以非营利之名行营利之实"都无法得到长远、可持续性发展，甚至会触及法律。在可预见的未来，国家对非营利性学校，特别是关联交易的监管将会逐渐收紧。

第 2 章　民办学校办学风险防范

问题 7：谁来为幼儿安全事故买单①

虽然谁都不愿意发生幼儿安全事故，但客观上幼儿安全事故难以完全避免。为此，需深入分析幼儿安全事故的责任划分问题。

一、责任划分

准确划分幼儿安全事故责任的难度较大。例如：幼儿园放学后，在家长的陪同下，幼儿在幼儿园玩滑梯不慎摔伤。家长认为，事故发生在幼儿园内，应该由幼儿园承担全部责任。园方则认为，事故发生时已经放学，因家长看护不到位导致孩子受伤，幼儿园对此没有任何责任。类似的安全事故责任应该如何确定和承担？

关于幼儿安全事故责任，有不少法律、法规进行了规定。主要有《中华人民共和国民法典》（2020 年 5 月 28 日，第十三届全国人民代表大会第三次会议通过，自 2021 年 1 月 1 日起实施。以下简称《民法典》）、《中华人民共和国刑法》（1979 年 7 月 1 日，第五届全国人民代表大会第二次会议通过；2020 年 12 月 26 日，第十三届全国人民代表大会常务委员会第二十四次会议《中华人民共和国刑法修正案（十一）》修正，自 2021 年 3 月 1 日起实施。以下简称《刑法》）、《中华人民共和国未成年人保护法》（1991 年 9 月 4 日，第七届全国人民代表大会常务委员会第二十一次会议通过；2020 年 10 月 17 日，第十三届全国人民代表大会常务委员会第二十二次会议第二次修正，自 2021 年 6 月 1 日起实施。以下简称《未成年人保护法》）、《民促法》、《民促法实施条例》、《教育行政处罚暂行实施办法》、《中小学幼儿园安全管理办

---

① 本部分内容已发表于第 211 期《教育家》，略有修改。

法》、《学校卫生工作条例》、《学校体育工作条例》、《学生伤害事故处理办法》、《最高人民法院关于审理人身损害赔偿案件适用法律若干问题的解释》等。

总的来看,幼儿安全事故可产生三种形式的责任:民事责任、行政责任及刑事责任。三种责任既可以单独适用,也可以合并适用。

当民办学校不履行安全管理和安全教育职责时,对重大安全隐患未及时采取措施的,有关主管部门应责令其限期改正;拒不改正或者符合某些情形的,教育行政部门应当给予学校负责人和其他直接责任人员(如校长、主管副校长、安保主任、教师等)相应的行政处分,这是行政责任。

因故意、重大过失,导致发生严重幼儿安全事故、构成犯罪的,追究负责的主管人员和其他直接责任人员的刑事责任,这是刑事责任。

民事责任则包括停止侵害、排除妨碍、消除危险、返还财产、恢复原状、赔偿损失、赔礼道歉和消除影响、恢复名誉等。

总的来说,民事责任的归责原则是以过错责任为主、公平责任为辅。

相关法律明确规定了民办学校需承责的十二种事由,包括学校的校舍、场地、其他公共设施,以及学校提供给学生使用的学具、教育教学和生活设施、设备不符合国家规定的标准,或者有明显不安全因素的;学校的安全保卫、消防、设施设备管理等安全管理制度有明显疏漏,或者管理混乱,存在重大安全隐患,而未及时采取措施等。

相关法律还规定了民办学校可减责的五种事由,包括学生违反法律、法规的规定,违反社会公共行为准则、学校的规章制度或者纪律,实施按其年龄和认知能力应当知道具有危险或者可能危及他人的行为;学生的行为具有危险性,学校、教师已经告诫、纠正,但学生不听劝阻、拒不改正等。

对于民办学校已履行了相应职责且行为并无不当的,在学校管理职责范围外发生事故且民办学校行为并无不当的,法律明确规定了学校免责,无须承担任何法律责任,包括学生行为具有危险性,学校、教师已经告诫、纠正,但学生不听劝阻、拒不改正的;在学生自行上学、放学、返校、离校途中发生的;等等。

因此,从法律层面来讲,并非所有发生在幼儿园里的安全事故,园方都必须承担责任,至少未必承担全部责任。责任的具体划分必须根据上述责任划分的原则结合具体情况具体分析。

二、幼儿安全事故的处理建议

幼儿安全事故一旦发生，一般可以分为三个阶段，如图 2-1 所示。

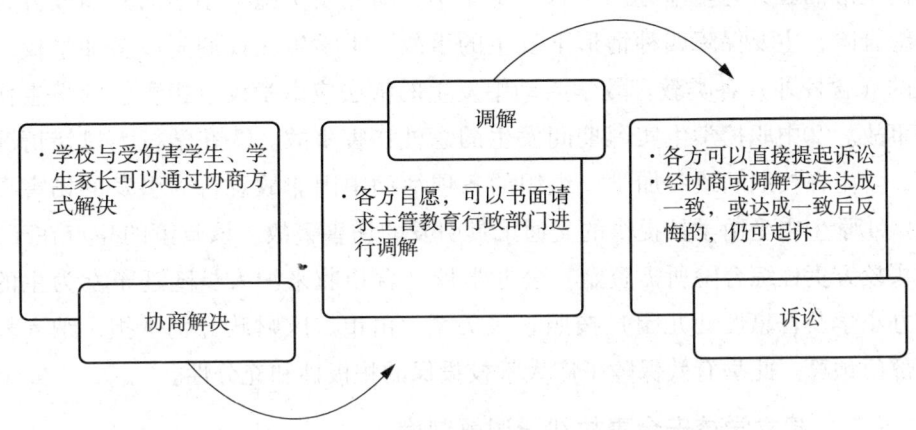

图 2-1　幼儿园安全事故的处理阶段

这三个阶段看似简单，实则复杂。各案例的实际情况不同，影响责任划分的因素就不同，而且幼儿安全事故会掺入大量的情感因素、社会因素等非客观情形。幼儿园为了声誉，担心正常的教学秩序受到影响等，会"主动"承担一些"额外"责任。为此，除了民办学校要建立安全防范意识，始终把安全防范放在首位外，我们再从国家制度层面提两点建议。

（一）从制度上要求学校购买校方责任综合险，并为学校购买保险提供资金支持

教育部、最高人民法院、最高人民检察院、公安部及司法部于 2019 年 6 月 25 日联合发布《教育部等五部门关于完善安全事故处理机制 维护学校教育教学秩序的意见》（教政法〔2019〕11 号），强调要健全学校安全事故预防与处置机制，特别提到要"形成多元化的学校安全事故损害赔偿机制。学校或者学校举办者应按规定投保校方责任险，有条件的可以购买校方无过失责任险和食品安全、校外实习、体育运动伤害等领域的责任保险。要通过财政补贴、家长分担等多种渠道筹措经费，推动设立学校安全综合险，加大保障力度。要增强师生和家长的保险意识，引导家长为学生购买人身保险，有条件的地方可以予以补贴"。

随后，一些地方响应中央精神根据自身实际情况出台了相应配套措施，

如上海市教育委员会和上海市财政局共同发布了《关于实施中小学幼儿园校方责任综合险工作的通知》（沪教委青〔2019〕45号），决定自2020学年起，对上海市全日制公办中小学（含中等职业学校，下同）、幼儿园，经教育行政部门批准的社会力量举办的全日制中小学、幼儿园实施中小学幼儿园校方责任综合险，主要保障四种情形下发生的事故：①学生在校期间或参加学校组织的（含校外）各类教育教学活动中发生的依法应由学校承担责任的学生伤害事故。②中职校学生实习期间发生的意外伤害事故。③在学校无过错情况下，学生在校期间或参加学校组织的各项活动中因非故意行为引发的伤害事故。④学生乘坐由学校提供的交通工具引发的伤害事故。该政策的亮点在于，购买校方责任综合险所需资金，公办学校（含招收来沪人员随迁子女为主的民办小学及普惠性幼儿园）按照隶属关系，由市、区财政分别承担，纳入教育部门预算。此举有效保障了广大学校投保的积极性和充分性。

（二）建立学校安全事故纠纷调解制度

当学校与家长就安全事故的责任划分无法协商达成一致意见时，首先将争议提交教育部门调解在实践中常有发生，但尚无制度予以明确。虽然《教育部等五部门关于完善安全事故处理机制 维护学校教育教学秩序的意见》规定："教育部门应当会同司法行政机关推进学校安全事故纠纷调解组织建设，聘任人大代表、政协委员、法治副校长、教育和法律工作者等具备相应专业知识或能力的人员参与调解。建立由教育、法律、医疗、保险、心理、社会工作等方面专业人员组成的专家咨询库，为调解工作提供支持和服务。市县两级行政区域内可根据需要设立学校安全事故人民调解委员会，对学校难于自行协商或者协商不成的安全事故纠纷实现能调尽调。司法行政机关应当会同教育部门、人民法院加强对学校安全事故人民调解委员会的指导，帮助完善受理、调解、回访、反馈等各项工作制度，加强人民调解员队伍建设和业务培训，确保调解依法、规范、公正、有效进行。地方教育部门根据需要可以直接组织行政调解。区域内的高等学校可以加强合作，联合建立事故纠纷调处机制。"但是，调解专家库如何组建、主持调解的人员如何从专家库中抽选（涉及调解的公信力）、调解的效力如何、调解需要的经费如何解决等都是实践中需要进一步解决的问题。

问题 8：教师常见工伤情形与民办学校责任

案例 1：

2011 年 11 月 16 日，海口某中学高中部冯老师在家突发心肌梗死，抢救无效死亡。事发前一天晚上，冯老师在家连夜批完了 100 多份试卷。冯老师在家加班时病发是否应被认定为工伤？①

案例 2：

2016 年 6 月 2 日，广州某中学张老师参加学校组织的跳绳比赛后离开学校，当日 18 时 30 分突感不适送往医院抢救，经抢救无效，于当日 20 时 20 分死亡。教师参加学校组织活动伤亡，算不算工伤？

案例 3：

B 学校每年发放旅游补贴，该补贴一般按如下方式发放：教职工自由报名参加学校组织的旅游活动，旅游费用首先由 B 学校统一支付，不足部分由参加的教职工个人补足；未报名参加的员工视为放弃该福利。2016 年，李四报名参加了 B 学校本年度集体旅游，在旅游过程中突发疾病，送医院后抢救无效身亡。李四家属认为，李四因参加学校组织的旅游活动而引发疾病死亡，应视为工伤。

一、问题的引发

基于职业特点，在特定情况下发生的教师意外伤亡，除上述案例提及的常见情形之外，还有诸如家访过程中发生意外伤亡、寄宿制学校住校教师管理学生时发生意外伤亡，这些情形能否被认定为工伤？若认定为工伤，教师如何申请工伤待遇？若学校未足额缴纳工伤保险，如何承担补足义务？

上述三个案例的共同点是教师均突发疾病身亡。虽然《工伤保险条例》第十五条第一款第（一）项规定"在工作时间和工作岗位，突发疾病死亡或者在 48 小时之内经抢救无效死亡的"视同工伤。如果不满足《工伤保险条

---

① 案例来源：http://www.ft22.com/wap/content.asp?id=8300&lid=175，访问日期 2021 年 2 月 24 日。

例》第十五条规定的条件,则不能认定为工伤。然而,如何认定"在工作时间和工作岗位"却各执一词。如案例1,经过行政复议、一审、二审直至最高院再审认定属于工伤才尘埃落定。那么,对教师这类独特岗位工作人员发生的意外伤亡,认定工伤的基本原则是什么?

二、工伤认定基本原则

(一)司法实践的认定

针对上述案例,最高院裁判要旨包括以下三个方面。①员工突发疾病来不及抢救即已经死亡,以及发病时没有人员在场丧失抢救机会死亡,均不是不能适用《工伤保险条例》第十五条第一款第(一)项规定的理由。《工伤保险条例》第十五条第一款第(一)项规定,"在工作时间和工作岗位,突发疾病死亡或者在48小时之内经抢救无效死亡的",视同工伤。该项规定明确了视同工伤包括两种情形:一是在工作时间、工作岗位上突发疾病死亡;二是在工作时间、工作岗位上,突发疾病,48小时内经抢救无效死亡。未经抢救死亡,存在两种情形:一是突发疾病,来不及抢救即已经死亡;二是发病时,没有其他人员在场,丧失抢救机会死亡。所以,视为工伤的关键在于,必须是在"工作时间和工作岗位"上突发疾病死亡。②在家加班工作期间,应当属于"在工作时间和工作岗位"。通常理解,"工作时间和工作岗位"应当是指单位规定的上班时间和上班地点。同时,我们认为,职工为了单位的利益在家加班工作期间,也应当属于"在工作时间和工作岗位"。主要理由:一是根据《工伤保险条例》第一条规定,制定和实施该条例的目的在于"因工作遭受事故伤害或者患职业病的职工获得医疗救治和经济补偿"。因此,理解"在工作时间和工作岗位",首先应当看职工是否为了单位的利益从事本职工作。为了单位的利益将工作带回家,占用个人时间继续工作,其间突发疾病死亡,其权利更应当受到保护。二是《工伤保险条例》第十四条第(一)项、第(二)项、第(三)项认定工伤时的法定条件是"在工作时间和工作场所内",而第十五条规定视为工伤时使用的是"在工作时间和工作岗位","工作岗位"更多强调的不是工作时的处所和位置,而是岗位职责、工作任务。职工在家加班工作是为了完成岗位职责,应当属于《工伤保险条例》第十五条规定的"在工作时间和工作岗位"。三是《工伤保险条例》第十五条规定将"工作场所"替换为"工作岗位",是法律规范对工作地点范围的进一步拓展;将"工作岗位"理解为包括在家加班工作,是对法律条文的正常理解,而不是扩大解释。③在突发疾病是否发生于工作时间、工作岗位上难以确定的情况下,应当做出有利于职工的肯定性事实推定。在职工发病和死亡是否发生在工作时间、工作岗位上缺乏相关证据证明、难以确定的情况下,根据工伤认定倾向性保护职工合法权益的原则,应当做出有利于职工的肯定性事实推定,而非否定性事实认定。

因此,上述案例1、案例2的情形,符合《工伤保险条例》第十五条第(一)项规定的情形,予以认定工伤。针对案例3,司法实践中存在两种不同观点:一种观点认为,"单位组织旅游与工作有本质联系,其目的是放松职工身心,增强和改善单位团队沟通与协作,更好地促进单位绩效,实现单位利益,是职工工作的延续""单位要求或鼓励员工参加的集体活动,可以被认为工作的一个组成部分,应属于工作原因";另一种观点认为,"单位组织员工参加的旅游活动带有福利性质,由单位出资,员工是否参加出于自愿,不带有强制性,其内容与工作及履行工作职责无关,不属于单位指派员工参加的活动"。

(二)从立法目的探讨

我们认为,判断职工发生的意外伤亡是否属于工作原因,即是否满足"在工作时间和工作岗位"应当从立法的目的、原则、精神出发。相关法律、法规的立法精神是最大可能地保障主观上无恶意的劳动者因工作或在与工作相关活动中遭受事故伤害或患职业病后,能够获得医疗救治、经济补偿和职业康复的权利。因此,判断职工发生的意外伤亡或所参加的单位活动是否属于工作原因的尺度,应适当放宽。当然,某些活动如比赛、旅游等,单位不一定要求员工必须参加,但单位一般会积极鼓励员工参加,因为单位组织相关活动旨在放松员工身心、强化团队建设,最终激发员工的工作热情、提高员工的工作效率,其本质是为了工作,与员工的个人活动仅为个人娱乐具有本质区别。员工在单位组织并鼓励参加的集体活动中发生伤亡的,应当认为因为工作原因导致,应由单位负责而不能让员工个人承担不利后果,符合《工伤保险条例》的立法宗旨。

当然,我们也要关注《中华人民共和国民法典》(以下简称《民法典》)对自甘风险的规定。根据《民法典》第一千一百七十六条规定:"自愿参加具有一定风险的文体活动,因其他参加者的行为受到损害的,受害人不得请求其他参加者承担侵权责任；但是，其他参加者对损害的发生有故意或者重大过失的除外。活动组织者的责任适用本法第一千一百九十八条至一千二百零一条的规定。"民办学校在日常管理过程中，无论是学生的体育活动如运动会，还是教职工的工会活动如迷你马拉松、登山等，学生或教职工在参与活动时受伤是常见的现象，在此情况下，受伤的学生家长或者教职工第一时间都会想到找学校讨要说法，要求承担侵权责任。在《民法典》生效之前，法律尚未明文规定自甘风险的免责事由，学校在处理受害方和过失方的纠纷时无法可依，难以说服双方。在《民法典》生效之后，只要学生或者教职工是自愿参与的活动，且在过失方不存在故意或者重大过失的情况下，受害人将不得请求过失方承担侵权责任。《民法典》第一千一百七十六条规定有利于民办学校处理在日常文体活动过程中受害方和过失方的纠纷。但是，民办学校的责任认定并不适用该规定，而应该适用《民法典》中其他关于民办学校责任的规定。

三、工伤认定程序

（一）工伤认定申请主体

根据《工伤认定办法》第四条、第五条的规定，职工发生工伤，由用人单位向统筹地区社会保险行政部门提出工伤认定申请。用人单位未在规定的时限内提出工伤认定申请的，受伤害职工或者其近亲属、工会组织在事故伤害发生之日或者被诊断、鉴定为职业病之日起1年内，可以直接按照规定提出工伤认定申请。

（二）工伤认定应提供的资料

《工伤认定办法》第六条规定："提出工伤认定申请应当填写《工伤认定申请表》，并提交下列材料：（一）劳动、聘用合同文本复印件或者与用人单位存在劳动关系（包括事实劳动关系）、人事关系的其他证明材料；（二）医疗机构出具的受伤后诊断证明书或者职业病诊断证明书（或者职业病诊断鉴定书）。"申请单位依据规定提交材料，社会保险部门经调查核实后，做出工伤结果认定。

（三）工伤认定的时间

《工伤认定办法》第十八条规定："社会保险行政部门应当自受理工伤认

定申请之日起 60 日内做出工伤认定决定，出具《认定工伤决定书》或者《不予认定工伤决定书》。"

建议民办学校在申请职工工伤认定时，详细阅读各地办事指南，如《广州市天河区工伤认定申请办事指南》对工伤认定就有详细明确的规定。[①]

四、用人单位未足额缴纳工伤保险的补足义务

（一）用人单位未足额缴纳工伤保险费的，工伤保险待遇差额部分应由用人单位补足

《工伤保险条例》第十条规定："用人单位应当按时缴纳工伤保险费。职工个人不缴纳工伤保险费。用人单位缴纳工伤保险费的数额为本单位职工工资总额乘以单位缴费费率之积。对难以按照工资总额缴纳工伤保险费的行业，其缴纳工伤保险费的具体方式，由国务院社会保险行政部门规定。"

《广东省工伤保险条例》（2019 年修正）第五十六条明确规定，"用人单位少报职工工资，未足额缴纳工伤保险费，造成工伤职工享受的工伤保险待遇降低的，工伤保险待遇差额部分由用人单位向工伤职工补足"。

（二）如何判断用人单位是否依法"足额缴纳工伤保险费"

首先，要明确依法足额缴纳工伤保险费的相关要求；其次，据此判断用人单位是否达到相关要求。

《工伤保险条例》第三条规定："工伤保险费的征缴按照《社会保险费征缴暂行条例》关于基本养老保险费、基本医疗保险费、失业保险费的征缴规定执行。"《社会保险费征缴暂行条例》第十条第一款规定："缴费单位必须按月向社会保险经办机构申报应缴纳的社会保险费数额，经社会保险经办机构核定后，在规定的期限内缴纳社会保险费。"《广东省社会保险费征缴办法》第六条明确规定："缴费个人按本人当月申报个人所得税的工资、薪金计算缴纳社会保险费，缴费单位按所属缴费个人当月申报个人所得税工资、薪金的总额计算缴纳社会保险费。"

用人单位依法"足额缴纳工伤保险费"，是按职工"当月申报个人所得税工资、薪金的总额"计算并缴纳。从立法本意来看，职工"当月申报个人所

---

① 参考链接：http://www.gdzwfw.gov.cn/portal/guide/1144010600750851XC4440711000000，最后访问日期 2021 年 2 月 24 日。

得税工资、薪金的总额"为依法申报的数额,如存在申报错漏甚至故意少申报、不申报情形的,以依法核实的应申报数额为准。

  但严格按照上述规定执行,则会引发一系列实际操作难题。例如,很多用人单位在年终发放奖金,而年终奖金依法应作为职工个人所得平均分摊到当年各月中缴纳个人所得税,但在年终奖金没有发放之前,数额是不确定的。另外,对于用人单位和社保中心来说,每个月即便实时调整职工的缴费数额,在技术上和时间上也难以保证。鉴于此,实践中,基本上采取"递延"计缴的办法,即每年度的缴费基数按上一年度缴费个人当月申报个人所得税的工资、薪金为缴费基数计算。

五、结语

  劳动用工风险是民办学校日常经营管理中面临的重要问题。民办学校的日常管理涉及师生生活的方方面面,管理模式和存在的风险具有独特性。从我们的经验来看,民办学校防范劳动用工风险的关键是要足额缴纳各项保险。建议民办学校在劳动用工过程中注意依法签订劳动合同并缴纳社会保险,尤其是工伤保险。只有缴纳工伤保险,教职工才能享有工伤保险待遇;否则,民办学校不仅需要补交工伤保险,还需承担教职工工伤待遇差额补足义务,得不偿失。

问题9："双减政策"下在线教育的运营管理风险

一、引言

2021年7月24日，中共中央办公厅、国务院办公厅印发《关于进一步减轻义务教育阶段学生作业负担和校外培训负担的意见》（以下简称《双减意见》）。《双减意见》针对学科类培训、非学科类培训的相关监管措施将对在线教育产生重大影响。如何防范在线教育运营管理的法律风险？本书将以此作为切入点与大家分享我们的见解。

二、业务资质

在线教育的业务模式包括自营及第三方运营两类，前者是培训机构以自建或购买的形式建立平台并自主运营，后者是指入驻第三方开放平台，利用第三方技术开展在线教育。在线教育的业务准入资质或要求主要包含以下几个方面

（一）备案审查制度变更为审批登记制度

在《双减意见》落地前，备案审查制度是在线教育的主要监管措施。2019年7月12日，教育部、中央网信办、工业和信息化部、公安部、广电总局、全国"扫黄打非"工作小组办公室联合印发《教育部等六部门关于规范校外线上培训的实施意见》（教基函〔2019〕8号，以下简称《线上培训意见》）要求实施学科类的校外线上培训机构在取得互联网信息服务业务经营许可证（ICP）或电信业务经营许可后，向教育行政部门提交相关材料申请备案，并规定省级教育行政部门应结合本地实际出台相应的执行政策。以广东省为例，根据《广东省校外线上培训专项治理工作方案》规定，备案审查的主体包括自营平台和第三方综合平台。其中，对于通过入驻第三方平台实施线上教育培训的机构或个人，原则上由该第三方服务平台主办者负责管理、汇总后统一申报审查。但是，根据《双减意见》的要求，各地要对已备案的线上学科类培训机构全面排查，按标准重新办理审批手续。未通过审批的，

取消原有备案登记和互联网信息服务业务经营许可证。

（二）办学许可证

在线教育机构是否应取得办学许可证，是众多投资者及机构关心的问题。《国务院办公厅关于规范校外培训机构发展的意见》（国办发〔2018〕80号）要求，以中小学生为培训对象的线下校外培训机构应取得办学许可证。《关于健全校外培训机构专项治理整改若干工作机制的通知》（教基厅〔2018〕10号）则规定：按照线下培训机构管理政策，同步规范线上教育培训机构。根据《双减意见》规定，各地不再审批新的面向义务教育阶段学生的学科类校外培训机构，现有学科类培训机构统一登记为非营利性机构，对非学科类培训机构，各地要区分体育、文化艺术、科技等类别，明确相应主管部门，分类制定标准、严格审批。据此，我们认为从《双减意见》的行文逻辑来看，对于义务教育阶段的学科类培训机构以及非学科类培训机构，均需要取得办学许可证，与是否以线上方式实施教育培训活动没有直接关系。同时，《双减意见》亦明确，各地不得开展面向学龄前儿童的线上培训，不再审批新的面向学龄前儿童的校外培训机构和面向普通高中学生的学科类校外培训机构。对面向普通高中学生的学科类培训机构的管理，参照《双减意见》的规定执行。

根据教育部办公厅此前印发的《关于进一步明确义务教育阶段校外培训学科类和非学科类范围的通知》，在开展校外培训时，道德与法治、语文、历史、地理、数学、外语（英语、日语、俄语）、物理、化学、生物按照学科类进行管理。对涉及以上学科国家课程标准规定的学习内容进行的校外培训，均被列入学科类进行管理。体育（或体育与健康）、艺术（或音乐、美术）学科，以及综合实践活动（含信息技术教育、劳动与技术教育）等按照非学科类进行管理。同时，教育部新闻办主任、教育部新闻发言人续梅在2021年8月30日召开的发布会上表示，区分学科和非学科培训是一项专业性很强的工作。教育部要求各地组织相关专家，对于各种培训项目，根据其实际培训的目的、培训内容、培训方式进行综合研判。因此，我们理解对于如何区分学科类和非学科类的问题，教育部虽然已有原则性规定，但后续仍有赖于教育部及各地方出台更加细致的指导规定予以明确和区分。

（三）其他资质或证照

在线教育一般通过互联网以录播、直播等方式向用户提供营利性服务，是否要取得关于互联网经营的相关证照，如网络文化经营许可证、信息网络传播视听节目许可证、网络出版服务许可证等，《双减意见》及《线上培训意见》等文件对此并未直接予以明确。因《互联网文化管理暂行规定》《互联网视听节目服务管理规定》及《网络出版服务管理规定》等规定的适用范围相当宽泛，所以这些问题长期以来存在一定争议。根据我们对学而思、作业帮、VIPKID等头部机构的公开检索，部分机构已取得网络文化经营许可证、出版物经营许可证等证照。

但是，根据北京市文化和旅游局于2020年3月10日印发的《关于电商类、教育类、医疗类、培训类、金融类、旅游类、美食类、体育类、聊天类不需要申请办理〈网络文化经营许可证〉的特别提示》，教育类直播不属于网络表演，不需要申请办理网络文化经营许可证。从资本市场已有案例及我们的项目实践来看，监管部门一般认为在线教育业务无须申请信息网络传播视听节目许可证，但在线教育机构为用户提供相关具备出版物特征的培训材料，则可能需要取得网络出版服务许可证。

基于上述，投资者应当重点关注在线教育机构或第三方服务平台是否按照相关规定做好相关业务准入资质的合规工作，同时应结合投资标的所提供的服务和/或产品特点，判断其所需的其他互联网业务相关证照，避免投资标的因业务资质问题受到行政主管部门的处罚，影响品牌形象和正常运营。

三、知识产权

在线教育机构为运营便捷及节省成本等原因，常通过网络等途径直接下载、复印或改编他人发布或出版的教材、教辅及教学演示文稿等作为教学材料使用或出售。这些教学材料包含了作者对于教学理念、内容、方式的独特组合或编排，体现了独创性和可复制性，属于《中华人民共和国著作权法》保护的作品范围。在这种情况下，在线教育机构的前述行为存在侵犯他人著作权的风险。虽然《中华人民共和国著作权法》第二十二条明确规定"为学校课堂教学或者科学研究"的合理使用，可以不经著作权人许可，不向其支付报酬而使用其作品，但"学校课堂"是否包括营利性的在线教育机构仍存争议。我们认为，"合理使用"制度的立法精神在于平衡社会公益与著作权人私益，营利性机构具有商业性和易传播性，付费使用他人的教学材料应是其主要运营成本之一。若允许"合理使用"，则会产生市场替代作用，著作权人的私益会受到法律无法容忍的损害。因此，投资者及在线教育机构应当关注在线教育教学材料来源的合法性，避免不必要的侵权纠纷。

四、数据安全

在线教育机构在运营管理的不同阶段与场景中，如用户注册、签到考勤、个性化定制课程、直播音（视）频授课、作业批改、统计测评、教育 App 等，均涉及对用户信息和数据的收集、保存和使用。诸多在线教育机构在用户数量激增的背景下，由于数据信息保护制度建设跟不上发展速度，甚至被完全忽略，因此存在较大的违规风险。

根据最新颁布的《中华人民共和国个人信息保护法》，不满十四周岁的未成年人信息属于特殊敏感信息，相关主体应取得未成年人监护人的同意并制定专门的个人信息处理规则。对于生物识别、宗教信仰、特定身份等敏感个人信息，要执行用于特定目的、充分必要和严格保护的措施，并取得个人的单独同意，以及明确告知个人其收集信息的必要性和对个人权益的影响。教育部出台的相关政策也关注到了在线教育机构的数据保护和网络安全的问题。例如，《线上培训意见》规定，培训机构要建立网络安全等级保护等制度，具有完善的安全保护技术措施。《关于引导规范教育移动互联网应用有序健康发展的意见》（教技函〔2019〕55 号）明确规定："教育移动应用提供者应当建立覆盖个人信息收集、储存、传输、使用等环节的数据保障机制。"

综上所述，投资者及在线教育机构应当从两方面关注机构的数据信息合规工作。一方面，要建立完善的数据信息和网络安全内控系统，包括网络安全等级的测评和备案，建立用户个人信息保护制度（技术保护制度、信息查阅权限、收集和使用组织制度等），实施有效的安全保护技术措施（防火墙、数据脱敏、信息保护安全产品等）；另一方面，要严格依照《中华人民共和国个人信息保护法》《中华人民共和国网络安全法》等相关规定，规范用户（尤其是未成年用户）信息数据的收集和使用，制定专门的个人信息处理规则，收集未成年人信息应当取得监护人的明确同意和授权，不得泄露、出售或者非法向第三方提供用户的信息和数据，不得用于其他与服务目的无关的行为。

五、广告宣传

近年来，市场监管部门逐渐加大力度整治在线教育机构虚假宣传的问题。

2019年7月15日，在教育部举行的《线上培训意见》解读发布会上，基础教育司司长吕玉刚表示，"一些培训机构搞违规的超标超前培训，通过虚假宣传，制造家长焦虑……这类培训活动是应该下更大的力气去治理的"。

《中华人民共和国广告法》第二十四条规定，教育、培训广告不得含有对升学、通过考试、获得学位学历或者合格证书，或者对教育、培训的效果做出明示或者暗示的保证性承诺，或明示或者暗示有相关考试机构或者其工作人员、考试命题人员参与教育、培训，或利用科研单位、学术机构、教育机构、行业协会、专业人士、受益者的名义或者形象作推荐、证明。《线上培训意见》明确规定在线教育机构"不得过度营销、虚假宣传、夸大培训效果"。《双减意见》亦明确规定，"要做好培训广告管控，确保主流媒体、新媒体、公共场所、居民区各类广告牌和网络平台等不刊登、不播发校外培训广告，不得在中小学校、幼儿园内开展商业广告活动，不得利用中小学和幼儿园的教材、教辅材料、练习册、文具、教具、校服、校车等发布或变相发布广告"。因此，投资者及在线教育机构要重点关注是否合理制定宣传策略，是否夸大或承诺培训效果，避免机构因虚假宣传而承担民事责任，甚至行政责任。

六、教育师资

师资是教育培训机构最重要的"资产"。在线教育是人员流动性较高的行业之一，在用户数量井喷的情况下，在线教育机构难免面临师资短缺的问题。但是，在线教育机构对拟聘教师情况负有审查义务，存在因师资违规而被处罚的风险。《双减意见》明确要求，从事学科类培训的人员必须具备相应的教师资格，并将教师资格信息在培训机构场所及网站显著位置公布，培训机构不得高薪挖抢学校教师。严禁聘请在境外的外籍人员开展培训活动。根据《线上培训意见》第（八）条第3点的规定，在线培训机构不得聘用中小学在职教师。从事学科类知识培训的人员应当具有国家规定的相应教师资格。聘用外籍人员须符合国家有关规定。要在培训平台和课程界面的显著位置公示培训人员姓名、照片和教师资格证等信息，公示外籍培训人员的学习、工作和教学经历。因此，我们认为投资者应当从教师的基本信息、职业资格、兼职情况、公示制度等方面做好师资合规工作，建立完善的教师招聘、录用和管理制度，保障师资的稳定性和合规性。

七、运营风险

与线下培训相比,轻资产办学的在线教育机构没有固定的培训场所,学员和教师的流动性高。因此,在线教育培训合同引发的纠纷可能性更高,主要包括退费、预付费收取、培训内容和培训质量等问题。《双减意见》要求在线教育机构要根据市场需求、培训成本等因素确定培训机构收费项目和标准,向社会公示、接受监督,并全面使用《中小学生校外培训服务合同(示范文本)》。根据《线上培训意见》第八条第5项的要求,在线教育机构应做好收费公示、退费、预付费收取、服务合同格式条款提示等工作。例如,在教育培训合同中应当依法合理设计预付费和退费条款,明确退费依据和抵扣基数,并就其中影响用户权利的条款用下划线或加重的方式予以提示,避免因格式条款被认定为无效而产生损失。同时,应加强收费管理和公示制度,在运营网站的显著位置公示收费项目、标准及退费办法,不得将收取的预付费用于借贷等与教育培训无关的行为。

八、结语

随着《双减意见》的正式落地,在线教育机构将迎来"强监管"的时代。因此,我们建议投资者应保有风险意识,有效识别在线教育运营管理的法律风险,建立相应的合规制度。机遇和风险并存,"强监管"意味着行业门槛的提高以及挖掘行业健康有序发展的潜能。因此,投资者既要在困境中谋求和把握新的发展机会,逆势而上,也要时刻不忘关注在线教育运营的潜在法律风险。

问题 10：民办教育涉及的刑事犯罪

2018 年 12 月 19 日，广东省教育厅、广东省检察院和广东省公安厅联合发布《关于印发广东省教育系统移送涉嫌犯罪案件标准的通知》（粤教策函〔2018〕160 号，以下简称《移送标准》），列明了教育领域中常见的 14 种违法行为与 18 种刑法罪名之间的联系和移送标准。2019 年 3 月 4 日，教育部办公厅出台《关于全面开展民办学校规范办学防范化解风险专项行动的通知》（教发厅函〔2019〕33 号），表明国家全面加强民办学校规范化办学和在全国范围内开展整治行动的决心。

本次专项行动清查的内容除了民办学校党建工作、思想政治教育情况之外，主要清查民办学校举办者资质；民办学校法人财产权落实、财务管理、学费收取使用情况；民办学校学籍管理、招生工作情况；民办学校校园安全管理情况；民办学校教职工管理情况；等等。这些都是民办学校分类管理前合规审查最容易违规甚至犯罪之处。

在法律、法规和政策对民办学校办学规范化要求日渐严格的情况下，民办学校须注重对风险的审查和防范，不可心存侥幸。以下是我们从合规审查的实践中总结出的民办学校办学过程中常见的"雷区"，以便民办学校及时化解和规避。

一、买卖、出租、出借、伪造、变造办学许可证的行为

我们在为某教育公司提供合规审查服务时，发现该公司在取得办学许可证之后便与第三方机构合作，由第三方机构收取学费、住宿费及其他杂费，全权负责经营管理学校并自负盈亏，甚至在协议中约定由第三方机构全权承担办学过程中可能出现的各种法律责任，该公司只负责每年向第三方机构收取固定的费用。此外，我们还发现某幼儿园的举办者自政府处投标取得该幼儿园的举办权并经营一段时间后即与第三人签约，言明将剩余的举办权作价转让予第三人。

上述行为是否违规？违规的原因是什么？

举办者作为学校相关办学资质的申请主体，本应负责学校的经营管理，承担全部办学责任。举办者可以与第三方机构合作办学，第三方机构向学校提供诸如教学管理、后勤服务等服务，并向学校收取一定的服务费用。服务费用的收取方式可以是固定收费，也可以采取绩效考核的方式收取。但如果学校举办者收取固定费用之后，由第三方机构负责承担学校所有的运营成本、承担办学过程中的各种责任，则第三方机构变成实质上的"举办者"，原举办者只是提供出租或买卖办学许可证的服务。

司法实践中存在对学校买卖办学许可证的行为予以行政处罚的案例。2014年，牛某为河南某培训学校的举办者，其与薛某约定，以8万元的价格将培训学校转让给薛某。薛某先向牛某转账3万元，余款待"办学许可证"问题解决后一次性付清，但是在办理变更举办者的手续中，薛某得知举办者若兼任校长须具有专科以上文化程度，以及相应教师资格证；若举办者不能同时兼任校长，要提供聘任校长的资格证明及聘任协议。薛某未提供相关资质证明亦不愿聘任校长，故未能办理，至此学校虽一直由薛某经营管理，但是举办者仍为牛某。最终，河南省嵩县教育局以买卖办学许可证为由做出吊销该培训学校办学许可证的决定。

《民促法》第六十二条规定："民办学校有下列行为之一的，由县级以上人民政府教育行政部门、人力资源社会保障行政部门或者其他有关部门责令限期改正，并予以警告；有违法所得的，退还所收费用后没收违法所得；情节严重的，责令停止招生、吊销办学许可证；构成犯罪的，依法追究刑事责任：……（七）伪造、变造、买卖、出租、出借办学许可证的；……"

可以看出，《民促法》是禁止伪造、变造、买卖、出租、出借办学许可证的。虽然在过往的司法实践中，行政部门对于买卖、出租办学许可证的行为以行政处罚为主，很少将此移送至公安机关立案和追究刑事责任，但最新出台的《移送标准》明确将民办学校伪造、变造、买卖办学许可证作为"伪造、变造、买卖国家机关证件罪"论处，表明相关部门对伪造、变造、买卖办学许可证的行为有从严治理的趋势。

同时，《中华人民共和国刑法》（以下简称《刑法》）第二百八十条规定："伪造、变造、买卖或者盗窃、抢夺、毁灭国家机关的公文、证件、印章的，处三年以下有期徒刑、拘役、管制或者剥夺政治权利，并处罚金；情节严重的，处三年以上十年以下有期徒刑，并处罚金。"

鉴于上述，我们建议民办学校应当从以下几个方面进行合规审查和治理。

一是注重审查学校的办学许可证、民办非企业单位登记证书、营业执照等资质证书是否年检合格，举办者是否实际参与学校的运营管理。

二是注重审查学校与第三方签署的服务协议的内容。首先，第三方提供的服务内容应当是具体、合法的，不应当包括"承包经营""举办学校"等属于或涉嫌买卖、出租办学许可证的内容。其次，服务费用的收取方式应当合理，可以采取固定收费或者根据绩效考核的方式收取，但不应当以类似"自负盈亏"等承包经营的方式收取。

三是注重审查举办权变更协议的内容，避免出现"转让办学许可证"或类似表述。

二、虚假宣传，骗取钱财

在为学校提供合规审查的法律服务时，我们发现民办学校的招生简章普遍未在教育主管部门备案，且部分学校的招生简章自学校创设起一直沿用至今，从未更改。其中，关于收费标准、办学设备的配置、外教数量等内容与实际严重不符，许多家长在孩子入学之后才发现学校提供的服务与招生简章的描述存在较大差异。学校的这种行为是否属于诈骗？让我们看一些实践案例和法律、法规的相关规定。

2014—2015年，为了扩大影响，安徽灵璧县某学校的控制人胡某某、张某某等先后多次印发宣传材料，虚构"学校是灵璧县委、县政府2011年招商引资项目"，并发布"2014年中考考生全部达到省重点高中分数线""综合排名全县第一""中考七门学科成绩名列全县第一"等虚假广告，以此欺骗、迷惑、误导社会、学生和家长，并谎称其收费依据灵璧县教育体局、物价局的规定，骗取巨额钱财。后经他人举报，灵璧县公安局以该学校涉嫌诈骗罪立案侦查。

《刑法》第二百六十六条规定："诈骗公私财物，数额较大的，处三年以下有期徒刑、拘役或者管制，并处或者单处罚金；数额巨大或者有其他严重情节的，处三年以上十年以下有期徒刑，并处罚金；数额特别巨大或者有其他特别严重情节的，处十年以上有期徒刑或者无期徒刑，并处罚金或者没收财产。本法另有规定的，依照规定。"

根据《移送标准》规定，民办学校构成诈骗罪的首先是存在违法行为，包括"发布虚假招生简章或者广告，骗取钱财的；非法颁发或者伪造学历证书、结业证书、培训证书、职业资格证书的;中外合作办学项目发布虚假招生简章,骗取钱财的"。其次是诈骗的金额应达到移送的标准"一类地区包括广州、深圳、珠海、佛山、中山、东莞等六个市,诈骗金额较大的起点掌握在六千元以上;二类地区包括汕头、韶关、河源、梅州、惠州、汕尾、江门、阳江、湛江、茂名、肇庆、清远、潮州、揭阳、云浮等十五个市,诈骗数额较大的起点掌握在四千元以上"。因此,在认定民办学校是否构成诈骗罪时,除了客观上民办学校确实发布了虚假的招生简章,还需要在主观上存有骗取钱财的目的,且诈骗的金额需要达到立案的标准。

为了防止因招生和收费不规范而构成诈骗罪,我们认为民办学校可从以下几个方面进行重点核查和治理。

一是确保招生简章符合实际。注重核查招生简章中收费标准、办学规模、办学条件等内容是否与实际相符,并按要求向教育主管部门备案。

二是招生范围、招生人数须合规。民办学校应当严格按照相关规定确定招生范围,并按照教育主管部门批准的招生规模招生。

三是收费项目、收费标准须备案/公示。民办学校应按照相关规定将学校的收费项目和收费标准进行公示或送至教育主管部门、物价主管部门备案,并严格按照公示或经备案的收费项目和收费标准收费。

四是收费的方式须合规。民办学校应当使用经登记的对公账户收取学杂费,不可使用私人账户或其他账户收取。

三、提供虚假证明文件

民办学校开办资金的出资形式多种多样,可以是现金、不动产、教学设备、知识产权等,但不管民办学校以何种形式出资,都应当注意出资到位的问题。我们在合规审查中发现,某学院"验资报告"显示该学院的开办资金全部由举办者以土地和房产形式出资,并已到位,但我们在国土部门查询时发现,该举办者用于出资的土地和房产一直登记在其公司名下,未曾过户至学校。因此,"验资报告"中关于举办者出资到位的表述真实性存疑。这种情况下,出具该报告的会计师事务所涉嫌提供虚假证明文件,该民办学校是否需要为此承担责任?

2016年,湖南某会计师事务所接受某公司的委托为其出具"验资报告",该会计师事务所的副所长彭某在得知公司无力出资的情况下,亲自向另一商务公司借款 400 万元并以该公司股东的名义转账至公司账户，在验资完成后的第二天便将 400 万元归还给商务公司。彭某在明知该公司股东无资金支付注册资本，存在虚假出资的情况下，仍然为该公司出具了虚假的"验资报告"，最终法院认定其构成提供虚假证明文件罪，判处彭某有期徒刑一年。

《刑法》第二百二十九条规定："承担资产评估、验资、验证、会计、审计、法律服务、保荐、安全评价、环境影响评价、环境监测等职责的中介组织的人员故意提供虚假证明文件，情节严重的，处五年以下有期徒刑或者拘役，并处罚金……"

一般而言，构成提供虚假证明文件罪的主体为出具证明文件的中介组织人员。但《移送标准》规定，民办学校提交虚假证明文件骗取办学许可证的，且达到移送标准，亦可构成提供虚假证明文件罪。这意味着，民办学校在明知《验资报告》或其他证明文件是虚假的情况下，仍以此申请和骗取办学许可证的，也可能构成此项罪名。

我们认为，民办学校的举办者在经营管理过程中，应当注重审查以下几个方面，以防止因出资不实等构成刑事犯罪。

一是注重核查举办者的出资是否到位。如果举办者以现金出资，则检查资金是否已经存进学校的专用账户中。如果举办者以土地和房产出资，则检查该土地和房产是否已经过户登记在学校名下。如果举办者以教学设备出资，则检查该教学设备是否已经由学校实际使用，且是否列入学校的固定资产清单。如果以知识产权出资，则检查该知识产权是否已经办理权利人变更手续。

二是注重核查《验资报告》《资产评估报告》等申请办学的证明文件的真实性。例如，《验资报告》《资产评估报告》是否由具有相关资质的中介机构出具，《资产评估报告》的评估价值是否合理，评估的程序是否合法等。

三是注重核查相关证明文件是否已经由教育主管部门和登记主管部门确认并予以备案。

四、挪用学校资金

我们在为某教育集团提供合规审查服务时，发现该教育集团旗下幼儿园、中小学的所有收入虽通过学校对公账户收取，但随后全部转移至举办者的个人账户进行"资金统一管理"。当其旗下学校有资金需求时，由学校向举办者申请将相应资金从举办者个人账户调拨至学校；部分此类资金调拨在学校财务账目上作为学校向举办者借款入账,学校需向举办者还本付息。

试问,该举办者的行为是否涉嫌挪用资金?

首先,应该明确学费收入属于学校的法人财产,而非举办者的个人资产。

其次,《民促法》第十九条第二款、第三款明确规定:"非营利性民办学校的举办者不得取得办学收益,学校的办学结余全部用于办学。营利性民办学校的举办者可以取得办学收益,学校的办学结余依照公司法等有关法律、行政法规的规定处理。"非营利性学校即使有办学结余也只能用于办学,而不能擅自将办学结余出借或挪作他用;营利性学校的办学结余则需要依照法律规定处理,形成合法办学收益后方能归举办者所有。

2013年,某职业中等专业学校的原校长和原副校长未经学校决策机构同意,串通将学生的学杂费、赞助费共计50多万元转移至个人账户,并用于偿还个人的债务,学校财务部门催款三个月仍未归还,最终被公安机关立案侦查。2015年,经衢州市柯城区人民法院审判,该学校的原校长和原副校长已构成挪用资金罪,被判处有期徒刑二年四个月。

《刑法》第二百七十二条中规定:"公司、企业或者其他单位的工作人员,利用职务上的便利,挪用本单位资金归个人使用或者借贷给他人,数额较大、超过三个月未还的,或者虽未超过三个月,但数额较大、进行营利活动的,或者进行非法活动的,处三年以下有期徒刑或者拘役;挪用本单位资金数额巨大的,处三年以上七年以下有期徒刑;数额特别巨大的,处七年以上有期徒刑。"

根据《移送标准》的规定,挪用资金罪的移送标准为"挪用本单位资金数额在6万元以上,进行非法活动的"或者"挪用本单位资金数额在10万元以上,超过三个月未还的或者进行营利性活动的"。

个人挪用学校资金的问题主要由民办学校财务管理不规范导致,为了防止该类违规行为发展为刑事犯罪,我们建议民办学校从以下几个方面加强治理。

一是规范学校资金的收支方式。民办学校应当通过学校的对公账户和其他专用账户收取和支出相关费用,不得通过个人账户收支,同时应严格区分举办者财产和学校财产。

二是制定财务管理制度,规范资金使用。民办学校应当建立完善的财务管理制度,学校资金的使用应当按程序由相关负责人审批,较大数额的资金使用应当按照学校章程的约定经合法程序做出决议。

三是学校的债务需有合法依据和凭证，如借款合同、银行转账单等，且要在财务报表上予以体现，是真实存在的债务。

四是关联交易要遵循"公平、公正、必要性、合理性"原则。

五、故意销毁会计凭证、会计账簿、财务会计报告的行为

财务管理不规范既是民办学校普遍存在的问题，也是最容易被举办者忽视的法律风险之一。在一次并购交易的法律尽职调查过程中，我们发现目标学校仅保存近三年来的会计凭证和会计账簿，其他年份的会计凭证和账簿皆被销毁，目标学校是否需为此承担法律责任？

2015年，某教育集团的负责人为了隐瞒集团的真实收支情况，命令集团下属的幼儿园、中小学等教育机构的财务人员将电脑中的电子财务数据和纸质会计凭证、会计账簿和财务报告全部销毁。被销毁的会计报告涉及金额高达一亿多元，最终该教育集团负责人被法院以故意销毁会计凭证、会计账簿、财务会计报告罪判处有期徒刑二年三个月，缓刑二年六个月。

《刑法》第一百六十二条规定："公司、企业进行清算时，隐匿财产，对资产负债表或者财产清单作虚伪记载或者在未清偿债务前分配公司、企业财产，严重损害债权人或者其他人利益的，对其直接负责的主管人员和其他直接责任人员，处五年以下有期徒刑或者拘役，并处或者单处二万元以上二十万元以下罚金。"

根据《移送标准》规定，民办学校隐匿、故意销毁会计凭证、会计账簿、财务会计报告涉及金额在五十万元以上的，或者依法应当向司法机关、行政机关、有关主管部门等提供而隐匿、故意销毁或者拒不交出会计凭证、会计账簿、财务会计报告的，即构成本罪。

鉴于上述，我们建议民办学校应当从以下三个方面进行合规审查和治理。

一是聘请专业财务人员，规范记账。民办学校应聘请专业财务人员，并根据相关法律规定规范记账，收集和保存会计凭证，以及编制财务报表。

二是委派专人负责保存和整理学校所有的会计凭证、会计账簿和财务会计报告，包括电子财务数据和纸质报告等，以备有关部门检查。

三是完善学校的财务管理制度，规范学校资产入账、费用报销等相关流程和手续。

六、校车安全问题

为了方便学生上学、下学,许多民办学校提供校车接送服务,但校车安全关系师生的出行安全,校车服务存在诸多法律风险,因此需引起学校关注。我们在为民办学校提供合规审查服务时发现,某学校接送小学生的校车并非按照专用校车国家标准设计和制造的小学生专用校车,而为普通客车;同时该学校未取得校车使用许可,驾驶员亦未取得校车驾驶资格,且时有超载的情况。如果发生校车事故,该学校需要承担什么责任?

2011年11月16日,庆阳市正宁县某幼儿园的杨某某驾驶非法改装的校车,严重超员,雾天超速,占用对方车道逆向行驶,发现相向重型自卸货车时向右避让,重型自卸货车向左避让,导致两车正面相撞,造成21人死亡、43人受伤,直接经济损失约1088万元。经法院判定,幼儿园法定代表人对事故负直接领导责任,构成交通肇事罪,被判有期徒刑7年。

《刑法》第一百三十三条规定:"违反交通运输管理法规,因而发生重大事故,致人重伤、死亡或者使公私财产遭受重大损失的,处三年以下有期徒刑或者拘役;交通运输肇事后逃逸或者有其他特别恶劣情节的,处三年以上七年以下有期徒刑;因逃逸致人死亡的,处七年以上有期徒刑。"

根据《移送标准》规定,民办学校违反校车安全管理规定,导致发生学生伤亡事故,造成"死亡一人或者重伤三人以上,负事故全部或者主要责任的"等后果,即达到交通肇事罪的移送标准。

上述案例中,幼儿园使用非法改装的校车且严重超载,已经违反《校车安全管理条例》的有关规定,但是幼儿园的负责人并未及时采取措施排除风险,而是放任驾驶员在大雾天驾驶违规校车上路,因该校车存在安全装置不合规、严重超载、逆向行驶等多种严重违反交通运输法规情形并发生重大事故,已经达到交通肇事罪中"死亡一人或者重伤三人以上,负事故全部或者主要责任"的立案标准,幼儿园的主要负责人因忽视校车安全问题付出沉重代价。

为了避免上述悲剧重演,我们认为民办学校可从以下四个方面加强校车安全管理。

一是核查校车的证件是否齐全。《校车安全管理条例》规定运营校车应取得的证件包括校车标牌、校车行驶证、机动车安全技术检验合格证明、机动车登记证、校车驾驶员资格证等。

二是按时缴纳校车保险。校车须缴纳的保险主要包括机动车交通事故强制保险、机动车承运人责任保险、机动车综合商业保险。购买相关保险不仅是法规要求，也是降低学校经济损失的重要手段。

三是定期进行校车检验。《校车安全管理条例》规定，校车应当每半年进行一次机动车安全技术检验，做好校车的安全维护。

四是健全校车安全管理制度。民办学校应当制定相关制度，对校车设备加强维护，定期对校车驾驶人进行安全教育，组织校车驾驶人学习道路交通安全法律、法规以及安全防范、应急处置和应急救援知识，保障学生乘坐校车的安全。

七、校舍安全隐患

民办学校的教室和宿舍是学生和教师日常学习、生活的场所，校舍的安全关系到师生的生命财产安全。在为某幼儿园提供合规审查服务时，我们发现该幼儿园使用普通居民住宅楼作为幼儿的教学和午休场所，部分午休场所设置在3层以上，同时该幼儿园还有多处未经报建和验收的违规建筑。试问，该幼儿园存在何种违规风险？

2014年9月26日，昆明市某小学违规改变普通居民住宅楼用途，组织大量学生集中午休，并违规将海绵垫倾立于一楼楼道内。某日，海绵垫倾倒导致学生通过时发生叠加挤压事故，最终致6名小学生死亡、35名小学生不同程度受伤的重大伤亡事故。事故发生后，昆明市盘龙区人民法院以教育设施重大安全事故罪判处该校原校长有期徒刑两年。

《刑法》第一百三十八条规定："明知校舍或者教育教学设施有危险，而不采取措施或者不及时报告，致使发生重大伤亡事故的，对直接责任人员，处三年以下有期徒刑或者拘役；后果特别严重的，处三年以上七年以下有期徒刑。"

《移送标准》规定，明知校舍或者教育教学设施有危险，而不采取措施或者不及时报告，而且造成"死亡一人以上，重伤三人以上或者轻伤十人以上的"或"直接经济损失一百万元以上的"，即达到教育设施重大安全事故罪的移送标准。

上述案例中，学校违规将普通居民住宅楼作为学生的午休场所，违反了住房和城乡建设部于 2010 年 12 月 24 日发布，并于 2012 年 1 月 1 日生效的《中小学校设计规范》（住房和城乡建设部公告第 885 号）中对中小学宿舍楼梯、消防疏散通道的要求；同时，该校未制定完善的消防安全规范和资产管理制度，违规将海绵垫放置在楼道内，造成安全隐患。因此该校不注重风险的审查与防范，亦未及时排除已存在的风险，最终导致悲剧的发生。事故的伤亡人数已达到教育设施重大安全事故罪"死亡一人、三人重伤或者轻伤十人以上"的立案标准，该校及其负责人所应承担的责任由行政责任升级为刑事责任。

鉴于上述，我们建议民办学校应当从以下三个方面对校舍安全进行合规审查和治理。

一是核查校舍的报建和竣工验收文件是否齐全，以及是否符合规划要求。其中，报建及竣工文件主要包括建设用地规划许可证、建设工程规划许可证、建设工程施工许可证、消防验收报告、房屋质量安全鉴定报告、房屋竣工验收备案表等。

二是学校应制定资产管理和维护制度，规范学校的资产管理，定期对校舍进行消防维保和消防检测，及时排除建筑物的消防隐患。

三是学校应制定消防安全制度，注重对师生进行消防安全意识的培训。

综合来看，一方面，国家对民办学校的规范办学和管理越来越严格，相关政策会进一步收紧；另一方面，从近几年我们对上百家民办学校合规审查和尽职调查的经验来看，一些民办学校不重视法律规定，存在诸多违规甚至犯罪的问题，许多心存侥幸的举办者甚至认为分类管理制度可以用来"消除原罪"！对此，我们建议：从学校长远的战略发展来看，务必要及时规避和化解法律风险。法治之下，不容任何侥幸。

问题 11：民办学校办学过程中合同法律风险防范

合同是民办学校进行外部合作最重要的文书之一，贯穿于民办学校运营管理的方方面面。常见的如买卖合同、借款合同、建设工程合同、技术合同、对外交流合作合同等。对民办学校而言，签订合同时应充分考虑办学所需，并注意风险防范。根据我们长期的实践经验，民办学校最常签订的合同类型有：买卖合同、借款合同和技术合同。以下结合不同类别的合同分析民办学校签订合同时应重点关注哪些潜在的法律风险，以便防范。

一、合同订立前的准备

合同的订立十分关键，直接影响合同的履行。那么，民办学校在合同订立之前应重点关注哪些问题，做到胸中有丘壑呢？

（一）签订的合同是否有效

有效的合同至少应具备以下条件：①合同当事人具有完全民事行为能力；②意思表示真实；③不违反法律、行政法规的强制性规定，不违背公序良俗。根据《民法典》规定，无效民事法律行为主要有以下几类：①违反法律、行政法规强制性规定的民事法律行为无效；②违背公序良俗的民事法律行为无效；③以合法形式掩盖非法目的的合同无效；④行为人与相对人恶意串通，损害他人合法权益的民事法律行为无效。民办学校应依法依规订立合同，避免签订的合同存在法定的无效情形。

（二）合同主体是否具有相应的资质

有合同主体资质要求的类型合同，应重点关注合同主体是否具有相应的资质。如施工合同要求施工单位具备相应资质、设计合同要求设计单位具备设计资质、消防服务合同主体要求具有消防资质等，合同主体的资质需要根据具体合同类别和需要进行判定。如果合同主体不具备资质，则可能导致合同无法履行。

二、买卖合同

买卖合同是民办学校日常运营管理中最常见的合同类型。在买卖合同法律关系中，民办学校一般是买受人的角色。《民法典》第六百零七条、第六百二十五条、第六百二十六条、第六百四十条对买卖合同关于货物交付、货物回收、货款支付、货物灭失风险承担等做出与《中华人民共和国合同法》（已废止）不同的规定，《民法典》关于买卖合同的实质性变化条款对于民办学校协商、签署以及履行合同有很大的影响，建议民办学校提前做好如下应对。

（一）民办学校应建立货物采购验收制度

《民法典》第六百零七条明确了出卖人按照约定交付标的物后，标的物的风险由买受人承担。基于此，我们建议民办学校应当在日常采购合同中与出卖人明确约定货物验收交付的条款，具体可包括货物交付地点、交付要求、验收期限、验收流程、验收单签发及验收后的货物瑕疵处理方式等内容，以此明晰买卖双方的风险及责任界限，避免不必要的法律纠纷。

（二）民办学校应明确合同的结算方式

《民法典》第六百二十六条明确了买受人支付方式。民办学校作为买受人，结算货款一般是其最主要的合同义务。因此，我们建议学校应在采购合同中明确约定合同价款、其他费用和税费的安排、支付方式、支付期限等内容，避免不必要的违约责任。需要特别注意的是，公办学校的付款流程和周期一般较民办学校长。因此，公办学校在合同中应当额外关注价款支付时间和流程的可行性。

（三）民办学校可以就特定货物与出卖人协商采用试用买卖交易方式

《民法典》第六百四十条明确了试用期内标的物的风险由出卖人承担。在日常采购活动中，学校可以就特定产品功能或特性不明显，或功能需求较为独特的产品（如部分教具、电教设备等），与出卖人约定采用试用买卖交易方式。

（四）民办学校可以约定特定货物的回收方式

《民法典》第六百二十五条规定在依照法律、行政法规的规定或者按照当事人的约定情况下，出卖人负有回收标的物义务。在民办学校的日常运营过程中，可能涉及一些回收易产生污染或技术难度大的货物，如中学或高等学校的生物/化学实验材料和设备等。因此，就这类货物，民办学校可以视情况与出卖人协商关于货物的回收方式，以避免自行回收造成危险事故、环境污染事故或资源浪费。

（五）民办学校可以建立合同分类管理机制

根据我们的经验，民办学校在日常运营中签订的买卖合同有较为明显的类别特征。因此，我们建议民办学校可以就日常买卖合同建立分类管理机制，对特定类别买卖合同的关键条款进行归纳和总结，确保合同协商或审批时相关重点条款已明确约定，从而减少法律风险。

三、借款合同

在实践中，民办学校因为日常运营资金需求、购买教学仪器设施设备、对教学楼和宿舍进行扩建或维修等，融资需求很大，但是受法律、法规对教学设施担保限制的影响，非营利性民办学校大多只能向举办者或其他主体进行民间融资。根据《民法典》的有关规定，结合我们的实践经验，建议民办学校提前做好如下应对。

（一）对外借款需要按法律规定签署书面合同

《民法典》第六百六十八条明确非自然人之间的借款合同为法定要式合同，学校作为独立法人，应当与借款人签订书面合同，并与借款人就币种、数额、利率、期限等合同关键内容做出明确约定，不得再以口头、白条、挂账等方式对外借款。

（二）民办学校与借款人之间的利率应符合相关规定

实践中，许多民办学校的借款为关联交易，且约定较高的利率，导致民办学校高负债率。参照修订的《民促法实施条例》第四十五条规定，我们建议民办学校关联借款应当遵循公开、公平、公允原则，并及时建立利益关联方交易的信息披露制度，数额重大、利率较高或长期、反复执行的借款应具有必要性、合法性及合规性。义务制学校关联借款自2021年9月1日起已被禁止。

四、技术合同

技术合同对于高等院校而言至关重要,是高校与校外企事业单位开展技术转让、许可、开发、服务、咨询等一系列合作活动的基础协议。基于此,结合我们的经验,建议民办学校提前做好如下应对。

(一)根据细化的技术合同规定确定适用的合同类型

《民法典》对技术合同类型的规定较原《中华人民共和国合同法》而言更加细化,并基于技术许可合同和技术转让合同做出区分,即技术合同类型主要包括技术开发合同(包括委托开发合同和合作开发合同)、技术转让合同(包括专利权转让、专利申请权转让、技术秘密转让等)、技术许可合同(专利实施许可、技术秘密使用许可等)、技术咨询合同以及技术服务合同。针对不同类型的技术合同,《民法典》均规定了具体定义,并确定了合同主体不同的权利与义务。因此,高校在与校外企业、事业单位等签署技术合同时,应首先明确拟合作事项所适用的合同类型,明确双方的法定权利与义务,避免因合同类型判断错误导致后续因双方权利义务约定不清或未约定而发生纠纷。

(二)技术合同所约定的内容不仅要包含一般合同的通用条款,还应包括技术合同的重点独有内容

《民法典》第八百四十五条第一款规定,项目的名称,标的的内容、范围和要求,履行的计划、地点和方式,技术信息和资料的保密,技术成果的归属和收益的分配办法,验收标准和方法,名词和术语的解释等为一般通用条款。根据我们的项目经验,技术成果的归属和收益分配方法、技术成果的验收标准和方法既是实践中技术合同容易引发纠纷的内容,也是合同双方最为关心的内容之一。

(三)职务技术成果的个人奖励和报酬

《民法典》没有对职务技术成果的个人奖励和报酬做出规定,但不等同于高校可以不对做出职务技术成果的个人给予奖励和报酬。我们认为,职务技术成果的个人奖励和报酬应当取决于双方约定(一般为劳动合同)、单位相关制度以及其他法律、法规的规定。以专利为例,根据我国《中华人民共和国专利法》(1984年3月12日,第六届全国人民代表大会常务委员会第四次会议通过;2020年10月17日,第十三届全国人民代表大会常务委员会第二十

二次会议《关于修改〈中华人民共和国专利法〉的决定》第四次修正，自2021年6月1日起实施）及《专利法实施条例》的相关规定，职务发明创造的发明人或者设计人可以依据约定或者依法制定的规章制度取得奖励和报酬；未约定的或者无相关规章制度规定的，应当依据《专利法实施条例》第七十七条和第七十八条的相关规定给予发明人或者设计人奖励和报酬。

基于上述，我们认为为了有效保护高校的知识产权及其他合法权益，高校应当制定科学合理的技术合同管理制度，包括但不限于：

一是建立内部多层级的技术合同审批机制。换言之，在签署每一份技术合同前，都应当根据相关分流标准，经过不同院系或职能部门的审批同意，这不仅可确保合同权利与义务符合各职能部门的要求，也可在一定程度上减少合同风险。

二是建立全方位、全流程的技术合同生命周期管理机制。高校应当对已签署并正在履行的技术合同进行全流程监督，即合同生命周期管理机制。高校应设置专门部门对正在履行的合同进行备案管理，对相关履行情况进行跟踪检查，对合同所涉及的权利行使和义务履行节点进行提示，并对行将履行完毕的合同进行评估存档。

三是坚持内部提升与外部辅助并重的管理模式。一方面，高校要加强前端技术研发部门和中后端技术管理部门关于技术合同相关法律、法规知识的培养、提升与更新，如定期邀请专家举办普法专题研讨会；另一方面，高校要利用外部法律顾问机构的专业功能，发挥其在技术合同类型识别、谈判、起草、审批、协助履行、争议解决、内部人员专项法律培训等方面的专业作用。

学校在办学过程中需要签署各类合同，合同对于民办学校的重要性不言而喻。民办学校的管理人员应结合学校的性质和类别，及时更新合同相关法律、法规的知识储备，建立完善的内部合同管理机制，实现全流程的合同管理监督，有效降低法律风险、减少合同履行争议，实现利益最大化。

问题12：民办学校通过劳务派遣方式聘用教师是否合法

实践中，不少民办学校为了减少用工风险、降低人力成本、方便管理等，以劳务派遣的形式聘用员工。更有甚者，有非营利性学校的举办者提出学校全体教师由关联公司向学校进行劳务派遣，学校向该关联公司支付相关费用。这样做合法吗？如果合法，学校需注意哪些问题？对此，我们可结合法律、法规和司法实践案例进行深入分析。

一、劳务派遣的基本要求

"劳务派遣"，一般是指由劳务派遣单位与派遣劳动者订立劳动合同，并向劳动者支付报酬，把劳动者派向其他用工单位，再由用工单位向派遣机构支付服务费用的一种用工形式。根据法律、法规的规定，使用劳务派遣用工方式有以下三个前提条件。

（一）适用于临时性、辅助性或者替代性的岗位

《中华人民共和国劳动合同法》（2007年6月29日，第十届全国人民代表大会常务委员会第二十八次会议通过；2012年12月28日，第十一届全国人民代表大会常务委员会第三十次会议《关于修改〈中华人民共和国劳动合同法〉的决定》修正，自2013年7月1日起实施。以下简称《劳动合同法》）第六十六条规定："劳动合同用工是我国的企业基本用工形式。劳务派遣用工是补充形式，只能在临时性、辅助性或者替代性的工作岗位上实施。前款规定的临时性工作岗位是指存续时间不超过六个月的岗位；辅助性工作岗位是指为主营业务岗位提供服务的非主营业务岗位；替代性工作岗位是指用工单位的劳动者因脱产学习、休假等原因无法工作的一定期间内，可以由其他劳动者替代工作的岗位。用工单位应当严格控制劳务派遣用工数量，不得超过其用工总量的一定比例，具体比例由国务院劳动行政部门规定。"

教师是否为临时性、辅助性或者替代性的工作岗位？我们认为，要具体分析。原则上说专职教师不应该用劳务派遣方式聘请。但是幼儿园或者寄宿学校的生活教师岗位是否属于"辅助性"岗位，专职教师生育或者长期病假，

聘请的代课教师是否属于"临时性"岗位？要视实际情况而定。

（二）使用的被派遣劳动者数量不得超过用工总量的 10%

《劳务派遣暂行规定》第四条规定："用工单位应当严格控制劳务派遣用工数量，使用的被派遣劳动者数量不得超过其用工总量的 10%。前款所称用工总量是指用工单位订立劳动合同人数与使用的被派遣劳动者人数之和。计算劳务派遣用工比例的用工单位是指依照劳动合同法和劳动合同法实施条例可以与劳动者订立劳动合同的用人单位。"

（三）需与工会或职工代表平等协商确定"辅助性"岗位并公示

《劳务派遣暂行规定》第三条第三款规定："用工单位决定使用被派遣劳动者的辅助性岗位，应当经职工代表大会或者全体职工讨论，提出方案和意见，与工会或者职工代表平等协商确定，并在用工单位内公示。"

二、违规使用劳务派遣的法律后果

（一）违反"三性"的劳务派遣协议与劳动合同的效力

值得注意的是，关于违反《劳动合同法》第六十六条所订立的劳务派遣协议以及劳动合同是否无效，各地的司法和立法实践存在截然不同的观点。

例如，在江某与湖北武桥人才服务有限责任公司劳动争议案（〔2015〕鄂汉阳民三初字第 00601 号）中，法院认为："依据《中华人民共和国劳动合同法》第六十六条规定……原告（劳动者）是具有幼儿教师资格并长期从事幼儿园主营业务教师的工作岗位，故原告与被告武桥公司（劳务派遣单位）签订的劳动合同无效。"

但在刘某与天津易才企业管理服务外包有限公司、延长壳牌（广东）石油有限公司佛山农机加油站劳动合同纠纷案（广东省佛山市中级人民法院〔2016〕粤 06 民终 6719 号）中，法院认为："本案中……违反了上述第六十六条的规定。虽然派遣单位和用工单位违反了上述规定，但是上述法条中关于临时性、辅助性、替代性的规定均是以派遣单位或用工单位为义务主体的管理性规定，仅违反了上述管理性规定，并不影响劳务派遣协议和劳动合同的效力。"

上海市人力资源和社会保障局 上海市高级人民法院于 2014 年 12 月 31 日发布并于同日生效的《上海人力资源和社会保障局、上海高院关于劳务派遣适用法律若干问题的会议纪要》规定："……关于'三性'岗位、派遣用工比例的规定均是以派遣单位或用工单位为义务主体的管理性规定，仅违反上述管理性规定的，不影响派遣协议和劳动合同的效力。派遣单位、用工单位违反上述管理性规定的，由人力资源社会保障行政部门责令其限期整改……当事人要求确认劳动合同或派遣协议无效或者劳动者要求确认与用工单位存在劳动关系的，缺乏法律依据，不予支持。"

但汕头市人民代表大会常务委员会于 2015 年 8 月 27 日发布并于 2015 年 10 月 1 日生效的《汕头经济特区职工权益保障条例》（汕头市第十三届人民代表大会常务委员会公告第 27 号）规定："有下列情形之一的，视为用工单位已与被派遣职工建立劳动关系，用工单位应当与其订立劳动合同：（一）劳务派遣单位未与用工单位续订劳务派遣协议，劳动合同期满一个月后，用工单位继续使用该劳务派遣职工的；（二）在非临时性、辅助性、替代性岗位使用被派遣职工的；（三）临时性岗位使用被派遣职工超过六个月期限的……"

从上述案例及地方法规可以看出，若民办学校与劳动者之间不成立劳务派遣关系，同时又被认定存在事实劳动关系，则劳动者仍将被认定为民办学校的员工，民办学校应当履行用人单位的法定义务，包括但不限于签订劳动合同以及终止劳动合同的经济补偿责任等。①

（二）行政处罚

《劳动合同法》第九十二条第二款规定："劳务派遣单位、用工单位违反本法有关劳务派遣规定的，由劳动行政部门责令限期改正；逾期不改正的，以每人五千元以上一万元以下的标准处以罚款……"此外，《劳务派遣暂行规定》第二十二条规定："用工单位违反本规定第三条第三款规定的，由人力资源社会保障行政部门责令改正，给予警告……"

（三）民事赔偿

《劳动合同法》第九十二条第二款规定："用工单位给被派遣劳动者造成损害的，劳务派遣单位与用工单位承担连带赔偿责任。"《劳务派遣暂行规定》第二十二条规定："用工单位违反本规定第三条第三款规定的……给被派遣劳动者造成损害的，依法承担赔偿责任。"我们认为，具体赔偿的数额及责任分

---

① 参见上海珂帝纸品包装有限责任公司与上海市人力资源和社会保障局行政处理决定纠纷上诉案，（2009）沪二中行终字第 231 号。

配应视劳动者所主张的损害类型以及劳动者与用人单位、劳务派遣单位之间的关系进行认定，不宜一概而论。

三、民办学校使用劳务派遣方式注意事项

劳务派遣作为一种重要的用工形式，是对劳动合同用工的重要补充。在岗位满足"临时性""辅助性"或"替代性"条件下，民办学校可以通过劳务派遣的方式聘用教师，但"辅助性"岗位需经过工会或职工代表确认并公示，民办学校使用的被派遣劳动者数量不得超过其用工总量的10%。

若民办学校违反相关规定违法用工，则面临着与劳动者之间的关系被认定为事实上的劳务派遣或者劳动关系的法律风险，并承担相应的行政处罚及民事赔偿责任。

问题13：民办学校如何聘请外籍教师

随着全球经济文化大融合，各类外语培训机构如雨后春笋般涌现，诸多早教中心、幼儿园、中小学及其他培训机构打着"资深外教""全英教学""外教小班制"等旗号，吸引青睐外籍教师（以下简称外教）的学生与家长。那么，民办学校（含培训机构）如何合法聘请外教，学生及家长如何有效识别"黑外教"？以下就民办学校聘请外籍教师的合规化问题进行研究、分析。

一、取消"聘请外国专家单位资格认可"

根据国务院于2004年6月29日发布并于2004年7月1日生效的《国务院对确需保留的行政审批项目设定行政许可的决定》（国务院第412号令）第444项规定，"聘请外国专家单位资格认可"系由国家外专局负责实施的行政许可。根据国家外国专家局《关于下放"中等以下教育机构聘请外国专家单位资格认可"工作的通知》（包括多次面向不同省份的通知），由相应省级外国专家局独立实施各自辖区内的普通高中、职业高中、初中、小学、幼儿园以及其他教育培训机构等中等以下教育机构聘请外国专家单位资格认可的许可事项。但是，根据国务院于2016年2月3日发布并于同日生效的《关于取消13项国务院部门行政许可事项的决定》（国发〔2016〕10号）规定，取消由国家外国专家局负责实施的"聘请外国专家单位资格认可"行政许可。因此，民办学校聘请外教现无须办理聘请外国专家单位资格认可。

二、外教应申请办理外国人来华工作许可

根据国家外国专家局于2016年9月27日发布并于同日生效的《国务院审改办关于整合外国人来华工作许可事项意见的函》（审改办函〔2015〕95号）规定，人力资源社会保障部负责的"外国人入境就业许可"和外专局实施的"外国专家来华工作许可"被整合为"外国人来华工作许可"。整合后，人力资源社会保障部负责会同外专局制定外国人来华工作政策，外专局负责具体实施"外国人来华工作许可"。根据国家外国专家局等部门于2017年3

月 28 日发布并于同日生效的《关于全面实施外国人来华工作许可制度的通知》(外专发〔2017〕40 号),自 2017 年 4 月 1 日起,全国统一实施外国人来华工作许可制度,发放《中华人民共和国外国人工作许可通知》和中华人民共和国外国人工作许可证(由人力资源社会保障部和国家外专局联合印制),来华工作的外国人凭《中华人民共和国外国人工作许可通知》和中华人民共和国外国人工作许可证办理相关签证和居留手续。由此可知,民办学校聘请外教应当协助其办理外国人工作许可证,并办理合法签证和居留手续。

以广州市为例,申请办理外国人来华工作许可的申请材料①具体如表 2-1 所示。

表 2-1 广州市申请办理外国人来华工作许可的申请材料

序号	材料名称	备注
1	外国人来华工作许可申请表	
2	最高学位(学历)证书或行业批准文书、职业资格证明	如有国外专业资格证明,应经我驻外使、领馆认证,或获得专业资格证明所在国的驻华使、领馆认证或公证机构对原件公证。职业资格证明在港澳特别行政区和台湾获得的,应经所在地区公证机关对原件公证
3	无犯罪记录证明	
4	体检证明	由中国检验检疫机构出具的境外人员体格检查记录验证证明或健康检查证明书,或经中国检验检疫机构认可的境外卫生医疗机构出具的体检证明,签发时间均在 6 个月内
5	聘用合同或任职证明	
6	申请人护照或国际旅行证件	
7	申请人 6 个月内正面免冠照片	
8	随行家属证明材料	有随行家属时提交
9	申请人所持签证(Z 字或 R 字)或有效居留许可	适用于已入境人员
10	工作资历证明	由申请人工作过的原单位出具从事与现聘用岗位工作相关的工作经历证明,包括职位、工作时间或做过的项目,需申请人原工作单位加盖公章或负责人签字,并留有证明联系人有效联系电话或电子邮件

---

① 不同地区的申请材料及办理要求可能存在差异。

近年来，全国外教市场一直处于供不应求的状态，"黑外教"等负面事件时有发生，有关主管部门不断加强外教市场的监管力度便基于此。民办学校聘请外教应当协助外教提前做好外国人来华工作许可的申请，办理在国内合法居留的签证及居留手续，并根据学校实际情况建立外教管理制度（包括但不限于人员信息管理、信息文件留存备案等）。

问题14：对连续教育违法行为能否多次行政处罚

某机构于工商行政管理部门登记注册为"某市某某教育咨询服务部"，经营范围为教育咨询服务。但根据群众举报，其实际招收3周岁以上的幼儿且在未依法办理办学许可证的情况下开展保育活动。教育行政部门依法对该机构做出"行政处罚决定书"，责令其停止违法办学行为。决定做出后，该机构并未申请复议，也未申请行政诉讼。教育行政部门数次督促该机构履行义务，该机构亦多次口头承诺履行但实际仍未停止违规办学，教育行政部门虽决定向人民法院申请强制执行但已经超过强制执行的申请期限，法院最终不予受理。对于该情形，教育行政部门能否再次就该违法事实做出行政处罚决定，若再次处罚是否违反"一事不再罚"原则？

一、教育行政处罚权的行使

教育行政处罚权是指教育行政部门依法对违反教育法律、法规和规章的行政相对人实施行政制裁措施的权力。根据《教育行政处罚暂行实施办法》，除法律、法规另有规定外，实施教育行政处罚的机关必须是县级以上人民政府的教育行政部门。《教育行政处罚暂行实施办法》第九条规定："教育行政处罚的种类包括：（一）警告；（二）罚款；（三）没收违法所得，没收违法颁发、印制的学历证书、学位证书及其他学业证书；（四）撤销违法举办的学校和其他教育机构；（五）取消颁发学历、学位和其他学业证书的资格；（六）撤销教师资格；（七）停考，停止申请认定资格；（八）责令停止招生；（九）吊销办学许可证；（十）法律、法规规定的其他教育行政处罚。"该办法第三十条还规定，教育行政处罚决定做出后，当事人应当在行政处罚决定的期限内予以履行；当事人逾期履行的，教育行政部门可以申请人民法院强制执行。

可见，教育行政部门有权针对教育违法行为进行处罚，但无行政强制执行权。

二、"一事不再罚"原则的适用

《中华人民共和国行政处罚法》第二十九条规定:"对当事人的同一违法行为,不得给予两次以上罚款的行政处罚。"该规定系"一事不再罚"原则的最直接体现。但《中华人民共和国行政处罚法》并未对该原则进行进一步解释和说明。结合"一事不再罚"的立法目的及司法实践,我们认为"一事不再罚"原则应根据具体行政处罚案件进行解释。在上述案例中,针对行政相对人在受到处罚后仍未停止违规办学,行政机关可以就其继续违规的行为重新做出责令停止办学的处罚决定,并不违反"一事不再罚"原则。

(一)"一事不再罚"原则的目的

在行政处罚中,适用"一事不再罚"原则的目的在于防止重复处罚,体现"过罚相当"的原则,以保护当事人的合法权利。但有些处罚类型,如责令停产停业、停止违规办学等,不仅要达到制裁行政违法行为的目的,还兼有防止违法者继续违法的功能,教条式适用"一事不再罚"原则将阻碍类似非制裁功能的实现。违法者不予执行行政处罚决定,行政机关若无法采取处罚措施,将致使违法行为持续而无法得到处理。行政机关再次做出停止违规办学的行政处罚,是为了制止违法者继续违法,因此不存在处罚过当的情形。

(二)"一事不再罚"原则中"一事"的认定

"一事"是指行为人的同一个违法行为或违法事实。同一个违法行为是指行为人在一个特定的时间和空间下,做出的同一个违反行政法律规范的行为。它具有以下特征:①同一个违法行为的实施主体是同一违法行为人;②同一个违法行为是指一个违法事实而非一次违法事件;③同一个违法行为是指该违法行为的整体而非一部分;④同一个违法行为是指一个独立的违法行为而非一类违法行为。

同一类违法行为一般是指性质相同或相似的多个违法行为。对同一个违法行为只能处罚一次,但对多个同一类违法行为原则上可以处罚多次。对持续或处于连续状态的违法行为是界定为同一个违法行为还是同一类违法行为,应根据具体情形区别对待。对于处于持续状态或连续状态的违法行为,应根据其间是否被行政机关处罚为依据进行区别对待:①对于被行政机关处罚前处于持续状态或连续状态的违法行为应当界定为一个独立的违法行为而非同一类违法行为；②对于被行政机关处罚后，行为人不及时纠正而继续实施同一性质违法行为的，应当界定为同一类违法行为而非同一个违法行为。（参考人民法院公报案例：周某不服镇江交巡警支队沪宁高速公路大队行政处罚案，〔2007〕镇行终字第 39 号）

在上述案例中，就该机构违规办学行为，教育行政部门第一次做出行政处罚决定时该机构已收到"行政处罚决定书"，可视为教育行政部门已就"行政处罚决定书"送达该机构之前的一段延续时间内的违规办学行为进行了处罚。该机构不及时纠正并履行行政处罚决定继续违规办学，应视为新的违法行为。因此，教育行政部门依法对此做出新的责令停止办学的处罚决定并不违反"一事不再罚"原则。

（三）重新做出行政处罚的程序要求

《教育行政处罚暂行实施办法》第二十三条中规定："教育行政部门发现公民、法人或者其他组织有应当给予教育行政处罚的违法行为的，应当做出立案决定，进行调查。教育行政部门在调查时，执法人员不得少于两人。"基于此，教育行政部门重新做出行政处罚行为的，仍应按照规定的程序重新调查取证，制作询问笔录，依法取证并经立案后做出行政处罚。

综上所述，我们认为，对于处于持续状态或连续状态的违法行为，行政机关做出处罚决定后，行为人不仅不及时纠正而且继续实施同一性质的违法行为，应当被界定为一个新的违法行为，行政机关可就该违法行为做出新的处罚决定，并不违反"一事不再罚"原则。

问题 15：民办学校应如何防范应对突发公共卫生事件的法律风险

应对突发公共卫生事件时，民办学校会存有哪些法律风险？如何防范？

一、民办学校应对突发公共卫生事件的法律规定及责任

（一）民办学校应对突发公共卫生事件的有关规定

1. 制定突发公共卫生事件应急预案

国务院办公厅于 2013 年 10 月 25 日发布并于同日生效的《突发事件应急预案管理办法》（国办发〔2013〕101 号）第九条第一款规定："单位和基层组织应急预案由机关、企业、事业单位、社会团体和居委会、村委会等法人和基层组织制定，侧重明确应急响应责任人、风险隐患监测、信息报告、预警响应、应急处置、人员疏散撤离组织和路线、可调用或可请求援助的应急资源情况及如何实施等，体现自救互救、信息报告和先期处置特点。"第十三条第二款规定："单位和基层组织可根据应对突发事件需要，制定本单位、本基层组织应急预案编制计划。"第十五条规定："编制应急预案应当在开展风险评估和应急资源调查的基础上进行……"

《教育部关于印发〈教育系统事故灾难类突发公共事件应急预案〉等三个专项预案的通知》（教办〔2009〕11 号）附件 2《教育系统公共卫生类突发事件应急预案》第 1.3 条规定："本预案适用于教育部、省级及以下教育行政部门、各级各类学校（幼儿园）应对各类突发公共卫生事件的应急处置工作，包括发生在学校内以及学校所在地区发生的，可能对学校师生健康与生命安全造成危害的重大传染病、群体性不明原因疾病、食物中毒等公共卫生事件的应急处置工作。"

2. 成立突发公共卫生事件应急处置工作领导小组

《教育系统公共卫生类突发事件应急预案》第 2.3 条规定："学校成立由主要领导负责的突发公共卫生事件应急处置领导小组，具体负责落实学校突

发公共卫生事件应急处置工作。其主要职责包括：在卫生部门指导下，根据当地政府和上级教育行政部门的突发公共卫生事件应急预案，制定本校的突发公共卫生事件应急预案；建立健全应对突发公共卫生事件的工作责任制度，建立一把手负总责与分管校长具体抓的责任制，并将责任分解到部门，落实到人；明确并落实突发公共卫生事件的信息报告人；具体实施对突发公共卫生事件的应对与处置工作，配合卫生部门对事件原因进行调查；及时向上级教育行政部门及卫生等有关部门报告学校突发公共卫生事件的进展与处置情况。"

3. 信息报告与信息发布

《中华人民共和国突发事件应对法》（2007年8月30日，第十届全国人民代表大会常务委员会第二十九次会议通过，自2007年11月1日起实施。以下简称《突发事件应对法》）第二十二条规定："所有单位应当建立健全安全管理制度，定期检查本单位各项安全防范措施的落实情况，及时消除事故隐患；掌握并及时处理本单位存在的可能引发社会安全事件的问题，防止矛盾激化和事态扩大；对本单位可能发生的突发事件和采取安全防范措施的情况，应当按照规定及时向所在地人民政府或者人民政府有关部门报告。"第三十九条第二款规定："有关单位和人员报送、报告突发事件信息，应当做到及时、客观、真实，不得迟报、谎报、瞒报、漏报。"第五十四条规定："任何单位和个人不得编造、传播有关突发事件事态发展或者应急处置工作的虚假信息。"

《突发公共卫生事件应急条例》第二十条第一款规定："突发事件监测机构、医疗卫生机构和有关单位发现有本条例第十九条规定情形之一的，应当在2小时内向所在地县级人民政府卫生行政主管部门报告；接到报告的卫生行政主管部门应当在2小时内向本级人民政府报告，并同时向上级人民政府卫生行政主管部门和国务院卫生行政主管部门报告。"第二十一条规定："任何单位和个人对突发事件，不得隐瞒、缓报、谎报或者授意他人隐瞒、缓报、谎报。"第二十五条规定："国家建立突发事件的信息发布制度。国务院卫生行政主管部门负责向社会发布突发事件的信息。必要时，可以授权省、自治区、直辖市人民政府卫生行政主管部门向社会发布本行政区域内突发事件的信息。信息发布应当及时、准确、全面。"

《教育系统公共卫生类突发事件应急预案》第4.1条规定："信息报送原

则。1. 迅速：学校应在第一时间（2小时内）向当地教育行政部门和卫生部门报告，不得延报。2. 准确：信息内容要客观翔实，不得主管臆断，不得漏报、瞒报、谎报。3. 直报：发生Ⅰ级（特大）事件，可直接报教育部。4. 事件情况发生变化后，应及时续报。"第4.3.2条规定："各级教育行政部门不得自行向社会发布突发公共卫生事件的信息。"

4. 预防预警

《教育系统公共卫生类突发事件应急预案》第5条规定："各级教育行政部门和学校应建立健全卫生防疫与食品卫生安全工作责任制，并将责任分解落实到部门和具体负责人。将卫生防疫和食品卫生安全教育以及其他突发公共卫生事件的预防与应急知识贯穿在日常教育之中，增强广大师生员工公共卫生服务意识和自我保护能力……建立健全校内有关部门和人员、学校与家长、学校与当地医疗机构及教育行政部门联系机制，完善信息收集报送渠道，保证信息畅通。建立与卫生部门信息联动机制，及时收集所在地区突发公共卫生事件发生信息，对各类可能引发学校突发公共卫生事件（传染病、食物中毒等）的情况及时进行分析并发出预警……"

5. 应急处理措施

《教育系统公共卫生类突发事件应急预案》第6.1.1条对"学校应急反应"之"传染病应急措施"有详细规定，此处不再赘述。

6. 善后与恢复工作

《教育系统公共卫生类突发事件应急预案》第7条规定："突发公共卫生事件应急处置完成后，工作重点应马上转向善后和恢复行动，争取在最短时间内恢复学校正常秩序。尽快恢复学校正常教学秩序。对因传染病流行而致暂时集体停课的，必须对教室、阅览室、食堂、厕所等场所进行彻底清扫消毒后，方能复课；因传染病暂时停学的学生，必须在恢复健康，经有关卫生部门确定没有传染性并出具有效的病愈证明后方可复学……学校和当地教育行政部门应认真做好或积极协调有关部门做好受到突发公共卫生事件损害的相关人员的善后工作。对突发公共卫生事件反映出的相关问题、存在卫生隐患问题及有关部门提出意见进行整改。"

7. 应急保障

《教育系统公共卫生类突发事件应急预案》第8.2条规定："各地教育行

政部门和学校，特别是寄宿制中小学校应建立处置突发公共卫生事件的设施设备（如传染病隔离场所、紫外线灯等）、消毒药品储备，为妥善处置突发公共卫生事件提供物资保障。"

8. 学校日常宣传与教育

《突发事件应对法》第三十条中规定："各级各类学校应当把应急知识教育纳入教学内容，对学生进行应急知识教育，培养学生的安全意识和自救与互救能力。"

《中华人民共和国传染病防治法》（1989年2月21日，第七届全国人民代表大会常务委员会第六次会议通过；2004年8月28日第十届全国人民代表大会常务委员会第十次会议修订；2013年6月29日，第十二届全国人民代表大会常务委员会第三次会议《关于修改〈中华人民共和国文物保护法〉等十二部法律的决定》修正，自2013年6月29日起实施。以下简称《传染病防治法》）第十条第二款规定："各级各类学校应当对学生进行健康知识和传染病预防知识的教育。"

（二）民办学校未依法应对突发公共卫生事件的法律责任

1. 未履行信息报告职责的法律责任

根据《突发公共卫生事件应急条例》第二十条和第五十一条规定[①]，民办学校未按规定在突发事件发生2小时内向所在地县级人民政府卫生行政主管部门履行报告职责，隐瞒、缓报或者谎报的，相关主管部门将对有关责任人员依法给予行政处分或者纪律处分；触犯《中华人民共和国治安管理处罚法》（2005年8月28日，第十届全国人民代表大会常务委员会第十七次会议通过；2012年10月26日，第十一届全国人民代表大会常务委员会第二十九次会议《全国人民代表大会常务委员会关于修改〈中华人民共和国治安管理处罚法〉的决定》修正，自2013年1月1日起实施。以下简称《治安管理处罚法》），构成违反治安管理行为的，由公安机关依法予以处罚；构成犯罪

---

① 《突发公共卫生事件应急条例》第二十条规定："突发事件监测机构、医疗卫生机构和有关单位发现有本条例第十九条规定情形之一的，应当在2小时内向所在地县级人民政府卫生行政主管部门报告……"第五十一条规定："在突发事件应急处理工作中，有关单位和个人未依照本条例的规定履行报告职责，隐瞒、缓报或者谎报，阻碍突发事件应急处理工作人员执行职务，拒绝国务院卫生行政主管部门或者其他有关部门指定的专业技术机构进入突发事件现场，或者不配合调查、采样、技术分析和检验的，对有关责任人员依法给予行政处分或者纪律处分；触犯《中华人民共和国治安管理处罚法》构成违反治安管理行为的，由公安机关依法予以处罚；构成犯罪的，依法追究刑事责任。"

的，依法追究刑事责任。

《刑法》第一百三十九条之一规定："在安全事故发生后，负有报告职责的人员不报或者谎报事故情况，贻误事故抢救，情节严重的，处三年以下有期徒刑或者拘役；情节特别严重的，处三年以上七年以下有期徒刑。"

2. 未按规定采取预防和控制措施的法律责任

《传染病防治法》第七十七条规定："单位和个人违反本法规定，导致传染病传播、流行，给他人人身、财产造成损害的，应当依法承担民事责任。"

根据《突发事件应对法》第六十四条①规定，学校未按规定采取预防措施、未及时消除已发现的可能引发突发事件的隐患、未做好应急设备、设施日常维护、检测工作导致发生严重突发事件或者突发事件危害扩大的，或者突发事件发生后，不及时组织开展应急救援工作，造成严重后果的，可能面临被责令停产停业、暂扣或者吊销许可证或者营业执照，并处五万元以上二十万元以下罚款；构成违反治安管理行为的，由公安机关依法给予处罚。

《中华人民共和国传染病防治法实施办法》（1991年10月4日，国务院批准；1991年12月6日，原卫生部令第17号发布，自1991年12月6日起实施。以下简称《传染病防治法实施办法》）第六十六条规定："有下列行为之一的，由县级以上政府卫生行政部门责令限期改正，可以处五千元以下的罚款；情节较严重的，可以处五千元以上二万元以下的罚款，对主管人员和直接责任人员由其所在单位或者上级机关给予行政处分：……（五）对被甲类和乙类传染病病人、病原携带者、疑似传染病病人污染的场所、物品未按照卫生防疫机构的要求实施必要的卫生处理的；……（八）准许或者纵容传染病病人、病原携带者和疑似传染病病人，从事国务院卫生行政部门规定禁止从事的易使该传染病扩散的工作的；……"

《刑法》第三百三十条规定："违反传染病防治法的规定，有下列情形之一，引起甲类传染病传播或者有传播严重危险的，处三年以下有期徒刑或者拘役；后果特别严重的，处三年以上七年以下有期徒刑：……（三）准许或

---

① 《突发事件应对法》第六十四条规定："有关单位有下列情形之一的，由所在地履行统一领导职责的人民政府责令停产停业，暂扣或者吊销许可证或者营业执照，并处五万元以上二十万元以下的罚款；构成违反治安管理行为的，由公安机关依法给予处罚：（一）未按规定采取预防措施，导致发生严重突发事件的；（二）未及时消除已发现的可能引发突发事件的隐患，导致发生严重突发事件的；（三）未做好应急设备、设施日常维护、检测工作，导致发生严重突发事件或者突发事件危害扩大的；（四）突发事件发生后，不及时组织开展应急救援工作，造成严重后果的。前款规定的行为，其他法律、行政法规规定由人民政府有关部门依法决定处罚的，从其规定。"

者纵容传染病病人、病原携带者和疑似传染病病人从事国务院卫生行政部门规定禁止从事的易使该传染病扩散的工作的；……（五）拒绝执行县级以上人民政府、疾病预防控制机构依照传染病防治法提出的预防、控制措施的。单位犯前款罪的，对单位判处罚金，并对其直接负责的主管人员和其他直接责任人员，依照前款的规定处罚……"

根据《最高人民法院、最高人民检察院关于办理妨害预防、控制突发传染病疫情等灾害的刑事案件具体应用法律若干问题的解释》第四条①和《刑法》第一百六十八条的规定②，公办学校的工作人员，在预防、控制突发传染病疫情等灾害的工作中，由于严重不负责任或者滥用职权，造成公办学校或国有资产严重损失，致使国家利益遭受重大损失的，处三年以下有期徒刑或者拘役；致使国家利益遭受特别重大损失的，处三年以上七年以下有期徒刑。

根据《最高人民法院、最高人民检察院关于办理妨害预防、控制突发传染病疫情等灾害的刑事案件具体应用法律若干问题的解释》第一条③和《刑法》第一百一十四条、第一百一十五条第一款规定④，民办学校相关人员在预防和控制突发传染病过程中，故意传播突发传染病病原体，危害公共安全的，将构成危险方法危害公共安全罪，尚未造成严重后果的，处三年以上十年以下有期徒刑；致人重伤、死亡或者使公私财产遭受重大损失的，处十年以上

---

① 《最高人民法院、最高人民检察院关于办理妨害预防、控制突发传染病疫情等灾害的刑事案件具体应用法律若干问题的解释》第四条规定："国有公司、企业、事业单位的工作人员，在预防、控制突发传染病疫情等灾害的工作中，由于严重不负责任或者滥用职权，造成国有公司、企业破产或者严重损失，致使国家利益遭受重大损失的，依照刑法第一百六十八条的规定，以国有公司、企业、事业单位人员失职罪或者国有公司、企业、事业单位人员滥用职权罪定罪处罚。"

② 《刑法》第一百六十八条规定："国有公司、企业的工作人员，由于严重不负责任或者滥用职权，造成国有公司、企业破产或者严重损失，致使国家利益遭受重大损失的，处三年以下有期徒刑或者拘役；致使国家利益遭受特别重大损失的，处三年以上七年以下有期徒刑。国有事业单位的工作人员有前款行为，致使国家利益遭受重大损失的，依照前款的规定处罚。国有公司、企业、事业单位的工作人员，徇私舞弊，犯前两款罪的，依照第一款的规定从重处罚。"

③ 《最高人民法院、最高人民检察院关于办理妨害预防、控制突发传染病疫情等灾害的刑事案件具体应用法律若干问题的解释》第一条规定："故意传播突发传染病病原体，危害公共安全的，依照刑法第一百一十四条、第一百一十五条第一款的规定，按照以危险方法危害公共安全罪定罪处罚。患有突发传染病或者疑似突发传染病而拒绝接受检疫、强制隔离或者治疗，过失造成传染病传播，情节严重，危害公共安全的，依照刑法第一百一十五条第二款的规定，按照过失以危险方法危害公共安全罪定罪处罚。"

④ 《刑法》第一百一十四条规定："放火、决水、爆炸以及投放毒害性、放射性、传染病病原体等物质或者以其他危险方法危害公共安全，尚未造成严重后果的，处三年以上十年以下有期徒刑。"第一百一十五条第一款规定："放火、决水、爆炸以及投放毒害性、放射性、传染病病原体等物质或者以其他危险方法致人重伤、死亡或者使公私财产遭受重大损失的，处十年以上有期徒刑、无期徒刑或者死刑。"

有期徒刑、无期徒刑或者死刑。

3. 散布谣言、谎报疫情的法律责任

根据《突发公共卫生事件应急条例》第五十二条①、《治安管理处罚法》第二十五条②、《最高人民法院、最高人民检察院关于办理妨害预防、控制突发传染病疫情等灾害的刑事案件具体应用法律若干问题的解释》第十条③和《刑法》第二百九十一条之一、第一百零三条和第一百零五条④规定，散布谣言、谎报疫情的，处五日以上十日以下拘留，可以并处五百元以下罚款；情节较轻的，处五日以下拘留或者五百元以下罚款。若编造与突发传染病疫情等灾害有关的恐怖信息，或者明知是编造的此类恐怖信息而故意传播，严重扰乱社会秩序的，以编造、故意传播虚假恐怖信息罪定罪处罚。若利用突发传染病疫情制造、传播谣言，煽动分裂国家、破坏国

---

① 《突发公共卫生事件应急条例》第五十二条规定："在突发事件发生期间，散布谣言、哄抬物价、欺骗消费者，扰乱社会秩序、市场秩序的，由公安机关或者工商行政管理部门依法给予行政处罚；构成犯罪的，依法追究刑事责任。"

② 《治安管理处罚法》第二十五条规定："有下列行为之一的，处五日以上十日以下拘留，可以并处五百元以下罚款；情节较轻的，处五日以下拘留或者五百元以下罚款：（一）散布谣言，谎报险情、疫情、警情或者以其他方法故意扰乱公共秩序的；……"

③ 《最高人民法院、最高人民检察院关于办理妨害预防、控制突发传染病疫情等灾害的刑事案件具体应用法律若干问题的解释》第十条规定："编造与突发传染病疫情等灾害有关的恐怖信息，或者明知是编造的此类恐怖信息而故意传播，严重扰乱社会秩序的，依照刑法第二百九十一条之一的规定，以编造、故意传播虚假恐怖信息罪定罪处罚。利用突发传染病疫情等灾害，制造、传播谣言，煽动分裂国家、破坏国家统一，或者煽动颠覆国家政权、推翻社会主义制度的，依照刑法第一百零三条第二款、第一百零五条第二款的规定，以煽动分裂国家罪或者煽动颠覆国家政权罪定罪处罚。"

④ 《刑法》第二百九十一条之一规定："投放虚假的爆炸性、毒害性、放射性、传染病病原体等物质，或者编造爆炸威胁、生化威胁、放射威胁等恐怖信息，或者明知是编造的恐怖信息而故意传播，严重扰乱社会秩序的，处五年以下有期徒刑、拘役或者管制；造成严重后果的，处五年以上有期徒刑。编造虚假的险情、疫情、灾情、警情，在信息网络或者其他媒体上传播，或者明知是上述虚假信息，故意在信息网络或者其他媒体上传播，严重扰乱社会秩序的，处三年以下有期徒刑、拘役或者管制；造成严重后果的，处三年以上七年以下有期徒刑。"第一百零三条规定："组织、策划、实施分裂国家、破坏国家统一的，对首要分子或者罪行重大的，处无期徒刑或者十年以上有期徒刑；对积极参加的，处三年以上十年以下有期徒刑；对其他参加的，处三年以下有期徒刑、拘役、管制或者剥夺政治权利。煽动分裂国家、破坏国家统一的，处五年以下有期徒刑、拘役、管制或者剥夺政治权利；首要分子或者罪行重大的，处五年以上有期徒刑。"第一百零五条规定："组织、策划、实施颠覆国家政权、推翻社会主义制度的，对首要分子或者罪行重大的，处无期徒刑或者十年以上有期徒刑；对积极参加的，处三年以上十年以下有期徒刑；对其他参加的，处三年以下有期徒刑、拘役、管制或者剥夺政治权利。以造谣、诽谤或者其他方式煽动颠覆国家政权、推翻社会主义制度的，处五年以下有期徒刑、拘役、管制或者剥夺政治权利；首要分子或者罪行重大的，处五年以上有期徒刑。"

家统一，或者煽动颠覆国家政权、推翻社会主义制度的，以煽动分裂国家罪或者煽动颠覆国家政权罪定罪处罚。

值得注意的是，最高人民法院在其微信公众号发布的相关文章中提出，执法机关在面对虚假信息，应充分考虑信息发布者、传播者在主观上的恶性程度及其对事物的认知能力，如果信息基本属实、发布者和传播者主观无恶意，且未造成严重危害的，应对此保持宽容的态度。

4. 校车管理相关的法律责任

根据原卫生部于 1998 年 11 月 28 日印发并于 1999 年 3 月 1 日生效的《国内交通卫生检疫条例》（国务院令第 254 号）第十四条①和原卫生部于 1999 年 9 月 16 日印发并于同日生效的《国内交通卫生检疫条例实施方案》（卫疾控发〔1999〕第 425 号）第四十八条②规定，在非检疫传染病疫区内，校车在运营过程中发现检疫传染病病人、病原携带者、疑似检疫传染病病人时，校车负责人未依照规定采取措施的，责令限期改正，给予警告，并处 1000 元以上 5000 元以下的罚款。

---

① 《国内交通卫生检疫条例》第十四条规定："在非检疫传染病疫区的交通工具上发现检疫传染病病人、病原携带者、疑似检疫传染病病人时，交通工具负责人未依照本条例规定采取措施的，由县级以上地方人民政府卫生行政部门或者铁路、交通、民用航空行政主管部门的卫生主管机构，根据各自的职责，责令改正，给予警告，并处 1000 元以上 5000 元以下的罚款；情节严重，引起检疫传染病传播或者有传播严重危险，构成犯罪的，依法追究刑事责任。"

② 《国内交通卫生检疫条例实施方案》第四十八条规定："在非检疫传染病疫区的交通工具上发现检疫传染病病人、病原携带者、疑似检疫传染病病人时，交通工具负责人有下列行为之一的，由县级以上地方人民政府卫生行政部门或者铁路、交通、民用航空行政主管部门的卫生主管机构，根据各自的职责分工，责令限期改正，给予警告，并处 1000 元以上 5000 元以下的罚款：（一）未以最快的方式通知前方停靠点，并向交通工具营运单位的主管部门报告的；（二）未按规定对检疫传染病病人、病原携带者、疑似检疫传染病病人和与其密切接触者实施隔离的；（三）未封锁已经污染或者可能被污染的区域，仍然向外排放污物的；（四）未在指定地点停靠的；（五）未在指定的停靠点将检疫传染病病人、病原携带者、疑似检疫传染病病人和与其密切接触者以及其他需要跟踪观察的旅客名单移交县级以上地方人民政府卫生行政部门指定的医疗机构或者临时交通卫生检疫留验站的；（六）未对承运过检疫传染病病人、病原携带者、疑似检疫传染病病人的交通工具进行卫生处理，无检疫合格证明，继续运行的。"

5. 阻碍执行公务的法律责任

根据《治安管理处罚法》第五十条[①]和《传染病防治法实施办法》第七十条[②]的规定，民办学校及相关人员在传染病流行期间，妨碍或者拒绝执行政府采取紧急措施的，或者无故阻止和拦截依法执行处理疫情任务的车辆和人员的，对民办学校予以通报批评，对主管人员和直接责任人员给予行政处分，情节严重的，对相关人员予以拘留并处罚款。

二、民办学校防范应对突发公共卫生事件法律风险的建议

（一）开学前

1. 成立突发公共卫生事件应急处置领导小组

面对突发公共卫生事件，我们建议民办学校在开学前成立由主要领导负责的突发公共卫生事件应急处置领导小组，具体负责落实民办学校突发公共卫生事件应急处置工作，其主要职责包括：在卫生部门指导下，根据当地政府和上级教育行政部门的突发公共卫生事件应急预案，制定本校的突发公共卫生事件应急预案；建立健全应对突发公共卫生事件的工作责任制度，建立一把手负总责与分管校长具体抓的责任制，并将责任分解到部门，落实到人；明确并落实突发公共卫生事件的信息报告人；具体实施突发公共卫生事件的应对与处置工作，配合卫生部门对事件原因进行调查；及时向上级教育行政部门及卫生等有关部门报告学校突发公共卫生事件的进展与处置情况。

2. 完善信息报送制度

建立畅通的信息传输渠道和严格的信息上报机制，完善快速应急信息系

---

① 《治安管理处罚法》第五十条规定："有下列行为之一的，处警告或者二百元以下罚款；情节严重的，处五日以上十日以下拘留，可以并处五百元以下罚款：（一）拒不执行人民政府在紧急状态情况下依法发布的决定、命令的；（二）阻碍国家机关工作人员依法执行职务的；（三）阻碍执行紧急任务的消防车、救护车、工程抢险车、警车等车辆通行的；（四）强行冲闯公安机关设置的警戒带、警戒区的。阻碍人民警察依法执行职务的，从重处罚。"

② 《传染病防治法实施办法》第七十条规定："有下列行为之一的单位和个人，县级以上政府卫生行政部门报请同级政府批准，对单位予以通报批评；对主管人员和直接责任人员由所在单位或者上级机关给予行政处分：（一）传染病暴发、流行时，妨碍或者拒绝执行政府采取紧急措施的；（二）传染病暴发、流行时，医疗保健人员、卫生防疫人员拒绝执行各级政府卫生行政部门调集其参加控制疫情的决定的；（三）对控制传染病暴发、流行负有责任的部门拒绝执行政府有关控制疫情决定的；（四）无故阻止和拦截依法执行处理疫情任务的车辆和人员的。"

统。具体要求：①迅速，民办学校应在第一时间（2小时内）向当地行政部门和卫生部门报告，不得延报；②准确，信息内容要客观翔实，不得主观臆断，不得漏报、瞒报、谎报；③直报，发生Ⅰ级（特大）事件，可直接报教育部；④事件情况发生变化后，应及时续报。

3. 熟悉信息发布流程

根据《突发公共卫生事件应急条例》，全国突发公共卫生事件的信息由国务院卫生行政部门负责向社会发布；省、自治区、直辖市人民政府卫生行政部门经国务院卫生行政部门授权，向社会发布本行政区域内突发公共卫生事件的信息。各级教育行政部门不得自行向社会发布突发公共卫生事件的信息。突发公共卫生事件信息的发布程序，如图2-2所示。

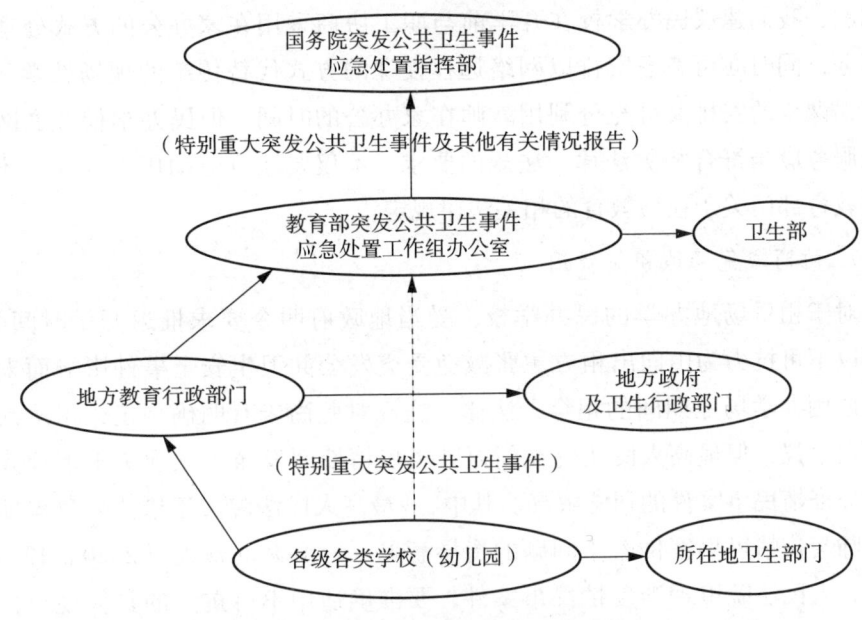

图2-2 突发公共卫生事件信息的发布程序

4. 建立预防预警机制

民办学校应建立健全卫生防疫与食品卫生安全工作责任制，并将责任分解落实到部门和具体责任人。将卫生防疫和食品卫生安全教育以及其他突发公共卫生事件的预防与应急知识贯穿在日常教育中，增强广大师生员工公共卫生意识和自我保护能力。建立健全校内有关部门和人员、学校与家长、学校与当地医疗机构及教育行政部门联系机制，完善信息收集报送渠道，保证信息畅通。建立与卫生部门的信息联动机制,及时收集所在地区突发公共卫生事件发生信息,对各类可能引发学校突发公共卫生事件(传染病)的情况及时进行分析并发出预警。

5. 完备应急保障工作

完善信息保障、物资保障(特别是寄宿制中小学校,应建立处置突发公共卫生事件的设施设备,如传染病隔离场所、紫外线灯等)、消毒药品储备,为妥善处置突发公共卫生事件提供物资保障、资金保障等。

6. 调整教师办公和授课方式

受突发公共卫生事件影响,延迟开学和推迟复工的学校,在开学前需要为突发公共卫生事件防控和开学活动进行大量的准备工作,面对劳动力紧缺的问题,我们建议民办学校在开学前与职工协商采用在家办公的方式处理相关事务,同时亦可考虑安排以网络远程授课的方式代替传统的现场教学,既不耽误课程的安排又可充分利用教师在家办公的时间。但民办学校开展网络授课服务应当符合相关法律、法规的要求,不仅要注意劳动用工问题,还要关注教育部门关于在线教育的相关法律规定。

7. 协商减免场地租赁费用

对于租赁场地办学的民办学校,受当地政府明令要求推迟开学时间的,能否以不可抗力为由向出租方主张减免受突发公共卫生安全事件影响而未能正常使用办学场地期间的租金,法律、法规对此尚未有明确规定,司法判例亦存在争议,但最高人民法院在新冠肺炎疫情期间发布了三项关于审理涉新冠肺炎疫情民事案件的司法解释。其中,《最高人民法院关于依法妥善审理涉新冠肺炎疫情民事案件若干问题的指导意见(一)》(法发〔2020〕12号)规定,人民法院审理涉疫情民事案件,要准确适用不可抗力的具体规定,严格把握适用条件。依法适用不可抗力的规定的,根据疫情或者疫情防控措施的影响程度部分或者全部免除责任。当事人对于合同不能履行或者损失扩大有可归责事由的,应当依法承担相应责任。因疫情或者疫情防控措施不能履行合同义务,当事人主张其尽到及时通知义务的,应当承担相应举证责任。《最高人民法院关于依法妥善审理涉新冠肺炎疫情民事案件若干问题的指导意见(二)》(法发〔2020〕17号)规定,承租房屋用于经营,疫情或者疫情防控措施导致承租人资金周转困难或者营业收入明显减少,出租人以承租人没有按照约定的期限支付租金为由请求解除租赁合同,由承租人承担违约责任的，人民法院不予支持。基于前述，我们认为，以不可抗力为由主张租金减免至少应符合以下条件：①合同订立时双方未能预见或难以预见突发公共卫生安全事件的严重性；②民办学校是根据政府公布的行政措施延迟开学的，属于客观上不能避免；③民办学校主张的是受突发公共卫生安全事件影响未能正常使用办学场地期间的租金减免。在符合以上条件的情况下，我们建议民办学校应首先检查租赁合同中不可抗力等条款，为主张租金减免寻求合同依据；其次主动、尽早通知房东并与之协商，争取减免或调整受突发公共卫生安全事件影响而未能正常使用办学场地期间的租金；最后若双方协商不成，民办学校需按约定全额支付租金的，应保存相应的支付凭证以便日后作为主张权利的证据。

（二）开学迎新期间

1. 加强公共安全管理

开学迎新期间，民办学校不仅应维持现场秩序，还应根据各地政策的规定加强突发公共卫生安全事件期间学校卫生的保护工作。为了防止传染病传播造成重大安全事故，民办学校在迎新期间可要求所有进入校园的人员佩戴口罩，并在校园入口处设置醒目、清晰的提示，对未佩戴口罩进入校园者应予以劝阻或向其发放口罩。在不影响现场秩序的情况下，民办学校可对进入校园者进行体温测量，发现发热患者应劝其至医院检查治疗。除此之外，对于人员密集的场所应当保持通风，加强对校舍、设备用品的清洁和消毒。

2. 分散人流、错峰迎新

为降低迎新期间人员聚集发生公共卫生安全事故的风险和便于管理、维护现场秩序，我们建议民办学校按年级安排不同的迎新时间，做到分散人流、错峰迎新。

（三）开学后

1. 采取应急处置措施（传染病应急措施）

（1）教室、宿舍等人员集中的室内场所应经常开窗，做到有效通风透气，确保室内空气流通（主要针对呼吸道传染病）。

（2）暂停组织室内场所的大型集体活动（主要针对呼吸道传染病）。

（3）加强每日晨、午检工作，对缺勤的师生员工逐一进行登记，并查明缺勤的原因，对患有传染病的师生劝其及时就医或在家进行医学观察，暂停上学或上班；每日对患病师生进行追踪和记录，了解疾病转归。

（4）密切关注传染病流行情况，必要时经当地卫生行政部门组织专家进行突发公共卫生安全事件风险评估，报请所在地教育行政部门并经人民政府批准，采取临时停课等特殊措施。

（5）若发现传染病患者，应及时予以隔离，并送至医院进行治疗。协助卫生部门对患病人群所在场所进行彻底消毒；对患者接触过的人员，包括同学、教师进行随访，并配合当地政府或卫生行政部门采取必要的隔离观察措施。

（6）与患病学生（特别是中小学生或病情严重者）家长、家属联系，通报情况，做好思想工作，稳定其情绪。

（7）按照当地政府卫生行政部门要求，认真落实其他紧急应对措施。

（8）对民办学校不能解决的问题及时报告主管教育部门和当地政府以及卫生行政部门，并请求支持和帮助。

（9）在适当的范围通报突发公共卫生事件的基本情况以及采取的措施，稳定师生员工情绪，并开展相应的卫生宣传教育，提高师生、员工的预防与自我保护意识。

2. 善后与恢复工作

突发公共卫生事件应急处置完成后，重点应马上转向善后和恢复工作，争取在最短时间内恢复学校正常教学秩序。对因传染病流行导致暂时性集体停课的，必须对教室、阅览室、食堂、厕所等场所进行彻底清扫消毒，方能复课；因传染病暂时停学的学生，必须在健康恢复，经有关卫生部门确定没有传染性并出具有效的病愈证明后方可复学。对突发公共卫生事件反映出的相关问题、存在卫生隐患问题及有关部门提出的意见进行整改。

3. 正确处理劳动用工关系

学校教职工若存在传染病患者、疑似患者、密切接触者，在其隔离治疗期间或医学观察期间以及因政府实施隔离措施或采取其他紧急措施导致不能正常劳动的，民办学校应当支付职工在此期间的工作报酬，并不得依据《劳动合同法》第四十条、第四十一条与职工解除劳动合同。在此期间，劳动合同到期的，分别顺延至职工医疗期期满、医学观察期期满、隔离期期满或者政府采取的紧急措施结束。

4. 加强校车管理

提供校车接送服务的民办学校应当建立疫情防控期间的校车管理制度，对司机和校车跟班教师进行培训。校车在运营过程中发现传染病患者时，司机及跟班教师应当及时做到：①以最快的方式通知前方停靠点，并向交通工具运营单位的主管部门报告；②对传染病患者及其密切接触者实行隔离；③封锁已经污染或者可能被污染的区域；④在指定地点停靠；⑤在停靠点将传染病患者及其密切接触者以及其他需要跟踪观察的乘客名单移交指定的医疗机构；⑥对校车进行消毒处理。

5. 加强宿舍管理

在突发公共卫生事件防控期间，为保障公共卫生安全，我们建议民办学校应视各地政策的规定决定是否提供住宿服务。若提供住宿服务，则应建立疫情防控期间的宿舍管理制度。每个班级应安排一名或若干名巡查负责人，负责跟踪和视察住宿人员每天的健康情况；若发现疑似传染病患者，负责人应及时上报学校和当地的卫生主管部门，及时隔离患者及其密切接触者，维持现场秩序，避免引起恐慌和重大安全事故。

我们认为，应对突发公共卫生事件，民办学校应时刻警惕，以预防为主，科学应对，严格执行国家相关法律、法规；做好应对突发公共卫生事件的安全健康教育工作，强化应对突发公共卫生事件应急预案及实施方案的前期研究工作，并做好应对突发公共卫生事件记录及留存工作，包括但不限于书面材料、电子数据以及视听资料。[①]

[①] 根据《最高人民法院关于民事诉讼证据的若干规定》（法释〔2019〕19号）规定，电子数据包括学校官网、微信公众号等网络平台发布的信息，手机短信、电子邮件、微信群、QQ群等网络应用服务的通信信息等；视听资料包括录音、录像等。同时需要注意，书面资料需保存原件，电子数据及视听资料需保存原始载体。

第 3 章　民办学校经营管理要点

问题 16：民办学校如何完善章程和治理结构

《民促法》及其系列配套文件都反复强调"加快现代学校制度建设"，完善学校法人治理为现代学校制度建设的一项重要内容。

在民办教育实践办学中，在现代学校制度建设方面仍存在一些问题，如隐形股东既不参加理事会，也不担任校长，但实际控制学校的运营和管理；很多民办学校的章程都是根据 2005 年民办非企业单位法人的章程示范文本拟定的，学校的运营管理制度与章程规定存有很大差异；一些学校的法定代表人既不是学校理事会的理事长，也不是学校的校长，仅由举办者指定。这些都不符合《民促法》"加快现代学校制度建设"的要求。

"国务院三十条"规定："民办学校要依法制定章程，按照章程管理学校。健全董事会（理事会）和监事（会）制度，董事会（理事会）和监事（会）成员依据学校章程规定的权限和程序共同参与学校的办学和管理。"完善学校法人治理制度，进一步建设现代学校制度，首先要完善和规范学校章程。

一、学校章程的重要性

2021 年修订的《民促法实施条例》第十一条规定："举办者依法制定学校章程，负责推选民办学校首届理事会、董事会或者其他形式决策机构的组成人员。举办者可以依据法律、法规和学校章程规定的程序和要求参加或者委派代表参加理事会、董事会或者其他形式决策机构，并依据学校章程规定的权限行使相应的决策权、管理权。"第十九条规定："民办学校的章程应当规定下列主要事项：（一）学校的名称、住所、办学地址、法人属性；（二）举办者的权利义务，举办者变更、权益转让的办法；（三）办学宗旨、发展定位、层次、类型、规模、形式等；（四）学校开办资金、注册资本，资产的来源、性质等；（五）理事会、董事会或者其他形式决策机构和监督机构的产生方法、人员构成、任期、议事规则等；（六）学校党组织负责人或者代表进入学校决策机构和监督机构的程序；（七）学校的法定代表人；（八）学校自行终止的事由，剩余资产处置的办法与程序；（九）章程修改程序。"学校章程规定了学校运营管理的基本原则，学校章程之于学校的地位等同于宪法之于国家的重要性。

二、需特别关注的学校章程内容

（一）举办者的权利与义务

学校章程应明确规定举办者的权利与义务。举办者并不是民办学校法定的决策机构，这一点需与公司股东严格区分。民办学校的最高权力机构为董事会（理事会），这是由教育事业的公益属性决定的。凡牵涉广大师生合法权益的事项，举办者不能"一言堂"，应由董事会集体决策。因此，章程应当明确规定举办者参与学校管理的权限和程序，避免举办者随意干涉学校的运营和管理。从举办者的角度来看，如果章程没有规定，举办者就不得擅自行使权力。

此外，举办者变更、权益转让会对学校产生重大影响，学校章程对相关事宜应当予以明确，避免因举办者变更或纠纷而影响学校的办学稳定性。

（二）学校的组织管理制度

民办学校要根据自身的实际情况，在章程中明确规定理事会（董事会）或者其他形式决策机构的产生方法、人员构成、任期、议事规则等。例如，写明理事会成员的人数（一般为3~25人，注意理事会人数最好为奇数，以便多数决议），理事会一般由举办者或者其代表、校长、党组织负责人、教职工代表等共同组成。各方面可推选的人员数量、资质要求、推选程序等都需要详细规定。理事会的人数应注意与学校规模相当。

结合民办学校的实际情况，在章程中对理事会的权限，理事长的产生、权限和待遇，校长的产生、权限和待遇等应进行明确约定，尤其要明确各自的权限边界。一些学校为了省事，或者不理解章程的重要性而直接采用通行的章程示范文本。鉴于实践中一般由举办者（出资人）出任理事长，校长则另行聘请业内专业人士担任，若按照上述章程示范文本施行，在实际操作中很多工作将难以落实到人,理事长的权限边界、校长的权限边界难以界定,然而现代学校制度的基本特征之一就是权责明确。结果要么是校长有名无实,既无财权又无人权,无法按照既定目标开展办学及管理工作;要么是校长架空了理事长,理事长想更换校长都无法实现。

理事会会议的议事规则很重要。例如,有些事项只要经全体理事半数通过即可生效,有些重要事项则必须经全体理事 2/3 以上通过方有效,有些重大事项可能必须经全体理事的 4/5 以上或者全体通过才能生效,这些都需要结合学校的具体情况认真审慎地规定。

(三) 学校的法定代表人

根据《民促法》的规定,学校的法定代表人应为理事长、董事长或校长。实践中有些学校不重视法定代表人的设定,甚至有些出资人听说"法定代表人就是法定受审人",为了避免所谓的个人风险而随便找个人充数,这是一种错误的认识。

(四) 学校党组织负责人参与决策的程序

"国务院三十条"规定:"健全党组织参与决策制度,积极推进'双向进入、交叉任职',学校党组织领导班子成员通过法定程序进入学校决策机构和行政管理机构,党员校长、副校长等行政机构成员可按照党的有关规定进入党组织领导班子。学校党组织要支持学校决策机构和校长依法行使职权,督促其依法治教、规范管理。"章程应明确规定党组织负责人如何参与决策,党组织如何发挥监督作用。

三、学校章程应规定的其他制度

要完善学校治理制度,还需要探索实行独立董事(理事)、监事制度。要在学校中健全党组织参与决策制度,完善校长选聘机制,实行关键管理岗位亲属回避制度,完善教职工代表大会和学生代表大会制度等。

综上所述,各学校应审时度势、与时俱进,结合本校的实际情况对本校的既有章程进行梳理,基于《民促法》及《民促法实施条例》等法律、法规的要求,做好完善学校治理制度的各项工作。

问题 17：营利性民办学校章程的特殊规定及起草建议[①]

《民促法》确定了章程在民办学校中的重要地位。民办学校章程是举办者参与办学和管理的依据。民办学校依据章程设置组织机构，董事会、监事会等机构依据章程行使职权。民办学校章程还规定学校终止及清算的各项事宜。民办学校章程与公司章程相似，为民办学校经营管理的"纲领性文件"。我们知道，营利性民办学校按照现有的规范性文件应登记为有限责任公司或股份有限公司，被纳入《公司法》的规定范畴。但营利性民办学校与公司法人存在很大的区别，如何结合新《民促法》和《公司法》的规定，合理拟定民办学校章程？从营利性民办学校章程的角度出发，如何调节民办学校与公司法人的管理冲突？

一、营利性民办学校的法人性质

（一）什么是营利法人

自 2021 年 1 月 1 日起正式实施的《民法典》对营利法人做了明确定义。《民法典》第七十六条规定："以取得利润并分配给股东等出资人为目的成立的法人，为营利法人。营利法人包括有限责任公司、股份有限公司和其他企业法人等。"《民法典》对营利法人的本质特征进行了界定，即以取得利润并分配给股东等出资人为目的，至于是否事实上进行分配不影响对营利法人性质的认定。

判断营利法人不以主观目的为导向，而以是否享有客观权利为导向，即判断营利法人的本质要素是股东等出资人是否可以取得利润并进行分配，股东等出资人享有取得利润权利的为营利法人，不允许向出资人、设立人，或者会员分配所取得利润的为非营利法人。有限责任公司和股份有限公司是营利法人的典型代表。

那么《民法典》规定的"其他企业法人"是指哪些营利法人？《民法

[①] 本部分内容已于 2019 年 7 月发表于《浙江树人大学学报》2019 年第 4 期，略有删改。

典》对此没有直接回答，我们可以从企业法人登记相关规定中一探究竟。《中华人民共和国企业法人登记管理条例》（2019年修正）第二条规定："具备法人条件的下列企业，应当依照本条例的规定办理企业法人登记：（一）全民所有制企业；（二）集体所有制企业；（三）联营企业；（四）在中华人民共和国境内设立的中外合资经营企业、中外合作经营企业和外资企业；（五）私营企业；（六）依法需要办理企业法人登记的其他企业。"这一规定可以理解为包含了目前我国企业法人的全部分类，而公司法人作为典型的企业法人形式根据《中华人民共和国公司登记管理条例》办理公司法人登记。故而，在设立登记管理上，公司企业法人与其他企业法人有区别。据此我们也可以判断，《民法典》所指的其他企业法人包括全民所有制企业法人、集体所有制企业法人、联营企业法人及中外合资经营企业法人、中外合作经营企业法人和外资企业法人。因《中华人民共和国中外合资经营企业法》《中华人民共和国中外合作经营企业法》《中华人民共和国外资企业法》均已废止，所以外商投资适用《中华人民共和国外商投资法》。《中华人民共和国外商投资法》第三十一条规定："外商投资企业的组织形式、组织机构及其活动准则，适用《中华人民共和国公司法》《中华人民共和国合伙企业法》等法律的规定。"由此可见，外商投资企业法人性质依据登记的法人属性为准。

需特别说明的是，联营企业属于历史产物，根据《中华人民共和国民法通则》（已废止）第五十一条和第五十二条的规定，联营企业分为法人型联营企业与合伙型联营企业。法人型联营企业是"企业之间或者企业、事业单位之间联营，组成新的经济实体，独立承担民事责任，具备法人条件的，经主管机关核准登记，取得法人资格"。法人型联营企业形式要求参加联营的各方以资金、实物、技术、土地使用权、房产等进行投资形成企业的注册资本，企业经合法登记注册取得法人资格。《关于〈中华人民共和国民法通则（草案）〉的说明》指出，"为了有利于企业之间和企业、事业单位之间横向联营的健康发展，草案做了以下规定：第一，企业之间和企业、事业单位之间联营，组成新的经济实体，独立承担民事责任、具备法人条件的，依法向工商行政管理机关核准登记，取得法人资格。第二，企业之间和企业、事业单位之间共同经营、不具备法人条件的，由联营各方按照出资比例或者协议，以各自所有的或者经营管理的财产承担责任，依照法律或者协议规定负有连带责任的，应当承担连带责任。"在当时的环境下，《公司法》与《中华人民共和国合伙企业法》均未颁布，因而已废止的《中华人民共和国民法通则》对此仅做了原则性规定。从实践来看，法人型联营企业与合伙型联营企业分别适用于《公司法》与《中华人民共和国合伙企业法》的有关规定。我们在企业信用信息系统查询的联营企业法人，均以公司法人的形式呈现。《民法典》也不再规定联营企业，其他企业法人正在逐渐缩减，比较典型的只有集体所有制企业，如村民集体经济合作社。

（二）营利性民办学校是否属于营利法人

关于此问题，让我们来看看营利性民办学校的几个重要特征。

1. 营利性民办学校属于法人

法人是指具有民事权利能力和民事行为能力，依法独立享有民事权利和承担民事义务的组织。《民促法》第十条第三款规定"民办学校应当具备法人条件"，从而直接排除了历史上曾经存在的民办非企业单位（个人）或者民办非企业单位（合伙）等非法人组织形式的民办学校。

2. 营利性民办学校的举办者可以取得办学收益

营利法人最本质的特征是投资人可以分配利润。《民促法》第十九条第三款规定："营利性民办学校的举办者可以取得办学收益，学校的办学结余依照公司法等有关法律、行政法规的规定处理。"这一规定肯定了民办学校举办者取得办学收益的权利，废止了原有不明性质的"合理回报"的表述，与《民法典》关于营利法人的定义相契合。

3. 营利性民办学校的剩余财产按照《公司法》规定处理

《民促法》第五十九条第二款规定："……营利性民办学校清偿上述债务后的剩余财产，依照公司法的有关规定处理。"公司法为典型适用于有限责任公司与股份有限公司两类营利法人的法律。营利性民办学校的剩余资产按照公司法的有关规定处理，表明营利性民办学校属于营利法人。

（三）营利性民办学校应登记为何种营利性法人

既然营利性民办学校属于营利法人，那么营利性民办学校应登记为何种法人？《民促法》对此没有给出答案。

仔细分析《民促法》规定，不难发现其仅明确了民办学校的办学结余依照公司法等有关法律处理，清算后剩余财产按照公司法处理。是否可以理解《民促法》修改时已经慎重考虑了营利性民办学校各方面的法律适用，基于营利性民办学校的特殊性,仅明确办学结余和剩余财产两个维度按照公司法的有关规定处理是立法有意为之吗?根据《关于营利性民办学校名称登记管理有关工作的通知》规定,营利性民办学校应当登记为有限责任公司或股份有限公司,说明营利性民办学校不得再登记为其他形式的营利法人。

那么营利性民办学校是否只能登记成公司?是否可以登记为其他法人类型?

根据《中华人民共和国全民所有制工业企业法》规定,全民所有制企业是依法自主经营、自负盈亏、独立核算的社会主义商品生产和经营单位。企业的财产属于全民所有,国家依照所有权和经营权分离的原则授予企业经营管理权。但营利性民办学校的财产不属于全民所有,不符合法律对全民所有制企业的定性。

《中华人民共和国城镇集体所有制企业条例》规定:"城镇集体所有制企业是财产属于劳动群众集体所有、实行共同劳动、在分配方式上以按劳分配为主体的社会主义经济组织。"与全民所有制企业类似,营利性民办学校的财产不属于集体所有,分配方式与集体所有制企业也有着本质差异,因此营利性民办学校不是集体所有制企业。

公司法人属于私营企业法人,公司财产依法由公司法人享有,股东依法可以分配利润。营利性民办学校与公司法人的本质最为契合,在现有法律规定的企业法人类型中,营利性民办学校登记为公司法人具有合理性。

此外,我们也可以从《民促法》立法说明中找到立法者的初衷。由黄薇主编的《〈中华人民共和国民办教育促进法〉实用问答》,对《民促法》修改的背景、意义和精神进行了解答。"从性质上看,营利性民办学校属于公司,举办者可以从办学结余中分配利润……应当说明的是,营利性民办学校并不等同于一般的公司,必须体现民办教育的公益性,必须遵守法律、法规,贯彻国家的教育方针,保障教育质量,致力于培养社会建设事业的各类人才,不能将营利作为学校的唯一目标,更不能通过举办学校牟取暴利。"[1] 可见,在立法层面,是将营利性民办学校作为公司法人看待的。

基于上述,营利性民办学校不属于全民所有制企业、集体所有制企业,也未出现其他营利法人具体体例。因此,根据《关于营利性民办学校名称登

---

[1] 黄薇.《中华人民共和国民办教育促进法》实用问答[M].北京:中国民主法制出版社,2016.

记管理有关工作的通知》规定，要求营利性民办学校登记为有限责任公司或股份有限公司有其合理性和必要性。

二、营利性民办学校同时适用《民促法》《公司法》时的冲突

通过对比分析《公司法》《民促法》"国务院三十条"《民办学校分类登记实施细则》的规定发现，若前述规定同时适用于营利性民办学校时，将产生法律适用冲突。以下，我们以营利性民办学校为切入视角，从组织结构及终止清算两个维度进行对比分析。

（一）营利性民办学校的组织机构

根据《民促法》的规定，民办学校应当设立学校理事会、董事会或其他形式的决策机构，并建立相应的监督机制，即营利性民办学校的组织机构包括决策机构和监督机构，而未明确设置执行机构。《公司法》对组织机构设置的鲜明特点之一是机构法定，组织机构分为权力机构（股东会或者股东大会）、执行机构（董事会或者执行董事）和监督机构（监事会或者监事）。可见，民办学校与公司的组织机构不同，对各机构职权的设置也不同。

民办学校的董事会与公司法人的董事会有着本质区别。根据《民促法》等专门适用于民办学校的法律、法规规定，民办学校的董事会是其最高决策机构，理论上相当于最高权力机构。我们可以对民办学校的董事会职权与股东会的职权作简单（以有限责任公司为例）比较（见表3-1）。

1. 营利性民办学校的董事会与有限责任公司的股东会

表3-1　《民促法》与《公司法》关于股东会职权的比较

《民促法》规定营利性民办学校董事会职权	《公司法》对有限责任公司股东会职权的规定
聘任和解聘校长	选举和更换由非职工代表担任的董事、监事
修改学校章程和制定学校的规章制度	修改公司章程
制定发展规划，批准年度计划	决定公司的经营方针和投资计划
筹集办学经费，审核预算、决算	审议批准公司的年度财务预算方案、决算方案
—	审议批准公司的利润分配方案和弥补亏损方案
决定教职工的编制定额和工资标准	决定有关董事、监事的报酬事项

续表

《民促法》规定营利性民办学校董事会职权	《公司法》对有限责任公司股东会职权的规定
—	对公司增加或者减少注册资本做出决议
—	对发行公司债券做出决议
决定学校的分立、合并、终止	对公司的合并、分立、解散、清算或者变更公司形式做出决议
决定其他重大事项	公司章程规定的其他职权

从表3-1可以看出，民办学校的董事会是其最高决策机构，民办学校的重大事项应经董事会决议；公司的股东会是公司最高权力机构，公司的重大事项需经股东会同意。我们有理由认为，作为民办学校最高决策机构的董事会是营利性民办学校的权力机构，是与有限责任公司股东会相对应的组织机构。基于民办学校的公益属性，民办学校的最高权力机构不是由全体举办者构成的，而是由举办者或其代表、校长、教职工代表等人员组成的（《民促法》第二十一条规定）。此外，根据"国务院三十条"第十九条的要求，董事会成员应包括党组织负责人。根据"特别法优于普通法"原则，民办学校的组织机构在设置上应优先适用《民促法》的规定。

对此，我们认为营利性民办学校登记为公司时，董事会应作为学校的最高权力机构，对于《民促法》没有具体和明确规定的职权，可参考《公司法》股东会职权的规定，通过民办学校的章程进行细化，从而调解《民促法》与《公司法》之间的冲突。同时，若民办学校出现以举办者为代表的股东决议与董事会决议发生冲突时，依据《民促法》的规定，以举办者为代表的股东应当依据章程行使举办者权利，学校的决策机构做出的决定应以董事会为准。

2. 营利性民办学校的执行机构

《民促法》尚未明确规定营利性民办学校的执行机构，但特别规定了校长的任职资质以及校长的职权。民办学校的校长负责学校的教育教学和行政管理工作，也可以说，校长职位在民办学校中至关重要，扮演着行政机构负责人的角色。下面通过对比的方式来看民办学校校长的职权与公司董事会的职权的重合度（见表3-2）。

表 3-2　《民促法》与《公司法》针对执行机构职权的规定

《民促法》规定的营利性民办学校校长的职权（民办学校校长负责学校的教育教学和行政管理工作）	《公司法》规定的有限公司董事会的职权（经理对董事会负责）
—	召集股东会会议，并向股东会报告工作
执行学校董事会的决定	执行股东会决议
实施发展规划，拟订年度工作计划、财务预算和学校规章制度	决定公司的经营计划和投资方案； 制定公司的年度财务预算方案、决算方案； 制定公司的利润分配方案和弥补亏损方案； 制定公司增加或者减少注册资本以及发行公司债券的方案； 制定公司合并、分立、解散或者变更公司形式的方案； 决定公司内部管理机构的设置； 制定公司的基本管理制度
聘任和解聘学校工作人员，实施奖惩	决定聘任或者解聘公司经理及其报酬事项，并根据经理的提名决定聘任或者解聘公司副经理、财务负责人及其报酬事项
组织教育教学、科学研究活动，保证教育教学质量	—
负责学校日常管理工作	
学校董事会的其他授权	公司章程规定的其他职权

由表 3-2 可以发现，民办学校校长的职权与有限责任公司董事会的职权虽差距较大，但公司由经理负责具体的管理及决策的执行。实际上，民办学校校长虽兼具董事会及经理的部分职权，但民办学校的校长并不作为单独机构设置。《营利性民办学校监督管理实施细则》第十六条第一款规定："营利性民办学校应当建立董事会、监事（会）、行政机构，同时建立党组织、教职工（代表）大会和工会。"因此，民办学校可以通过组建校务委员会等机构作为民办学校的行政机构（执行机构），通过章程明确学校的执行机构与职权，具体行使学校的管理权。

3. 营利性民办学校的监事会

"国务院三十条"提出了"健全董事会（理事会）和监事（会）制度，董事会（理事会）和监事（会）成员依据学校章程规定的权限和程序共同参与学校的办学和管理"的要求。《营利性民办学校监督管理实施细则》第十八条规定："营利性民办学校监事会中教职工代表不得少于 1/3，主要履行以下职权：（一）检查学校财务；（二）监督董事会和行政机构成员履职情况；

(三)向教职工(代表)大会报告履职情况;(四)国家法律法规和学校章程规定的其他职权。"因此,基于营利性民办学校这一监督机制,民办学校可以通过章程综合《民促法》与《公司法》关于监事的相关要求,对民办学校的监督机构的职权进行规定。

(二)营利性民办学校的终止与清算

《民促法》规定的民办学校的终止事由及清算程序与《公司法》规定的法人终止事由及清算程序有较大不同。

1. 营利性民办学校的终止原因

依据《民促法》第五十六条规定,民办学校法定终止的事由包括"(一)根据学校章程规定要求终止,并经审批机关批准的;(二)被吊销办学许可证的;(三)因资不抵债无法继续办学的"。《民促法》修订时保留了原有民办学校的终止事由,并未对此进行修改。无论是营利性民办学校还是非营利性民办学校的终止事由均一致。

但是,对营利法人终止事由的规定更为细致。依据《民法典》第六十八条规定,法人终止的原因包括"(一)法人解散;(二)法人被宣告破产;(三)法律规定的其他原因"。在程序上,法人终止需要完成清算并办理注销登记手续。《民法典》第六十九条进一步规定,法人解散的事由包括"(一)法人章程规定的存续期间届满或者法人章程规定的其他解散事由出现;(二)法人权力机构决议解散;(三)因法人合并或者分立需要解散;(四)法人依法被吊销营业执照、登记证书,被责令关闭或者被撤销;(五)法律规定的其他情形"。《公司法》关于公司法人终止事由与《民法典》的规定一致。前述法人终止事由适用于所有法人类别,原则上也应适用于营利性民办学校,且民办学校登记为公司时,《公司法》规定的解散事由也将适用于营利性民办学校。

对比来看,《民促法》没有区分营利性民办学校与非营利性民办学校的差别,营利性民办学校享有更多的办学自主权,终止的事由也应属于办学自主权的范畴。此外,《民促法》没有明确民办学校是否适用破产方式,仅提及因资不抵债而无法办学,资不抵债实质上即为破产。《民促法》允许民办学校章程对民办学校的终止事由进行细化规定。因此,在民办学校终止事由上,我们认为应当充分发挥营利性民办学校章程的作用,结合《民法典》《公司法》的规定,在章程中对民办学校的终止事由予以丰富和完善。

2. 营利性民办学校的清算

（1）清算组织

《民法典》《公司法》及《民促法》均对法人的清算组织做出规定。《民法典》第七十条的规定："法人解散的，除合并或者分立的情形外，清算义务人应当及时组成清算组进行清算。法人的董事、理事等执行机构或者决策机构的成员为清算义务人。法律、行政法规另有规定的，依照其规定。清算义务人未及时履行清算义务，造成损害的，应当承担民事责任；主管机关或者利害关系人可以申请人民法院指定有关人员组成清算组进行清算。"第七十一条规定："法人的清算程序和清算组职权，依照有关法律的规定；没有规定的，参照适用公司法律的有关规定。"《公司法》第一百八十三条规定："公司因本法第一百八十条第（一）项、第（二）项、第（四）项、第（五）项规定而解散的，应当在解散事由出现之日起十五日内成立清算组，开始清算……逾期不成立清算组进行清算的，债权人可以申请人民法院指定有关人员组成清算组进行清算……"据此，法人解散时，除因合并或者分立的情形外，无论基于何种事由，法人解散时负有成立清算组自行清算的义务。如法人怠于自行清算，则债权人可以申请法院指定有关人员组成清算组。

《民促法》第五十八条第二款规定："民办学校自己要求终止的，由民办学校组织清算；被审批机关依法撤销的，由审批机关组织清算；因资不抵债无法继续办学而被终止的，由人民法院组织清算。"由此可见，清算组织因民办学校终止原因的不同而有所区别。除了民办学校自行终止外，《民促法》未规定民办学校在终止时负有成立清算组进行清算的义务，并且在民办学校怠于自行成立清算组时，《民促法》亦未规定相应的救济程序。

对此，营利性民办学校可以发挥章程的作用，综合考虑《民促法》及《公司法》的相关规定，使民办学校的清算与《民促法》《公司法》的规定相协调。

（2）营利性民办学校的债务清偿及剩余财产的分配

《民促法》对民办学校的债务清偿顺序、剩余财产的分配及其法律适用有明确的规定。其中，第五十九条规定："对民办学校的财产按照下列顺序清偿：（一）应退受教育者学费、杂费和其他费用；（二）应发教职工的工资及应缴纳的社会保险费用；（三）偿还其他债务。非营利性民办学校清偿上述债务后的剩余财产继续用于其他非营利性学校办学；营利性民办学校清偿上述债务后的剩余财产，依照公司法的有关规定处理。"同时，《民促法实施条例》第十九条规定："民办学校的章程应当规定下列主要事项：……（八）学校自行终止的事由，剩余资产处置的办法与程序……"《公司法》第一百八十六条第二款规定："公司财产在分别支付清算费用、职工的工资、社会保险费用和法定补偿金，缴纳所欠税款，清偿公司债务后的剩余财产，有限责任公司按照股东的出资比例分配，股份有限公司按照股东持有的股份比例分配。"

基于办学目的，受教育者的利益应首先被保护，债务清偿的顺序应首先考虑《民促法》的适用。当然，"偿还其他债务"的顺序仍可进一步细化，清偿债务后剩余的分配方式也可在章程中进一步明确。

三、营利性民办学校章程的起草建议

通过前述的分析，我们可以看出，《民促法》对营利性民办学校组织机构及终止清算两个方面的规定与《公司法》对公司的规定存在较大区别，造成二者在法律适用上的冲突。但是，无论是《民促法》还是《公司法》均给予法人较大的自治空间；对于《民促法》与《公司法》之间的冲突，在很大程度上可以通过学校章程的自治规则予以协调处理。民办学校的章程不应千篇一律，而应根据民办学校的办学实际进行个性化设计。

鉴于此，我们认为，营利性民办学校在制定章程时可以综合考虑《民促法》《公司法》的相关规范，使《民促法》和《公司法》的规定在学校章程上得以协调，从而避免法律适用上的困惑。具体而言，营利性民办学校在制定章程时，可考虑以下几个方面。

第一，明确举办者参与办学和管理的权限，举办者变更、权益转让的办法，举办者薪酬等事宜。

第二，民办学校的章程可以细化学校组织机构的设置，包括设立以民办学校校长为负责人的校（园）长办公会作为学校的执行机构，并通过章程明确执行机构的职权。可以对《民促法》第二十二条第（七）项规定的"决定其他重大事项"进行列举和细化，同时考虑将这些职权与公司权力机构的法定职权进行协调。例如，在章程中规定董事会享有审议批准学校的利润分配方案和弥补亏损方案的职权等。

第三，结合《民法典》和《公司法》的规定，在章程中明确营利性民办

学校自行终止及其他终止的事由，可对终止事由予以分类规定。

第三，在营利性民办学校因出现其他终止事由需终止时，通过在章程中明确和细化清算决策程序、清算组的组成、清算组职权、清算组开展清算工作的程序、受教育者在清算程序中权益的保护、债权人利益的保护程序等，还可以进一步规定学校在何种情况下适用破产，以明确民办学校的财产处理机制。

学校章程是民办学校运营和管理的灵魂所在，尽管现阶段相关法律适用存在一定的冲突，但可以在现有机制体系下寻求调和的途径。章程可以作为一种润滑剂，让营利性民办学校运行得更规范、更顺畅。

问题 18：民办学校义务教育的收费标准

招生和收费是民办学校最关心的问题，在实践中经常会遇到与民办学校义务教育收费相关的法律问题。例如，个别民办学校为提高收费标准，人为提高成本，突击签订各种采购和后勤服务合同，如此是否可行？法律风险在哪里？学校的服务性收费和代收费项目应该如何确定？哪些是民办学校的合法收入？等等。

对于民办学校的收费项目和标准，《民促法》已有原则性规定。《民促法》第三十八条第一款和第二款规定："民办学校收取费用的项目和标准根据办学成本、市场需求等因素确定，向社会公示，并接受有关主管部门的监督。非营利性民办学校收费的具体办法，由省、自治区、直辖市人民政府制定；营利性民办学校的收费标准，实行市场调节，由学校自主决定。"基于此，就民办学校义务教育的收费问题，各省、自治区及直辖市结合实际出台了不少地方规定。根据我们对各地方政策的梳理，主要有三类政策导向：一是实行市场调节价，由民办学校自主确定收费标准，如北京市、湖南省、湖北省、江西省；二是开展对部分学校的收费市场化改革试点工作，以山东省、天津市、安徽省为代表；三是虽明确推进收费市场化改革，但目前仍实行政府指导价或政府定价管理，如广东省。接下来我们以广州市为例，具体分析民办学校义务教育的收费标准问题。

一、广州市相关政策的基本内容

2018年6月27日，广东省发展改革委、广东省教育厅、广东省财政厅联合发布《关于进一步完善我省中小学教育收费政策的通知》（粤发改规〔2018〕14号，以下简称《教育收费通知》）。2019年12月31日，广州市发展改革局、广州市教育局以《教育收费通知》为基础，结合广州市实际，联合下发了《关于规范民办义务教育收费审批有关事项的通知》（穗发改规字〔2019〕10号，以下简称《规范收费通知》）。《规范收费通知》针对民办学校义务教育成本审核、学费和住宿费标准及收费监管等重点问题在《教育收费通知》

的基础上做了细化规定。全文共分六大部分，基本框架如图 3-1 所示。

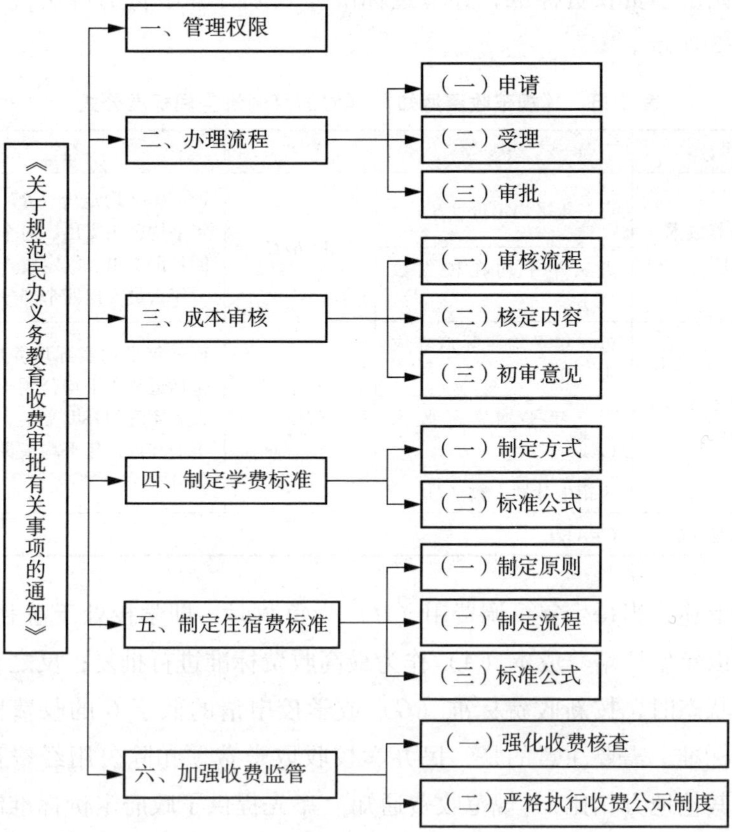

图 3-1 《关于规范民办义务教育收费审批有关事项的通知》基础框架

二、广州市相关政策重点问题探讨

囿于篇幅，就《规范收费通知》所涵盖的问题，我们选取民办学校、教育投资者普遍关心的问题进行探讨。

（一）学费收费标准

《教育收费通知》规定，广东省中小学教育收费实行分类管理。其中，民办义务教育学费、住宿费原则上实行政府定价（指导价），服务性收费和代收费按照不同项目的市场竞争程度实行不同管理方式，同时要求主管部门综合考虑当地经济发展水平、学校办学条件、社会承受能力等因素制定和调整学费标准，建立和完善以生均教育培养成本和政府公用经费补助标准为基础的动态调整机制。随后,《规范收费通知》进一步明确要以生均成本和亏损相结合的方式制定学费收费标准,并通过标准公式来计算学费的可调价空间,具体如表3-3所示。

表3-3 《规范收费通知》学费的可调价空间标准公式

一级参数	二级参数	公式	备注
生均年培养成本(A)	近三年平均定价(B)	$A=B/C$	近三年平均定价(B)包括近三年平均公用支出、对个人和家庭的补助支出、固定资产折旧和近一年人员支出四个部分
	近三年平均在校人数(C)		
每生年可调费用(H)	近三年平均实际培养成本(D)	$H=(D-E)/I$	近三年平均实际培养成本(D)包括近三年平均公用支出、对个人和家庭的补助支出、固定资产折旧和近三年平均人员支出四个部分
	近三年平均实际收入(E)		
	年招生计划人数(I)		
新收费标准(G)		$G=A+H$	

基于上述,当每生年可调费用(H)为负数时,即学校处于盈利状态时,主管部门以年生均培养成本(A)作为最高收费标准进行批复;反之,当学校处于亏损状态时,按新收费标准(G)或学校申请的低于G的收费标准作为最高收费标准。需要注意的是,民办学校收取学费须扣除公用经费补助标准部分。与其他地方相比,《规范收费通知》率先提供了政府定价标准制定和调整的公式,并直接聚焦生均成本和亏损两个相对客观的指标,为民办学校义务教育确定收费标准提供了指导。

在为民办学校提供分类管理合规服务的过程中,我们发现不少民办学校和投资人为了调高学费收费标准,常通过虚签服务合同、白条入账等方式调高生均年培养成本,致使账面亏损。这里我们特别提醒民办学校和投资人,在试图改善学校财务状况的同时,要注意相应行为所附带的法律风险及可能导致的民事责任、行政责任,甚至刑事责任。学校和投资人在办学过程中,如对法律、财务等问题存有疑虑,应及时寻求专业人士的指导,梳理、调整和完善办学中涉及的法律关系,规避法律风险并有效规划未来的经营发展战略。

(二)成本审核

从标准公式可以看出,教育培养成本是收费标准审核的关键因素,如何计算民办学校的教育培养成本？根据《规范收费通知》的规定，市或区价格主管部门的核定数据一般包括人员支出、公用支出、对个人和家庭的补助支出和固定资产折旧四个部分。

此外，《规范收费通知》为对成本审核结果持异议的学校提供了救济途径。价格主管部门在成本审核完成后，将初步意见告知民办学校，若学校对初审意见有异议，可直接向价格主管部门提出书面意见及理由。不过，《规范收费通知》未明确应该按照哪种行政程序提出异议。

（三）住宿费收费标准

与学费标准制定不同的是，《规范收费通知》依据《教育收费通知》明确规定的补偿实际成本原则，以三年为计算周期确定住宿费的最高收费标准（最高住宿费标准＝近三年平均住宿成本/近三年平均住宿人数）。在审批程序上，民办学校需将制定的住宿费标准向教育主管部门提出申请，由教育主管部门审核后，报价格主管部门批准执行。

针对住宿、校车等服务性收费或代收费的标准，各地方政策基本一致，即一般规定收费标准补偿实际成本，要求民办学校不得通过这些项目盈利。针对部分学校通过虚增成本的方式申请调高住宿费、伙食费、校车接送费的标准，我们提醒民办学校和投资者要及时关注其服务性收费和代收费标准的合理性与合法性，切莫"因小失大"。

（四）收费监管制度

自《民促法》确立严格的民办学校分类管理制度后，主管部门逐步加强了对民办义务教育的收费监管力度。《教育收费通知》要求，要全面规范中小学教育收费管理，严格执行教育收费公示制度和强化对教育收费行为的监管。在规范民办义务教育收费的问题上，《规范收费通知》围绕收费核查与收费公示两个方面强化收费监管。

首先，为体现民办义务教育的公益属性与非营利性，《规范收费通知》规定了收费复核制度，将民办学校的收费批复有效期确定为三个学年。有效期届满时，主管部门对辖区内收费标准执行三年的民办学校收支情况进行复核，对有办学结余的学校，督促其积极将结余资金投入办学，适当降低收费标准；对于有资金结余而未投入办学的民办学校，主管部门适当降低其收费标准。

其次，在收费公示制度上，《规范收费通知》要求民办学校应在招生报名开始前不少于30天，通过公示栏等途径公示有关收费项目、收费标准、批准文号等内容，同时在招生简章中注明，并随录取通知书寄送，不得在公示内容以外或者以其他名义收取其他任何费用。

三、民办学校义务教育收费标准的改革方向

虽然政府指导价与政府定价仍是目前民办义务教育收费的主要方式，但结合《民促法》确立的原则，通过对各地方政策的持续梳理，我们认为市场化定价是民办义务教育收费未来发展的大方向。

一方面，以北京市和湖南省为代表的部分省市已经实行市场调节价，即由民办学校自主确定收费标准。2018年11月23日，北京市人民政府下发《关于鼓励社会力量兴办教育促进民办教育健康发展的实施意见》（京政发〔2018〕26号），明确要求除特殊情形以外，民办学校实行市场调节价。2019年7月12日，湖南省发展和改革委员会、湖南省财政厅及湖南省教育厅联合下发了《关于进一步完善民办学历教育收费管理的通知》（湘发改价费〔2019〕457号），规定民办教育收费要实行分类分级管理，其中除公参民学校学历教育学费实行政府指导价审批以外，其他民办学校教育收费实行市场调节价，但应建立和完善收费管理制度，综合考虑办学成本、市场需求等因素自主确定收费标准。

另一方面，部分省市开始陆续开展民办义务教育学校收费市场化试点改革工作。2018年2月，《安徽省物价局关于公布〈安徽省定价目录〉的通知》（皖价法〔2018〕17号）要求非营利性民办中小学学历教育由政府定价，在试点基础上按照市场化方向逐步放开，随后合肥市、黄山市、蚌埠市等相继出台了具体实施政策，确定试点学校的范围。2018年6月11日，天津市发展和改革委员会公示了《关于我市民办学校收费管理试点改革有关方案》，将22所非营利性民办学校以及2018年（含）以后新举办的民办学校纳入市场调节价管理范围。2019年8月23日，根据《中共山东省委、山东省人民政府关于推进价格机制改革的实施意见》（鲁发〔2016〕20号）关于调动社会力量办学积极性的精神，青岛市发展和改革委员会与青岛市教育局联合下发了《关于开展民办教育收费市场化改革试点有关事项的通知》（青发改价格〔2019〕236号），划定了非营利性民办中小学学历教育收费市场化改革的试点范围。

四、结语

民办学校义务教育收费市场化改革正悄然而至。但是，市场化改革并不

是监管缺位，而是由事前监管转向事后监管转变。从《规范收费通知》规定的收费核查与公示制度可以看出，政府对民办义务教育收费问题的监管力度有进一步强化的趋势。因此，我们建议在实行市场自主定价政策的地区或试点地区，民办学校和投资人在制定或者调整收费标准时，务必要综合考虑教育培养成本、办学水平、办学能力、学校发展需求等因素，并按规定履行收费公示程序，切莫乱定价、乱收费，必要时应就收费定价调整问题咨询专业人士，以规避不必要的法律风险和责任。

问题 19：民办学校的财产能否用于融资担保

民办学校的融资渠道一直是举办者关心的问题。办学用地、教学楼、教学设备是民办学校的重要资产，学费收费权、应收账款等是民办学校重要的财产权利，民办学校能否利用这些财产对外担保进行融资？

一、民办学校的资产能否用于融资担保

《民法典》第三百九十九条规定："下列财产不得抵押：……（三）学校、幼儿园、医疗机构等为公益目的成立的非营利法人的教育设施、医疗卫生设施和其他公益设施；……"

《最高人民法院关于适用〈中华人民共和国民法典〉有关担保制度的解释》（法释〔2020〕28号，自2021年1月1日起实施。以下简称《民法典担保制度的司法解释》）第六条规定："以公益为目的的非营利性学校、幼儿园、医疗机构、养老机构等提供担保的，人民法院应当认定担保合同无效，但是有下列情形之一的除外：（一）在购入或者以融资租赁方式承租教育设施、医疗卫生设施、养老服务设施和其他公益设施时，出卖人、出租人为担保价款或者租金实现而在该公益设施上保留所有权；（二）以教育设施、医疗卫生设施、养老服务设施和其他公益设施以外的不动产、动产或者财产权利设立担保物权。登记为营利法人的学校、幼儿园、医疗机构、养老机构等提供担保，当事人以其不具有担保资格为由主张担保合同无效的，人民法院不予支持。"

从上述法律、司法解释的规定中可以看出，民办学校的资产能否用于融资担保主要受以下三个因素影响：①学校的法人属性；②资产的性质；③融资的用途。

关于学校的法人属性，《民促法》规定了民办学校的分类管理制度，民办学校可选择登记为非营利性学校和营利性学校。《民法典》及其司法解释中限制学校资产用于担保都以"以公益为目的的非营利性学校"为前提，且规定营利性学校提供担保，当事人以其不具有担保资格为由主张担保合同无效的，

人民法院不予支持。非营利性学校的资产能否用于融资担保，则需视资产的性质和融资的用途以进一步确定。这里需要特别说明的是，教育部、人力资源社会保障部、原国家工商行政管理总局（国家市场监督管理总局）于2016年12月30日发布的《营利性民办学校监督管理实施细则》（教发〔2016〕20号，自2016年12月30日起实施）以下简称《营利性学校实施细则》）第三十条规定："……营利性民办学校举办者不得抽逃注册资本，不得用教育教学设施抵押贷款、进行担保，办学结余分配应当在年度财务结算后进行。"但是，《民法典担保制度的司法解释》确认了营利性学校的担保人地位，对营利性学校的财产担保问题做了实质性确认，因此根据法律效力高低及"新法优于旧法"的原则，我们认为营利性学校的资产用于融资担保并不存在法律障碍。

关于学校资产的性质，《民法典》及其司法解释主要对学校资产是否为教育设施进行了区分。如上所述，营利性学校合法持有的教育设施和非教育设施理论上都可用于融资担保。非营利性学校的教育设施一般情况下不可用于融资担保，但法律规定的特殊融资用途除外；非营利性学校除教育设施以外的不动产、动产或者财产权利均可用于融资担保。

关于融资的用途，虽然《民法典》及其司法解释规定非营利性学校的教育设施不可用于融资担保，但考虑到学校的实际运营情况，法律对于"在购入或者以融资租赁方式承租教育设施时，出卖人、出租人为担保价款或者租金实现而在该公益设施上保留所有权"的情况进行了特殊规定，符合此类条件的非营利性学校的教育设施可用于融资担保。

综上所述，民办学校的资产能否用于融资担保受民办学校的法人属性、资产的性质和融资的用途等因素影响。具体而言，营利性学校的资产以及非营利性学校的非教育设施资产可用于融资担保；非营利性学校的教育设施原则上不允许设定担保，但是"在购入或者以融资租赁方式承租教育设施时，出卖人、出租人为担保价款或者租金实现而在该公益设施上保留所有权"的情形除外。

二、民办学校的财产权利能否用于担保

民办学校的资产能否对外担保，法律及其司法解释已做了较为明确的规定，但实践中非营利性学校除教育设施之外并无其他重大资产可供担保，即

使是营利性学校，也有一部分学校是租赁第三方的办学场地办学，学校并无重大资产可供担保。为了解决学校设立和运营发展的资金问题，这些学校是否可以将学费收费权、应收账款等财产权利用于融资担保？

（一）法规未明令禁止

根据《民法典担保制度的司法解释》第六条规定，民办学校在财产权利上设定担保物权未被禁止。此外，部分地区还出台相关政策探索办理民办学校的学费收费权、未来经营收入、应收账款等质押贷款业务，拓宽民办学校的融资渠道。例如，《辽宁省人民政府关于鼓励社会力量兴办教育促进民办教育健康发展的实施意见》规定："探索办理民办学校固定资产抵押和学费收费权、未来经营收入、知识产权质押及担保中心信用担保等贷款业务，提供银行贷款、信托、融资租赁等多样化的金融服务。"《上海市人民政府关于促进民办教育健康发展的实施意见》规定："鼓励金融机构在风险可控前提下开发适合民办学校特点的金融产品，积极运用信贷、租赁、保险等多种金融手段支持民办学校发展，探索办理民办学校未来收入、应收账款、知识产权质押贷款业务。"

《民法典》第四百四十条规定："债务人或者第三人有权处分的下列权利可以出质：……（六）现有的以及将有的应收账款；……"中国人民银行于2019年11月22日发布并自2020年1月1日生效的《应收账款质押登记办法》（中国人民银行令〔2019〕第4号）第二条规定："本办法所称应收账款是指权利人因提供一定的货物、服务或设施而获得的要求义务人付款的权利以及依法享有的其他付款请求权，包括现有的和未来的金钱债权，但不包括因票据或其他有价证券而产生的付款请求权，以及法律、行政法规禁止转让的付款请求权。本办法所称的应收账款包括下列权利：……（二）提供医疗、教育、旅游等服务或劳务产生的债权；（三）能源、交通运输、水利、环境保护、市政工程等基础设施和公用事业项目收益权……"我们认为，学校因日常经营管理产生的债权从而形成的应收账款理应适用《民法典》的规定，所以可用于办理融资担保。但是学费收费权属于未来收益的权利，其是否属于"未来的金钱债权"从而适用应收账款质押的相关规定呢？《应收账款质押登记办法》关于收益权的应收账款只列举了"能源、交通运输、水利、环境保护、市政工程等基础设施和公用事业项目"，并未明确包含教育的收费权。因此，学费收费权能否直接适用《应收账款质押登记办法》的规定在司法实践中尚存在一定争议。例如，有法院认为民办学校以收费权为涉案借款进行质押并办理了质押登记，涉案款项属于质押合同约定范围的担保款项，因而质押有效。① 也有法院认为民办学校属于以公益为目的的社会组织，其收费权是学校将来预期取得的财产性收益，不属于法律、行政法规规定的可以出质的财产权利，因此学校收费权质押合同无效。②

我们认为，现行的法律、法规未明确禁止民办学校办理收费权质押，根据"法无明文禁止即可为"的原则，理论上民办学校可将学费收费权等财产权利用于融资担保，法院以民办学校公益属性为由否定学校收费权质押合法性的做法并不妥当。但是，我们认为民办学校亦不可盲目进行收费权质押，民办学校应首先考虑如何保障办学稳定性和学校可持续发展问题。

（二）学校收费权质押应优先保障办学的稳定性

根据经验，实践中虽然存在民办学校通过向商业银行提供学费收费权质押成功进行融资的案例，但也存在部分商业银行明确不接受学费收费权质押融资担保方式。部分商业银行不接受此种担保方式的最主要原因是，担心在最终执行学校的收费权时影响学校的办学稳定性，从而引发社会性事件和造成不良影响。

根据《民法典》第三百八十六条的规定，一般情况下担保物权人依法享有担保物权优先受偿的权利，但是我们认为，为了保障民办学校的办学稳定以及债权人合法实现债权，建议在收费权质押合同中约定：用于质押的学校收费权应当优先用于清偿教职工的工资和应当退还给受教育者的费用，以保障学校的办学稳定。理由有以下三点。

一是根据《民促法》的规定，民办教育事业属于公益性事业，是社会主义教育事业的组成部分，国家保障民办学校教职工和受教育者的合法权益。例如，担保物权人因实现学校收费权，导致学校无法偿还教职工的工资以及应当退还给受教育者的费用，损害教职工和受教育者的合法权益，容易引发社会性事件，造成不良影响。

二是学费是民办学校的主要收入，教职工工资是民办学校的主要支出，只有约定学校收费权优先保障教职工和受教育者的合法权益，才能稳定学校的办学和保障学校未来的学费收入，从而有利于学校尽早偿还债权。

---

① 参考鹿邑县人民法院于 2017 年 7 月 29 日做出的〔2017〕豫 1628 民初 1127 号民事判决书。
② 参考上饶市中级人民法院于 2016 年 3 月 24 日做出的〔2016〕赣 11 民终 43 号民事判决书。

三是民办学校因资不抵债无法继续办学终止的，需对民办学校的资产进行清算和分配。《民促法》第五十九条第一款规定："对民办学校的财产按照下列顺序清偿：（一）应退受教育者学费、杂费和其他费用；（二）应发教职工的工资及应缴纳的社会保险费用；（三）偿还其他债务。"民办学校的学费收入属于学校资产，在清偿顺序上应退受教育者的费用、应发教职工的工资和应缴纳的社保费用优先于债务。

《民法典》及其司法解释等相关法律、法规肯定了民办学校资产、应收账款担保等融资担保途径，拓宽了民办学校的融资渠道，在一定程度上缓解了民办学校设立、运营的资金问题。但是法律、法规对于民办学校更为关心的学费收费权能否质押，以及在收费权质押的前提下如何保障办学稳定性等问题，还有待进一步明晰。值得关注的是，辽宁、上海等地区已经在积极探索办理学校未来经营收入质押贷款业务以及开拓新型的融资渠道。

问题 20：选择分类管理时如何梳理学校的资产及财务信息

从《民促法》及其系列配套文件中可以看到，"加快现代学校制度建设"是一个关键问题。现代学校制度建设主要包括完善学校法人治理、健全资产管理和财务会计制度、规范学校办学行为以及落实安全管理责任等内容。民办学校在面对分类管理时，如何健全资产管理和财务会计制度是一个重要问题。

一、健全资产管理

产权明晰是现代学校制度的基本特征之一。首先，我们需要回答一个问题：在《民促法》修订前，民办学校的资产权属归谁？旧《民促法》第三十五条规定："民办学校对举办者投入民办学校的资产、国有资产、受赠的财产以及办学积累，享有法人财产权。"旧《民促法》第三十六条规定："民办学校存续期间，所有资产由民办学校依法管理和使用，任何组织和个人不得侵占。"由此可见，民办学校对举办者投入民办学校的资产享有法人财产权，有权使用和管理民办学校财产的只有民办学校自己，任何组织和个人不得侵占，哪怕是举办者。那么，民办学校办学终止清算后的剩余资产归谁所有？根据旧《民促法》规定，"民办学校清偿上述债务后的剩余财产，按照有关法律、行政法规的规定处理"。但是有关法律、行政法规对此没有具体规定。

接下来，我们需要回答另一个问题：《民促法》最新修正后，民办学校的资产权属归谁？大家知道，最新修正的《民促法》对民办教育进行了分类管理，即义务制教育仍然实行非营利性办学，其他形式的教育可以实行营利性办学。《民促法》第五十九条规定："对民办学校的财产按照下列顺序清偿：（一）应退受教育者学费、杂费和其他费用；（二）应发教职工的工资及应缴纳的社会保险费用；（三）偿还其他债务。非营利性民办学校清偿上述债务后的剩余财产继续用于其他非营利性学校办学；营利性民办学校清偿上述债务后的剩余财产，依照公司法的有关规定处理。"重要的变化就在这里，修订后的《民促法》明确了非营利性学校清算后的资产不能归举办者享有，只能继续用于其他非营利性学校办学；而营利性学校则可以根据《公司法》第一百八十六条第二款规定："公司财产在分别支付清算费用、职工的工资、社会保险费用和法定补偿金，缴纳所欠税款，清偿公司债务后的剩余财产，有限责任公司按照股东的出资比例分配，股份有限公司按照股东持有的股份比例分配。"清算后的资产归举办者所有。

可以看出，营利性学校和非营利性学校的产权制度有很大不同。因此，建议民办学校在面临分类管理选择时就产权问题应提前做好以下准备。

（一）分清举办者投入、办学积累、政府投入、捐赠收入

《营利性学校实施细则》第二条第二款规定："社会组织或者个人不得以财政性经费、捐赠资产举办或者参与举办营利性民办学校。"营利性学校的办学资金只能由举办人投入及学校办学积累。

非营利性学校的资金来源可以是举办者投入、办学积累，也可以是政府投入和捐赠收入。

（二）落实办学用地、校舍、学校固定资产等权属来源和法律关系

办学用地的取得方式（行政划拨还是国家出让）、土地性质（国有土地还是集体用地）、权属来源（自有用地还是租赁取得）等对民办学校未来的选择及举办者的办学回报具有直接影响。

如，根据"国务院三十条"规定，非营利性民办学校享受公办学校同等政策，按划拨等方式供应土地。营利性民办学校按国家相应的政策供给土地。也就是说，如果民办学校的用地是行政划拨取得的，若要转成营利性学校，举办者就得按照时价对原划拨用地补缴土地使用权出让金。

又如，若办学用地的权属属于学校本身，鉴于《民促法》的规定，非营利性民办学校的举办者不得取得办学收益，民办学校的办学结余必须全部用于办学，这意味着举办者当初投入的土地成本无法回收。如果办学用地的权属归举办者，学校只是向举办者租赁地块办学，那么按照《民促法》的规定，租金收入可以作为非营利性学校的合法办学成本，举办者可以借此回收土地成本。

（三）根据学校发展战略，有意识调整相关权属法律关系

民办学校可以根据学校的未来发展目标、战略和规划，提前对学校资产的权属进行调整，对资产的使用、处分提前做好相应准备。

二、健全财务会计制度

"国务院三十条"要求进一步规范民办学校的会计核算,建立健全第三方审计制度。非营利性和营利性民办学校应按照登记的法人属性,根据国家有关规定执行相应的会计制度。民办学校要明晰财务管理,依法设置会计账簿。民办学校应将举办者出资、政府补助、受赠、收费、办学积累等各类资产分类登记入账,定期开展资产清查,并将清查结果向社会公布。各地要探索制定符合民办学校特点的财务管理办法,完善民办学校年度财务、决算报告和预算报告报备制度。

无论是选择营利性办学还是继续保持非营利性办学,民办学校都要有意识地健全财务会计制度,否则非营利性学校很多合理成本无法得到认可,营利性学校需承担很多不必要的税负或者导致各种税务或法律风险。

综上所述,民办教育举办者应认真、全面清理学校的各项文件,尤其是资产文件和财务文件,提前调整,做好学校发展的顶层制度设计,以便更好地进行分类选择。

问题 21：如何正确管理和使用民办学校的公租房

近年来，随着民办教育事业的蓬勃发展，民办学校的教职工待遇问题成了社会关注的焦点。各学校纷纷采取措施提高教职工的工资水平，改善教职工的生活条件，不少民办学校采用分配公租房的方式激励青年教师，吸引外来人才。但是对于民办学校的公租房，不少问题有待厘清，如民办学校能否投资建设公租房？公租房的产权属于谁？教职工申请公租房的条件是什么？教职工使用公租房的租金标准如何确定？公租房能否出售给教职工？等等。

一、各省关于公租房管理的规定

2010 年 6 月 8 日，住房和城乡建设部、国家发展和改革委员会、财政部、国土资源部（自然资源部）、中国人民银行、国家税务总局、中国银行业监督管理委员会（中国银行保险监督管理委员会）六部委联合发布《关于加快发展公共租赁住房的指导意见》（建保〔2010〕87 号）；2012 年 5 月 28 日，住房和城乡建设部发布《公共租赁住房管理办法》（中华人民共和国住房和城乡建设部令第 11 号）。此外，各省级行政区也出台了一些与公租房相关的管理规定，如表 3-4 所示。

表 3-4　各省级行政区出台的与公租房相关的管理规定

序号	地区	文件名称	生效日期
1	西藏自治区	西藏自治区人民政府于 2007 年 5 月 3 日发布《关于批转自治区建设厅等部门〈西藏自治区城镇廉租住房保障管理暂行办法〉的通知》（藏政〔2007〕32 号）	2007 年 5 月 3 日
2	北京市	北京市住房和城乡建设委员会等部门于 2009 年 7 月 17 日发布《关于印发〈北京市公共租赁住房管理办法（试行）〉的通知》（京建住〔2009〕525 号）	2009 年 8 月 1 日
3	重庆市	重庆市人民政府于 2010 年 6 月 8 日发布《关于印发〈重庆市公共租赁住房管理暂行办法〉的通知》（渝府发〔2010〕61 号）	2010 年 7 月 1 日

续表

序号	地区	文件名称	生效日期
4	山东省	山东省人民政府办公厅于2010年7月26日发布《转发省住房城乡建设厅等部门〈关于加快发展公共租赁住房的实施办法〉的通知》（鲁政办发〔2010〕45号）	2010年7月26日
5	海南省	海南省人民政府办公厅于2010年9月3日发布《关于转发省住房和城乡建设厅等5部门制定的〈海南省公共租赁住房管理办法（试行）〉的通知》（琼府办〔2010〕111号）	2010年9月3日
6	甘肃省	甘肃省人民政府办公厅于2010年9月6日发布《关于印发〈甘肃省公共租赁住房管理办法〉的通知》（甘政办发〔2010〕159号）	2010年9月6日
7	四川省	四川省人民政府办公厅于2010年9月14日发布《四川省人民政府关于加快发展公共租赁住房的通知》（川府发〔2010〕26号）	2010年9月14日
8	山西省	山西省人民政府办公厅于2010年10月15日发布《关于印发〈山西省公共租赁住房管理暂行办法〉的通知》（晋政办发〔2010〕89号）	2010年11月1日
9	广东省	广东省人民政府办公厅于2010年12月6日发布《〈关于加快发展公共租赁住房实施意见〉的通知》（粤府办〔2010〕65号）	2010年12月6日
10	福建省	福建省人民政府于2011年2月26日发布《福建省人民政府关于进一步加快公共租赁住房建设的意见》（闽政〔2011〕18号）	2011年2月26日
11	湖北省	湖北省人民政府办公厅于2011年3月27日发布《湖北省人民政府办公厅关于加快发展公共租赁住房的意见》（鄂政办发〔2011〕28号）	2011年3月27日
12	吉林省	吉林省人民政府于2011年5月9日发布《关于印发〈公共租赁住房管理暂行办法〉的通知》（吉政发〔2011〕18号）	2011年5月9日
13	陕西省	陕西省人民政府于2011年7月23日发布《关于印发〈陕西省保障性住房管理办法（试行）〉的通知》（陕政发〔2011〕42号）	2011年7月23日
14	河北省	河北省人民政府于2011年8月1日发布《关于印发〈河北省公共租赁住房管理办法〉的通知》（冀政〔2011〕68号）	2011年8月1日
15	贵州省	贵州省人民政府办公厅于2011年9月16日转发《省城镇保障性安居工程建设工作联席会议〈关于加快发展公共租赁住房的实施意见〉的通知》（黔府办发〔2011〕109号）	2011年9月16日

续表

序号	地区	文件名称	生效日期
16	云南省	云南省人民政府于 2012 年 3 月 5 日发布《关于印发〈云南省公共租赁住房管理暂行办法〉的通知》（云政发〔2012〕14 号）	2012 年 3 月 5 日
17	浙江省	浙江省人民政府办公厅于 2012 年 4 月 27 日发布《浙江省人民政府办公厅关于加强保障性安居工程建设和管理的实施意见》（浙政办发〔2012〕53 号）	2012 年 4 月 27 日
18	江西省	江西省人民政府于 2012 年 6 月 2 日发布《江西省公共租赁住房配租管理暂行办法》（赣建字〔2012〕2 号）	2012 年 6 月 2 日
19	辽宁省	辽宁省人民政府于 2013 年 1 月 23 日发布《辽宁省保障性安居工程建设和管理办法》（辽宁省人民政府令第 277 号）	2013 年 3 月 1 日
20	内蒙古自治区	内蒙古自治区人民政府于 2013 年 7 月 25 日发布《内蒙古自治区人民政府关于进一步加强和完善城镇保障性住房建设和管理的意见》（内政发〔2013〕70 号）	2013 年 7 月 25 日
21	广西壮族自治区	广西壮族自治区人民政府办公厅于 2013 年 7 月 30 日发布《关于印发〈广西壮族自治区保障性住房管理暂行办法〉的通知》（桂政办发〔2013〕77 号）	2013 年 7 月 30 日
22	安徽省	安徽省人民政府于 2013 年 9 月 13 日发布《安徽省保障性住房建设和管理办法（试行）》（安徽省人民政府令第 248 号）	2013 年 11 月 1 日
23	河南省	河南省人民政府办公厅于 2015 年 10 月 22 日发布《河南省人民政府办公厅关于加强公共租赁住房管理的若干意见》（豫政办〔2015〕138 号）	2015 年 10 月 22 日
24	宁夏回族自治区	宁夏回族自治区住房和城乡建设厅等 11 部门于 2015 年 11 月 3 日发布《印发〈宁夏回族自治区公共租赁住房建设分配入住管理暂行办法〉的通知》（宁建发〔2015〕101 号）	2015 年 11 月 3 日
25	湖南省	湖南省住房和城乡建设厅于 2016 年 11 月 24 日发布《关于印发〈湖南省公共租赁住房分配和运营管理办法〉的通知》（湘建保〔2016〕209 号）	2016 年 11 月 24 日
26	黑龙江省	黑龙江省人民政府于 2018 年 1 月 4 日修订《黑龙江省城镇保障性安居工程建设管理办法》（黑龙江省人民政府令第 2 号）	2018 年 1 月 4 日
27	江苏省	江苏省人民政府于 2019 年 1 月 17 日修订《江苏省公共租赁住房管理办法》（江苏省人民政府令第 128 号）	2019 年 1 月 17 日

续表

序号	地区	文件名称	生效日期
28	新疆维吾尔自治区	新疆维吾尔自治区人民政府办公厅于2020年1月2日发布《自治区公租房管理办法（试行）》（新政办发〔2019〕124号）	2020年1月2日
29	青海省	青海省人民政府办公厅于2020年3月19日发布《关于印发〈青海省公共租赁住房管理实施细则〉的通知》（青政办〔2020〕21号）	2020年4月1日
30	天津市	天津市人民政府于2020年9月29日发布《关于印发〈天津市公共租赁住房管理办法〉的通知》（津政规〔2020〕5号）	2020年10月1日
31	上海市	上海市人民政府于2021年4月19日发布《上海市发展公共租赁住房的实施意见》（沪房规范〔2021〕5号）	2021年5月1日

从表3-4可以看出，几乎所有省级行政区都出台了关于公租房的管理规定，为了更好地说明问题，本书第二部分将以广东省的意见为例展开讨论。

二、学校能否作为公租房的建设主体

国务院办公厅于2011年9月28日发布并于同日生效的《关于保障性安居工程建设和管理的指导意见》（国办发〔2011〕45号）指出："要加大政府投资建设力度，综合运用土地供应、资本金注入、投资补助、财政贴息、税费优惠等政策措施，吸引企业和其他机构参与公共租赁住房建设和运营，多渠道增加公共租赁住房供应。"

广东省人民政府办公厅于2010年12月6日发布并于同日生效的《关于加快发展公共租赁住房实施意见的通知》（粤府办〔2010〕65号，以下简称《广东省公租房实施意见》）规定："公共租赁住房可以由政府投资建设，也可以由企业和其他机构投资建设。公共租赁住房房源可以通过新建、改建、配建、收购、租赁等方式多渠道筹集，具体可以通过以下方式筹集：……4.企业和其他机构投资建设的住房……鼓励各类企业和其他机构以独资、集资或股份制的方式投资建设公共租赁住房，并给予享受公共租赁住房建设和运营的有关优惠政策……住房困难职工较多的单位，在符合城乡规划的前提下，经市、县政府批准，可以利用自用土地建设公共租赁住房。"

根据上述规定，我们可以看出，现有的政策法规允许和鼓励社会力量作为公租房的建设主体，广东省的实施意见更是明确了经市、县政府的批准，学校可以利用自用的土地建设公租房，且该公租房优先向本单位符合条件的职工出租。

三、公租房的权属

《关于加快发展公共租赁住房的指导意见》规定："公共租赁住房建设实行'谁投资、谁所有'，投资者权益可依法转让。"

《广东省公租房实施意见》第（二十）项关于明晰产权归属关系规定："公共租赁住房建设实行'谁投资、谁所有'，并在房地产登记簿和权属证书上载明公共租赁住房性质；属于共有的，应当注明共有份额。在公共租赁住房性质不变的前提下，投资者权益可以依法转让。"

相关文件规定，公租房实行"谁投资、谁所有"，其产权依法归投资者所有。由民办学校投资建设的公租房，房屋所有权归属学校，但是我们认为这种所有权不是完整的所有权，其使用权受到一定限制。因为《广东省公租房实施意见》规定公租房只能"定向出租，只租不售"①，即使公租房的房产权证登记的是投资者，投资者也只能将公租房出租给符合条件的人，而不能转让。

政策规定公租房"只租不售"，但同时规定"投资者的权益可以依法转让"。这两者冲突吗？我们认为不冲突，因为"只租不售"针对的是公租房本身，即公租房只能租给符合条件的人，不能向其销售。"投资者的权益可以依法转让"指的是公租房的所有权，即投资者可以将所有权转移给他人，但这改变不了公租房本身"只租不售"的要求；而买方获得公租房所有权之后也不能使用公租房，只能将其出租，其所有权是不完整的。因为两个规定针对的对象不同，所以不存在冲突。

四、教职工使用公租房的常见问题

（一）如何确定公租房的租金标准

根据《广东省公租房实施意见》规定，公共租赁住房租金水平由各市、

---

① 《广东省公租房实施意见》第（二）项关于基本原则规定："……4.只租不售、循环使用。公共租赁住房着重解决规定对象的阶段性居住困难，满足基本居住需求，定向出租，只租不售，超标退出，循环使用……"

县价格主管部门会同住房保障管理部门，根据租赁对象的经济承受能力、租房区域、位置条件和建设管理成本等，按照不高于同期、同区域、同类型普通商品住房平均租金的80%和住房困难群体的收入水平分层次确定。

（二）公租房的租赁期限

《广东省公租房实施意见》规定，公共租赁住房租赁合同期限一般为3~5年，租赁合同期满后承租人经审核仍符合规定条件的，可以申请续租。

（三）公租房到期之后能否购买

《广东省公租房实施意见》规定，公租房只租不售，租赁合同期满后承租人不能购买公租房，但是经资格审核仍符合规定条件的，可以申请续租；对不再符合公共租赁住房保障条件或延长期届满后仍不退出承租住房的承租人，住房保障管理部门应当责令其退出。

（四）公租房可否转借、转租或者从事经营活动

《公共租赁住房管理办法》第二十七条规定，承租人不可转借、转租或者擅自调换所承租的公租房，也不可改变公租房的用途或无正当理由闲置公租房连续6个月以上，否则将被要求退回公租房。

根据《公共租赁住房管理办法》和《广东省公租房实施意见》相关规定，民办学校投资建设的公租房，学校有责任管理和维护，同时有权利向承租人收取租金，以支付公租房的建设贷款和维护管理费用。但需要注意的是，民办学校应当与符合申请条件的出租人根据省住房城乡建设部门会同有关部门制定的合同范本签订租赁合同，租赁的期限一般是3~5年，并按照地方主管部门确定的租金标准收取租金，以确保民办学校收取租金的行为符合法定程序。

问题 22：小区配套幼儿园是否必须移交政府

2017 年 1 月，国务院印发《国家教育事业发展"十三五"规划的通知》。2017 年 4 月，教育部、国家发展改革委、财政部及人力资源社会保障部四部门联合颁布《关于实施第三期学前教育行动计划的意见》，提出主要目标是"到 2020 年，全国学前三年毛入园率达到 85%，普惠性幼儿园覆盖率（公办幼儿园和普惠性民办幼儿园幼儿总数的比例）达到 80% 左右。"2018 年 11 月，国务院印发《学前教育深化意见》，要求到 2020 年，普惠性幼儿园覆盖率达到 80%。2019 年 1 月 22 日，国务院办公厅印发《关于开展城镇小区配套幼儿园治理工作的通知》（国办发〔2019〕3 号），自 2019 年 1 月 9 日起实施。以下简称《小区配套幼儿园治理通知》）。

提供普惠的学前教育，发展普惠性幼儿园的政策措施之一是"逐年安排新建、改扩建一批幼儿园，支持企事业单位和集体办园，扩大公办资源。老旧城区、棚户区改造和新城区、城镇小区建设要按需要配建幼儿园。开展城镇小区配套幼儿园专项整治，对未按规定建设或移交、没有办成公办园或普惠性民办幼儿园的要全面整改，2018 年底前整改到位"。

为此，从 2017 年下半年开始，各地纷纷加大力度积极推进小区配套幼儿园产权移交工作。与此同时，房地产开发商或者小区配套幼儿园的承租人与地方教育行政管理部门就小区配套幼儿园移交、权属、经营等产生的争议时有发生。不论是教育行政管理部门，还是幼儿园举办者或出资人，都常有这样的疑惑：小区配套幼儿园是不是必须移交政府？

要回答这个问题，不妨把问题进行细分：什么是小区配套幼儿园？小区配套幼儿园需要移交政府的法律依据是什么？实践中是不是所有的小区配套幼儿园都符合移交的要求？下面以广州市为例，对上述问题进行分析。

一、什么是小区配套幼儿园

并不是小区内开办的幼儿园均是小区配套幼儿园。住房城乡建设部印发的《城市居住区规划设计标准》（GB 50180—2018，自 2018 年 12 月 1 日起实施）对"城市居住区"做了重新划分。根据该规定，居住区按居民步行范围、住宅套数或人口规模可分为十五分钟生活圈居住区、十分钟生活圈居住区、五分钟生活圈居住区、居住街坊四级,如表3-5所示。

表3-5 城市居住区

因素	十五分钟	十分钟	五分钟	居住街坊
住宅/万套	1.7~3.2	0.5~0.8	0.15~0.4	0.03~0.1
人口/万人	5~10	1.5~2.5	0.5~1.2	0.1~0.3

根据该规定,五分钟生活圈以上级别的居住区配套设施必须包括幼儿园(见表3-6第6项)。也就是说,小区配套幼儿园是根据小区的规模,在房地产开发商开发小区住宅建设项目的规划设计文件中明确应当配套建设的公共服务设施。《小区配套幼儿园治理通知》也明确要求"城镇小区严格依标配建幼儿园。严格遵循《中华人民共和国城乡规划法》和《城市居住区规划设计标准》(GB 50180)的规定"。

表3-6 住房城乡建设部关于五分钟生活圈居住区配套设施设置的规定

类别	序号	项目	五分钟生活圈居住区	备注
社区服务设施	1	社区服务站(含居委会、治安联防站、残疾人康复室)	▲	可联合建设
	2	社区食堂	△	可联合建设
	3	文化活动站(含青少年活动站、老年活动站)	▲	可联合建设
	4	小型多功能运动(球类)场地	▲	宜独立占地
	5	室外综合健身场地(含老年户外活动场地)	▲	宜独立占地
	6	幼儿园	▲	宜独立占地
	7	托儿所	△	可联合建设
	8	老年人日间照料中心(托老所)	▲	可联合建设
	9	社区卫生服务站	△	可联合建设
	10	社区商业网点(超市、药店、洗衣店、美发店等)	▲	可联合建设
	11	再生资源回收点	▲	可联合建设
	12	生活垃圾收集站	▲	宜独立占地
	13	公共厕所	▲	可联合建设
	14	公交车站	△	宜独立占地
	15	非机动车停车场(库)	△	可联合建设
	16	机动车停车场(库)	△	可联合建设
	17	其他	△	可联合建设

注:1. ▲为应配建的项目;△为根据实际情况按需配建的项目。
2. 在国家确定的一类、二类人防重点城市,应按人防有关规定配建防空地下室。

《广州市分区规划及控制性规划导则编制技术规定》（2006年）对幼儿园教育设施的规模、服务人数、设置区域及设置要求做了较为详细的规定，幼儿园的设置区域为小区级。广州市政府颁布的《广州市房地产开发项目配套公共服务设施建设移交管理规定》第二条明确规定："本规定所指的房地产开发项目配套设施，是指市政府有关部门根据《中华人民共和国城乡规划法》《广州市城市规划管理技术标准与准则（修建性详细规划篇）》的规定，明确要求房地产开发项目必须配套的教育、医疗卫生、行政管理、邮政、市政公用设施等配套设施。"

因此，小区配套幼儿园是根据小区的规模，在房地产开发商开发小区住宅建设项目的规划设计文件中明确应当配套建设的公共服务设施。换句话说，在小区里开办的幼儿园并非都是小区配套幼儿园，只有小区规划设计文件中明确规定作为配套建设的公共服务设施才是小区配套幼儿园。为此，我们可以结合实例来了解规划设计文件是如何规定公建配套设施的，图3-2为某项目"规划设计通知书"中对小区公建配套设施建设的要求。

> 建设用地规划设计条件通知书等要求，本项目应配建以下公共服务设施（根据不同项目确定）：
> 幼儿园（12班级）3261.78平方米；
> 垃圾中转站及公厕225.96平方米；
> 开闭所121.67平方米；
> 文化活动站420.69平方米；
> 卫生服务站308.17平方米；
> 居委会32.01平方米；
> 社区两店86.93平方米；
> 物业管理用房1160.37平方米。
> 建设单位应严格按照控规要求配建上述公共服务设施，不得擅自改变其规模及使用功能。

图3-2 某项目"规划设计通知书"中对小区公建配套设施建设的要求

二、小区配套幼儿园移交政府的法律依据

建设住宅小区的规划设计文件中虽明确必须配套建设幼儿园等教育设施，但建成后的小区配套幼儿园是否必须移交政府？小区配套幼儿园移交政府的法律依据是什么？

（一）小区配套幼儿园移交政府的法律依据

国务院于2010年11月21日发布的《关于当前发展学前教育的若干意见》（国发〔2017〕41号），自2010年11月21日起实施。是小区配套幼儿

园必须移交政府的最直接依据。《关于当前发展学前教育的若干意见》提出："新建小区配套幼儿园要与小区同步规划、同步建设、同步交付使用。建设用地按国家有关规定予以保障。未按规定安排配套幼儿园建设的小区规划不予审批。城镇小区配套幼儿园作为公共教育资源由当地政府统筹安排，举办公办幼儿园或委托办成普惠性民办幼儿园。"

早在2010年《关于当前发展学前教育的若干意见》印发之前，部分省市已颁布关于小区配套幼儿园移交和管理的有关规定。例如，广州市人民政府于1996年印发《〈广州市成片开发住宅小区教育设施配套建设管理办法〉的通知》（穗府〔1996〕100号），北京市朝阳区人民政府于2003年印发《朝阳区新建改建居住区公共服务配套设施收缴管理暂行办法的通知》（朝政发〔2003〕26号）等，我们认为这类规定属于地方的探索性规定，具有重要的实践意义，而且地方规定在具体实践过程中积累的经验可作为上位法制定的法律之源。因此，我们在梳理国家关于小区配套幼儿园规定的同时，可同步结合地方性规定进行综合分析。

（二）小区配套幼儿园移交政府的影响因素

《关于当前发展学前教育的若干意见》中关于小区配套幼儿园的有关规定常被解读为，凡是小区配套幼儿园均为公共教育资源，均需要移交政府统筹安排举办公办幼儿园或委托举办普惠性幼儿园。这种解读并没有深度挖掘小区配套幼儿园移交政府的原因：移交小区配套幼儿园要移交什么？为什么必须移交给政府？

通过对各省市关于小区配套幼儿园移交规定进行研究，发现大部分地区均要求移交小区配套幼儿园的场地及校舍的产权，仅有少部分地区（如天津市）只规定小区配套幼儿园需无偿移交给政府管理和使用，而未明确产权是否需要同步移交。我们认为，当小区配套幼儿园永久性无偿移交政府管理和使用时，与小区配套幼儿园产权移交给政府没有实质差别，小区配套幼儿园园舍移交即为产权的移交。实践中，小区配套幼儿园移交时教育行政部门与开发商签订的移交协议均明确产权变更登记时间。

那么，应如何理解《关于当前发展学前教育的若干意见》提出的移交要求？我们认为需要从物权的取得方式说起，物权的取得分为原始取得和继受取得。就不动产而言，《民法典》第二百零九条第一款规定："不动产物权的设立、变更、转让和消灭，经依法登记发生效力；未经登记，不发生效力，但是法律另有规定的除外。"第二百三十一条规定:"因合法建造、拆除房屋等事实行为设立或消灭物权的,自事实行为成就时发生效力。"因此,小区配套幼儿园已办理不动产登记的,登记的权属人即为小区配套幼儿园场地和校舍的所有权人;在未办理不动产登记的情况下,建设主体可依据合法建造的事实行为取得所有权。

依据《关于当前发展学前教育的若干意见》,小区配套幼儿园作为公共教育资源的前提是,小区配套幼儿园的土地及房屋产权属依法应为政府。《关于当前发展学前教育的若干意见》中提及的"建设用地按国家有关规定予以保障",我们理解为建设用地依法由政府划拨提供,或者是在出让小区建设用地时免除了该配套幼儿园用地的土地使用权出让金,或者校舍依法由政府出资建设等,因而小区配套幼儿园应无偿移交政府统筹安排。

综合部分地方规定(北京及广州、莆田、武汉等地的规定),我们认为小区配套幼儿园移交需要考虑以下因素:①小区配套幼儿园的土地提供方式,是政府划拨土地(包括直接提供或免交土地出让金),还是开发商取得的出让用地;②小区配套幼儿园是政府委托代建,还是开发商自行投资建设。此外,土地出让合同是否明确约定小区配套幼儿园的产权归属(如莆田),小区配套幼儿园的建设时间是否在地方性规定实施之前(如武汉)也是影响小区配套幼儿园移交的因素。

(三) 小区配套幼儿园土地及房屋产权归属的主要情形

各地小区配套幼儿园土地和房屋产权的主要情形如下。

1. 情形一:小区配套幼儿园已办理不动产登记,产权人为房地产开发商,并由房地产开发商投资建设

部分小区配套幼儿园系由房地产开发商在开发小区住宅时一并投资建设。在这种情况下,小区配套幼儿园场地及建筑物所占用的土地为出让用地而非政府划拨土地,幼儿园的建设成本均由开发商投资而非政府投资。开发商依法办理了小区配套幼儿园的不动产登记。

2. 情形二:小区配套幼儿园由开发商投资建设但未办理不动产权属登记

在这种情况下,小区配套幼儿园占用的土地为出让用地而非政府划拨土地,幼儿园的建设成本由开发商投资而非政府投资,但开发商基于各种原因未办理不动产登记。在实践中,存在开发商将该类小区配套幼儿园场地对外出租开办民办幼儿园的情况。

3. 情形三：小区配套幼儿园由政府出资建设但未办理不动产权属登记

在这种情况下，在房地产开发商通过出让方式取得成片小区开发的土地时，国土资源管理部门已从开发商应缴纳的国有土地使用权出让金额中扣减了小区配套幼儿园所占用的土地出让金或相应的教育设施配套资金。政府有关部门与开发商签订相应的代建合同，约定小区配套幼儿园由开发商代建，建成后移交政府指定部门。

4. 情形四：小区配套幼儿园虽未办理不动产权属登记但有合同文件等约定产权权属

在这种情况下，在房地产开发商通过出让方式取得成片小区开发的土地时，国土资源管理部门在国有建设用地出让合同中已明确规定小区配套幼儿园的建设成本负担内容及建成后小区配套幼儿园的产权权属内容。

三、小区配套幼儿园的移交

（一）必须移交政府的情形

若小区配套幼儿园的建设用地依法由政府划拨提供，或者是在出让小区建设用地时政府已免除了该配套幼儿园用地的土地使用权出让金，或者校舍依法由政府出资建设，应当依法移交政府。

广州市人民政府于1996年颁布的《广州市成片开发住宅小区教育设施配套建设管理办法》第七条规定："市国土房管局在计算国有土地使用权出让金时，按规定算出的教育设施配套建设资金，须经市计委加具书面核准意见。在市教委或开发地段所在区教育行政部门与开发建设单位签订《广州市建筑安装工程承发包专用合同》后，由市国土房管局从开发单位应交纳的国有土地使用权出让金总额中，扣减教育设施配套建设资金，并注明资金是市政府对教育设施配套建设的一次性投资。"根据该办法规定，建设配套教育设施由市政府投资，并指定教育行政部门与开发建设单位签订相应的承包代建合同。按照该办法的要求建设的教育设施竣工后，其校舍产权及使用权应无偿交给市或者区教育行政部门。在此情况下，小区配套幼儿园可以理解为由政府委托开发商合法建造，依法由政府享有。

《广州市居住区配套公共服务设施管理暂行规定》（2016年）第六条第（一）项再次明确规定："配套公共服务设施中的幼儿园、小学、中学等符合划拨用地条件的公益性配套公共服务设施，不计入房地产开发项目用地的土地出让金，由建设单位统一代建，建成后无偿移交给市、区住房和城乡建设行政主管部门……"

根据广州市关于小区配套幼儿园移交的有关规定，必须移交给政府部门的小区配套幼儿园，其占用的土地由政府划拨提供或直接扣减开发商应缴纳的土地出让金，且明确系由开发商代建。因此，在此情况下建设的小区配套幼儿园应当移交给政府。

（二）可移交也可以不移交政府的情形

对于开发商已全额支付全部的土地出让金，且没有享有政府任何土地优惠政策，完全由开发商投资建设的小区配套幼儿园，政府部门无权强行要求移交，但可鼓励各房地产开发商移交或举办普惠性幼儿园。以下以北京市为例进行说明。

北京市小区配套幼儿园移交原则与广州市小区配套幼儿园移交原则保持一致。北京市教育委员会、北京市发展和改革委员会、北京市财政局、北京市国土资源局等六部门于2011年印发的《关于加强居住区配套幼儿园规划建设和管理的意见》（京教学前〔2011〕8号）规定，《北京市新建商品住宅小区住宅与市政公用基础设施、公共服务设施同步交付使用管理暂行办法》（京建法〔2007〕99号）的相关规定应严格得到执行，保证配套幼儿园与住宅的同步建设、同步交付使用，并严格按照土地出让合同中的移交协议办理产权登记、过户手续。同时，确定如下三条原则：

（1）对2007年3月1日以后配套幼儿园应建未建、缓建、低标建设、未移交以及挪作他用的，由规划、国土、建设、教育等行政管理部门按照有关规定，依法责令相关责任单位限期改正，并依法进行处罚。

（2）已移交区、县教委使用，但尚未取得房屋产权的配套幼儿园，区、县政府要按照有关法律、法规，督促开发建设单位向区、县教委移交配套幼儿园房屋和土地权属及相关资料。

（3）对于通过出让方式取得居住区配套幼儿园建设的开发建设单位，区、县政府应通过协商方式妥善处理移交事宜。

可见，根据北京市的相关规定，开发商通过出让方式取得居住区配套幼儿园建设的情形应独立处理，尊重开发建设单位依法取得的居住区配套幼儿园归属权，要求政府与其协商解决，而非强行移交。

一些地方则明确规定小区配套幼儿园的权属应在国有土地出让合同中约定。例如，莆田市人民政府印发的《关于印发莆田市旧城改造和新建住宅小区配套幼儿园建设管理规定的通知》（莆政综〔2011〕214号）第四条中规定："国土资源管理部门在土地出让公告、出让合同或者划拨决定书等文件中应当明确配套幼儿园的土地使用权属和房屋所有权属归教育主管部门。"可见，莆田市政府采取直接约定的方式明确配套幼儿园的产权归属。

如国有土地出让合同中没有明确约定的，我们认为应当根据《民法典》规定的物权取得原则，先确认权属再探讨是否移交。所有的产权移交都应该有法律依据和事实依据，小区配套幼儿园的移交工作也应"以事实为依据，以法律为准绳，依法移交"。此外，我们提醒大家关注各省市关于小区配套幼儿园移交的特殊政策，如部分省市（河南省）已出台小区配套幼儿园无论是否为开发商投资建设或者是否办理不动产登记，其产权均需移交政府，但因相应的补偿政策未出台而无法落实。

问题23：城镇小区配套幼儿园的产权归属

2018年11月7日，中共中央、国务院印发的《学前教育深化意见》第（八）项中规定："老城（棚户区）改造、新城开发和居住区建设、易地扶贫搬迁应将配套建设幼儿园纳入公共管理和公共服务设施建设规划，并按照相关标准和规范予以建设，确保配套幼儿园与首期建设的居民住宅区同步规划、同步设计、同步建设、同步验收、同步交付使用。配套幼儿园由当地政府统筹安排，办成公办园或委托办成普惠性民办园，不得办成营利性幼儿园。对存在配套幼儿园缓建、缩建、停建、不建和建而不交等问题的，在整改到位之前，不得办理竣工验收。"2019年1月22日，国务院办公厅发布《小区配套幼儿园治理通知》规定："严格遵循《中华人民共和国城乡规划法》和《城市居住区规划设计标准》（GB 50180），老城区（棚户区）改造、新城开发和居住区建设、易地扶贫搬迁应将配套建设幼儿园纳入公共管理和公共服务设施建设规划……已建成的小区配套幼儿园应按照规定及时移交当地教育行政部门，未移交当地教育行政部门的应限期完成移交，对已挪作他用的要采取有效措施予以收回。有关部门要按规定对移交的幼儿园办理土地、园舍移交及资产登记手续。"2020年4月，教育部办公厅、住房和城乡建设部办公厅联合印发《关于进一步做好城镇小区配套幼儿园治理工作的通知》，全面部署2020年城镇小区配套幼儿园治理工作。①

根据上述规定，各地城镇小区配套幼儿园（以下简称小区配套园）治理工作开展得轰轰烈烈。治理工作不仅牵涉教育部门、住宅小区开发商，还涉及幼儿园举办者、幼儿园实际经营管理者、小区业主、幼儿家长等多方主体。尽管各方关注点不尽相同，但小区配套园的产权归属是各方的关注焦点。

一、小区配套园的法律含义

根据《城市居住区规划设计标准》（GB 50180—2018）第2.0.9条规定，"配套设施"是指"对应居住区分级配套规划建设，并与居住人口规模或住宅

---

① 资料来源：中央人民政府网站（http：//www.gov.cn/xinwen/2020-04/28/content_ 5506841.htm）。

建筑面积规模相匹配的生活服务设施"。根据该标准附录 B.0.2，幼儿园属于 5 分钟生活圈居住区应当配建的配套设施。

根据《城市居住区规划设计规范》（GB 50180-93）（2016 年版）第 2.0.13 条规定，"配建设施"是指"与人口规模或住宅规模相对应的配套建设的公共服务设施、道路和公共绿地的总称"。根据该标准附录 A.0.6，幼儿园属于小区应当配建的教育类公共服务设施。

综上所述，小区配套园是指根据相关规划，应当为城镇小区配套建设的幼儿园校舍及场地。因此，对位于城镇以外的幼儿园，以及虽在城镇但不属于依据相关规划规范应当配建的幼儿园，均不属于小区配套园。如何判断是否属于城镇小区，我们认为可根据最新的《统计用区划代码》和《统计用城乡划分代码》进行判断。

二、小区配套幼儿园产权归属分析

小区配套幼儿园产权，包括小区配套园的土地使用权及校舍等建筑物房屋所有权。

小区配套幼儿园产权归属，与小区配套园土地使用权的取得方式，政府与开发商之间是否存在移交小区配套园产权的约定，建筑物的产权办理情况等多个因素相关，涉及物权取得、法的效力位阶、法的溯及力、物权善意取得等法律问题。

根据相关法律、法规分析产权归属，在具体案例中应考虑相关法律、法规能否溯及既往，以及特定时期的法律适用问题。

（一）小区配套园不属于小区业主法定共有部分

在实践中，能否根据《民法典》第二百七十四条以及《最高人民法院关于审理建筑物区分所有权纠纷案件适用法律若干问题的解释》（法释〔2020〕17 号）规定，认定小区配套园为小区业主法定共有部分而经常发生争议。

从我们查询到的 12 个由各地中级人民法院及高级人民法院做出的司法判例看来，人民法院均认为《中华人民共和国物权法》，2007 年 3 月 16 日，第十届全国人民代表大会第五次会议通过，自 2007 年 10 月 1 日起实施，2021 年 1 月 1 日失效。以下简称《物权法》第七十三条并未直接规定小区配套园归小区业主共有，并认为应当考虑法规政策是否有特别规定、业主是否有分摊成本或面积、是否与开发商有约定等因素，综合判断小区配套园是否属于业主共有部分。因此，小区配套幼儿园属于在住宅小区开发时应配套的公建配套设施，并且教育部门与开发商对小区配套幼儿园的权属做出约定，我们倾向于认为小区配套园不属于小区业主法定共有部分。

（二）小区配套园产权归属情形分析

小区配套园的产权归属可以土地使用权取得方式为线索展开分析（见附录2《小区配套园产权归属分析图》），常见的小区配套园的土地、建筑物情况大致可归纳如下。

1. 开发商未向第三人转让小区配套园产权

1）通过划拨方式取得的小区配套园土地使用权

根据《民法典》第三百四十七条、第三百四十九条以及《中华人民共和国城镇国有土地使用权出让和转让暂行条例》第四十七条规定，政府应根据建设用地使用权证书确定划拨土地使用权人，且根据城市建设发展需要和城市规划的要求，政府可以无偿回收土地使用权，但对其地上建筑物、其他附着物，应根据实际情况给予适当补偿。如果小区配套幼儿园为政府划拨用地，则小区配套幼儿园产权应归政府所有。

2）通过出让方式取得的小区配套园土地使用权

房地产开发商通过出让方式取得小区的建设用地使用权，取得建设用地使用权证，根据《民法典》第三百四十九条，开发商为小区配套园的建设用地使用权所有权人。开发商作为建设用地使用权人，基于合法的建造行为，原则上自建造行为成就时，开发商取得校舍房屋所有权，但有相反证据证明的除外。因此，需进一步探讨是否存在关于移交小区配套园产权的约定等相反证据。

（1）政府与开发商在《土地出让合同》等文件中约定开发商建设并移交小区配套园

在处理小区配套园移交问题时，基于历史规定不明确，政府和开发商可能约定其权属。若政府与开发商在"土地出让合同"或"移交协议"等法律文件中明确约定开发商应建设并移交小区配套幼儿园的，则开发商在建成后应依约移交政府，政府应成为小区配套园的产权人。较为常见的情况是，双方会约定开发商无偿建设并移交小区配套园，或在政府给予一定优惠后（如土地出让金减免、税费减免等），由开发商向政府移交小区配套园。如果双方仅约定应当"移交"小区配套园产权，但未明确是否为无偿移交的，根据

"谁投资、谁所有、谁受益"的原则，政府应在承担小区配套园的土地及建筑物成本后，方可要求开发商移交小区配套园产权。

(2) 政府与开发商未约定开发商无偿建设并移交小区配套园

在实践中，政府未与开发商约定小区配套园移交事宜的更为常见。在这种情况下，小区配套园的产权原则上归小区开发商所有，但应注意有以下情形。

i. 政府为支持小区配套园建设，给予开发商土地出让金、税费或市政配套费减免等优惠。如开发商接受政府给予的相关优惠，与政府就小区配套园移交事宜达成事实合同关系，则政府为小区配套设施付出了相应的对价。开发商应当向政府移交小区配套园产权。

ii. 当地法规政策要求开发商无偿建设并移交小区配套园。

地方政府根据地方性法规、地方政府规章或行政规范性文件，要求小区开发商无偿建设并移交小区配套园。若地方性规定在开发商取得小区建设用地之前已对小区配套幼儿园移交做了安排，开发商应当对当地政策规定明确知悉，则小区配套幼儿园移交应按照地方性规定处理。若地方性规定系在开发商取得建设用地甚至已建成小区配套幼儿园之后才颁布，则根据《民法典》建筑物所有权的取得原则，小区开发商作为小区建设用地使用权人已依法取得小区配套园的产权，且任何单位和个人不得侵犯。地方性法规、地方政府规章或行政规范性文件（实践中主要是行政规范性文件）关于无偿移交小区配套园产权的规定并溯及规定颁布前的小区配套幼儿园的，本质上属于政府征收。根据《中华人民共和国立法法》（以下简称《立法法》）第八条规定，对非国有财产的征收、征用只能依据法律。《民法典》第一百一十七条以及《国有土地上房屋征收与补偿条例》第二条均规定征收应当给予补偿。同时，《立法法》第九十六条以及《国务院办公厅关于加强行政规范性文件制定和监督管理工作的通知》（国办发〔2018〕37号）规定，地方性法规、地方政府规章或行政规范性文件均不得违反作为上位法的法律及行政法规。

值得注意的是，部分司法判决在说理部分认为，"幼儿园如属于国家或地方规定开发商应配套修建的公益性设施，按照国家或地方的规定应当移交给教育部门"，以及"对于住宅小区建筑配套和设施所有权的归属问题，法律、法规或地方政策有明确规定的，双方应遵守相关规定"。对此我们认为，地方性法规、地方政府规章或行政规范性文件溯及性要求小区开发商无偿建设并移交小区配套园的规定并无合法依据。

2. 第三人（包括小区业主）受让小区配套园产权

第三人受让小区配套园产权成为合法产权人的前提是，转让方应当为小区配套园的合法权属主体。若转让人不是小区配套园的合法权属主体，则应进一步考虑受让人是否符合善意取得的情形，否则第三人受让行为不能得到法律保护。

《学前教育深化意见》以及《小区配套幼儿园治理通知》的出台无疑是推进学前教育普及普惠安全优质发展的重要制度保障，但如何正确理解法律、法规以及政策的规定，应充分结合不同幼儿园的具体情况，及时纠正政府工作中的不当之处，以切实维护各方合法权益，保障学前教育良性发展，是小区配套园治理工作应关注的重点。

问题 24：营利性民办学校举办者拥有哪些权利

修正后的《民促法》实施三年来，据不完全统计，截至 2021 年 8 月 15 日，全国仅新设营利性民办幼儿园已超过 5 万所。

通过比较营利性民办学校举办者的权利范围与一般公司法人的股东权利范围，可发现营利性民办学校举办者的权利范围比公司法人的股东权利范围小。《公司法》规定的股东权利并非直接适用于营利性民办学校举办者。《民促法》规定，民办学校举办者依据学校章程规定的权限和程序参与办学和管理。因此，我们建议营利性民办学校应在章程中明确法定举办者权利和约定举办者权利，并选择性地体现《公司法》及其司法解释规定的股东权利。

一、引子——以营利性民办幼儿园发展概况为例

截至 2021 年 8 月 15 日，全国新设营利性民办幼儿园 50664 所，其中 2017 年度 2771 所、2018 年度 6494 所、2019 年度 8233 所、2020 年度 14076 所、2021 年度 19090 所，如图 3-3 所示。可以看出，新设营利性民办幼儿园数量呈现逐年上涨的趋势。

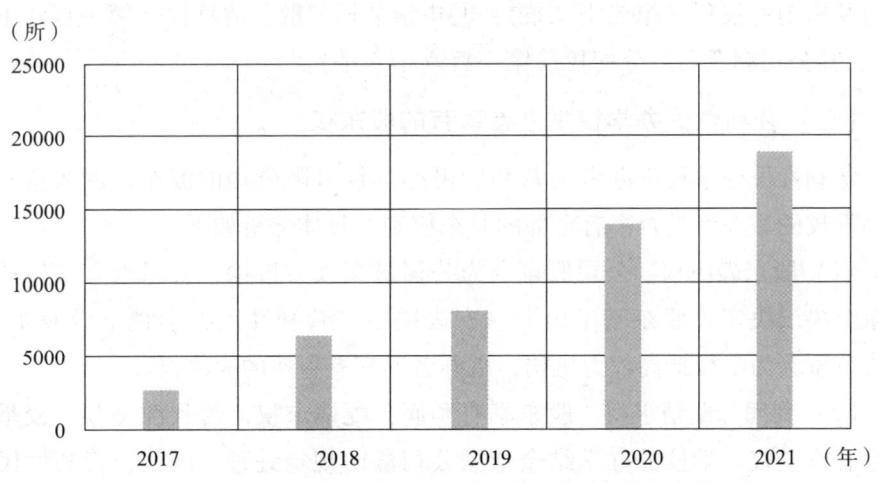

图 3-3　2017—2021 年全国新设营利性民办幼儿园增长趋势

二、营利性民办学校举办者权利

（一）《民促法》及其实施条例规定的举办者权利

《民促法》全文有3处规定了营利性民办学校举办者权利，分别为举办者取得办学收益权（第十九条第三款）、参与学校办学和管理权（第二十条第二款）和委派代表担任董事权（第二十一条第一款）。

与《民促法》配套的《民促法实施条例》细化了营利性民办学校举办者的权利。《民促法实施条例》共有4条规定涉及营利性民办学校举办者权利，分别为举办者可以通过募集资金方式举办营利性民办学校权（第十条第二款），制定学校章程、推选首届董事会成员权、依据章程规定行使决策权和管理权（第十一条），举办者合法权益转让权（第十二条）和获得奖励的权利（第五十七条）。

（二）《公司法》及其司法解释规定的股东主要权利

《公司法》及其司法解释规定的股东权利主要包括：①股东表决权（第四十二条）；②利润分配请求权（第三十四条）；③新股优先认购权（第三十四条）；④股权转让权（第七十一条）；⑤股东优先购买权（第七十二条）；⑥股东知情权、质询权（第九十七条）；⑦异议股东股权回购请求权（第七十四条）；⑧股东代表诉讼权（第一百五十一条）；⑨确认股东会、董事会决议效力及撤销的权利（第二十二条）；⑩申请公司解散、清算权（第一百八十二条）；⑪公司剩余财产分配权（第一百八十六条）。

（三）营利性民办学校举办者享有的股东权

营利性民办学校举办者为营利性民办学校有限公司的股东，那么营利性民办学校的举办者是否享有全部的股东权利？具体分析如下。

（1）股东表决权。公司股东会为公司最高权力机构，公司重大事项通过股东会决议决定，股东基于出资享有表决权。营利性民办学校不设股东会，学校董事会为学校最高权力机构，举办者不享有直接的表决权。

（2）利润分配请求权。股东享有利润分配请求权，营利性民办学校举办者享有收益权，学校的办学结余依据公司法的规定处理。因而，营利性民办学校举办者享有利润分配请求权。

（3）股权转让权。有限责任公司股东之间可以转让股权，股东对外转让股权的，应征得其他股东同意。营利性民办学校举办者合法权益可以依法转让，即法律确认了营利性民办学校的股权转让权。

（4）新股优先认购权。公司新增注册资本，股东有权优先认购，这是保障股东不被稀释而产生的权利。《民促法》并未规定营利性民办学校享有优先认购权。

（5）股东优先购买权。股东优先购买权是一项法定权利，能够通过司法途径予以保障。《民促法》并未规定营利性民办学校享有优先购买权。

（6）股东知情权、质询权。对公司的经营情况享有知情权是股东参与公司管理的主要表现之一。司法实践案例确认了民办学校举办者的知情权（〔2016〕沪01民终4642号判决），知情权是举办者参与学校办学和管理活动的基础，应予以保障。

（7）股权回购请求权和股东代表诉讼权。《民促法》未明确规定营利性民办学校举办者享有股权回购请求权和股东代表诉讼权。

（8）确认股东会、董事会决议效力及撤销的权利。由于营利性民办学校不设股东会，因此不存在撤销股东会决议。当董事会决议违反法律规定或学校章程规定时，举办者能否申请撤销决议，《民促法》对此未予以明确。

（9）申请公司解散清算权。当公司经营管理发生严重困难时，继续存续会使股东利益受到重大损失，持有公司全部股东表决权10%以上的股东，可以请求人民法院解散公司。但是，民办学校与普通公司法人不同，民办学校解散涉及师生权益，法律对解散民办学校事由的要求比较严格。民办学校举办者是否有权申请人民法院解散学校有待商榷。

（10）公司剩余财产分配权。《民促法》第五十九条规定，营利性民办学校清偿上述债务后的剩余财产，依照公司法的有关规定处理。因此，可以确认举办者享有学校清算后剩余财产分配权。

综上，通过对比营利性民办学校举办者权利范围与一般公司法人的股东权利范围，可以得出如下结论：一是营利性民办学校举办者权利范围比一般公司法人的股东权利范围小。二是登记为公司法人的营利性民办学校应首先适用《民促法》及《民促法实施条例》的规定，只有当作为特别法的《民促法》和《民促法实施条例》没有规定时，才考虑适用《公司法》的有关规定。《公司法》规定的股东权利并非当然直接适用于营利性民办学校举办者。三是《民促法》规定民办学校举办者依据学校章程规定的权限和程序参与办学和管理。故而，营利性民办学校章程应明确规定举办者的权利。

三、营利性民办学校章程举办者权利条款起草建议

营利性民办学校举办者权利应综合《民促法》《民促法实施条例》《公司法》及其司法解释的相关规定确定,并在营利性民办学校章程中予以明确。举办者应充分发挥学校章程的作用,使其成为举办者行使权利和参与办学的利剑,从而使民办学校的运行更加顺畅。

鉴于此,我们认为,营利性民办学校在制定章程时,举办者权利条款拟定应从以下几个方面考虑。

第一,《民促法》和《民促法实施条例》规定的举办者权利应直接在学校章程中予以体现。

第二,《公司法》及其司法解释规定的股东权利可以根据民办学校的实际于学校章程中选择性地体现。

第三,根据学校的办学实际,除法定举办者权利之外,通过学校章程对约定的举办者权利予以确认。

问题25：为什么个人不宜作为民办学校的举办者

实践中，经常有民办学校咨询，举办者是个人好还是公司好？根据《民促法》第十条规定，民办学校的举办者既可以是具有法人资格的社会组织，也可以是具有政治权利和完全民事行为能力的个人。公司是具有法人资格最普遍的社会组织。作为民办学校的举办者，公司和个人孰优孰劣？相比之下，我们认为个人作为民办学校的举办者至少存在以下四个问题。

一、不便于办理举办者变更手续

如果举办者是自然人，当民办学校有新的投资者加入或者需要变更实际控制人时，则只能变更举办者。《民促法》第五十四条规定："民办学校举办者的变更，须由举办者提出，在进行财务清算后，经学校理事会或者董事会同意，报审批机关核准。"民办学校变更举办者，需经过财务清算、学校理事会或董事会同意、审批机关的批准等流程，操作起来比较烦琐。普遍来看，教育部门一般不轻易批准民办学校变更举办者。对于营利性民办学校而言，烦琐的变更手续流程不仅不利于及时调整内部的治理结构，而且不利于吸引外来的投资者。

如果举办者是公司，则举办者的原股东可以通过股权转让方式将举办者的股权全部转给新的股东，达到改变举办者的实际控制人，但是不改变学校的举办者名称，从而有效规避"交章不交证，承包经营"的法律风险。

二、承担法律责任的范围难以控制

《民办非企业单位登记暂行办法》第二条规定："民办非企业单位根据其依法承担民事责任的不同方式分为民办非企业单位（法人）、民办非企业单位（合伙）和民办非企业单位（个体）三种。个人出资且担任民办非企业单位负责人的，可申请办理民办非企业单位（个体）登记；两人或两人以上合伙举办的，可申请办理民办非企业单位（合伙）登记；两人或两人以上举办且具备法人条件的，可申请办理民办非企业单位（法人）登记。由企业事业单位、社会团体和其他社会力量举办的或由上述组织与个人共同举办的，应当申请民办非企业单位（法人）登记。"同时，《民促法》第十条第三款规定"民办学校应当具备法人条件"，即大多数民办学校均属于民办非企业法人性质。

《公司法》规定有限责任公司的股东以其认缴的出资额为限对公司承担责任，股份有限公司的股东以其认购的股份为限对公司承担责任，但是法律没有规定民办非企业法人的举办者对民办非企业法人的债务承担何种责任。

《民法典》第六十条规定："法人以其全部财产独立承担民事责任。"民办学校具备法人资格，应以全部的法人财产对外承担债务。但如果民办学校法人的财产不够承担债务，那么举办者是否对学校剩余债务承担连带责任？《民办高等学校办学管理若干规定》（2007年2月3日，教育部令第25号发布；2015年11月10日，教育部令第38号《教育部关于废止和修改部分规章的决定》修正，自2015年11月10日起实施。以下简称《民办高校办学规定》）第七条规定："民办高校的资产必须于批准设立之日起1年内过户到学校名下。本规定下发前资产未过户到学校名下的，自本规定下发之日起1年内完成过户工作。资产未过户到学校名下前，举办者对学校债务承担连带责任。"因此，可以明确的是，民办高校的资产在未过户之前，举办者需要对学校债务承担连带责任，且不以举办者的出资额为限。如果民办学校的举办者为个人，尤其在个人对民办学校的出资没有到位的情况下，举办者就有可能需要以个人财产承担学校的所有债务，即个人是以其全部身家，甚至包括其配偶及未成年子女名下的财产对学校债务承担无限连带责任。如果民办学校的举办者为公司，由于公司是独立的法人，其财产独立于学校的财产，因此公司股东只需以其对公司的出资额为限对外承担有限责任。

三、举办者身份及出资份额依法不能被继承

自然人作为民办学校的举办者，其举办者身份及出资份额不能依法被继承。

关于该问题，有一个经典案例。安徽省某学校创办人洪某因车祸意外去世，其妻和其子要求继承洪某举办者的身份及其在该学校的出资份额。2011年，安徽省高级人民法院经请示最高人民法院后做出驳回洪某之妻及其子诉讼请求的裁定和不予支持的判决。法院认为，举办者是身份权，确认或否定

（变更）民办学校举办者身份，需要由审批机关依据《民促法》的相关规定进行审查后做出是否同意的决定，人民法院不能通过民事诉讼来处理属于审批机关行政职权范围内的事宜。对于出资额，依据《民促法》有关规定，洪某举办该学校时投入的资产在学校成立后由该学校享有法人财产权，不再属于洪某个人或家庭所有，洪某死亡后该出资份额不得作为遗产进行继承。但是，对因该出资所形成的财产权益，可以依据《民促法》和《中华人民共和国继承法》（2021年1月1日废止）的规定继承。

从上述判例中我们可以看出，民办学校举办者的身份不能依法被继承，举办者的变更需要严格依据《民促法》相关规定，对民办学校进行财务清算，由民办学校董事会或理事会决定变更的人选，并报审批机关批准。举办者的出资额也不能被继承，继承人只能继承因该出资所形成的财产权益，但是非营利性学校已经不能取得合理回报，因出资所形成的财产权益也十分有限。

由公司作为民办学校的举办者，公司股东出资后享有公司股权。虽然继承法规定的继承仅限于财产权范围，但是股东可以在公司章程中对股东身份的继承进行约定。如此，公司股东的身份和财产权益则可以被依法继承。

四、非营利性办学的成本难以核定

民办学校分类管理之后，非营利性学校的合理回报虽然被取消，但是办学的合理成本应得到支持，只是办学成本的项目和范围审核更加严格，必须符合相关财务规定。如果公司作为非营利性学校的举办者，则由于公司的经营模式和管理制度已经相当成熟，因此办学成本更容易得到认可。相比之下，个人作为非营利性学校的举办者，由于个人资产并不完全独立，容易与学校资产混同，因此其办学成本比较难以被认定。

综上所述，我们认为公司作为民办学校的举办者更为妥当，个人作为民办学校的举办者存在诸多风险，如不利于办理变更举办者手续、承担法律责任的范围难以控制、举办者的身份和出资额不能被继承、非营利性办学的成本难以核定等。因此，对于举办者为个人的民办学校，建议尽早将其举办者变更为公司。

下篇
民办教育相关法规、政策解读

第4章 《民法典》民办教育相关规定解读

解读1:《民法典》总则编关涉民办学校的重要条款

《民法典》总则编较大比例地保留了《民法总则》的内容,深入分析总则编中与民办学校相关的重点条文规定,对广大教育投资者及学校管理者将大有裨益。

一、民办学校的法人性质

厘清学校的法人性质,是民办学校设立和运营管理的基础。法人分类是《民法总则》的一大立法创新,《民法典》总则编基本沿用了《民法总则》的法人分类制度,即把法人分为营利法人、非营利法人及特别法人三类。

1. 非营利性学校的法人性质

《民法典》第八十七条第一款规定:"为公益目的或者其他非营利目的成立,不向出资人、设立人或者会员分配所取得利润的法人,为非营利法人。"结合《民促法》关于非营利性学校举办者不得取得办学收益、办学结余及剩余财产分配方式的相关规定,非营利性学校应属于《民法典》所指的非营利法人。

对于非营利性学校而言,更关键的问题在于应属于何种非营利法人的原因是根据《民法典》第八十八条至第九十四条的规定,不同形态的非营利法人将遵循不同的设立和治理规则。《民法典》第八十七条第二款规定,非营利法人包括事业单位、社会团体、基金会、社会服务机构等。

首先,根据国务院于2016年2月6日修订并生效的《社会团体登记管理条例》第二条第一款①、国务院于 2004 年 3 月 8 日发布并于 2004 年 6 月 1 日生效的《基金会管理条例》（国务院令第四百号）第二条②及第三条③的规定，非营利性学校显然不属于社会团体或基金会。

其次，非营利性学校是否属于事业单位？根据国务院于 2004 年 6 月 27 日修订并生效的《事业单位登记管理暂行条例》第二条中规定，事业单位是指国家为了社会公益目的，由国家机关举办或者其他组织利用国有资产举办的，从事教育、科技、文化、卫生等活动的社会服务组织。从这一定义来看，并结合《事业单位、社会团体及企业等组织利用国有资产举办事业单位设立登记办法（试行）》（中央编办发〔2015〕132 号）第二条④规定，其他组织（事业单位、社会团体或企业等）利用国有资产（包括有形资产和无形资产）举办或合作举办的非营利性学校，即开办资金或经费来源全部或部分为国有资产的非营利性学校，有可能登记成为事业单位法人。2016 年 12 月 30 日，教育部等五部门发布的《民办学校分类登记实施细则》（教发〔2016〕19 号）第七条亦明确，非营利性学校符合《事业单位登记管理暂行条例》等事业单位登记管理有关规定的，可以登记为事业单位。例如，广东以色列理工学院（由汕头大学和以色列理工学院共同举办）、香港中文大学（深圳）（由香港中文大学和深圳大学共同举办）以及深圳北理莫斯科大学（由深圳市人民政府、莫斯科国立大学、北京理工大学共同举办）等中外合作大学登记为事业单位法人。

---

① 《社会团体登记管理条例》第二条第一款规定："本条例所称社会团体，是指中国公民自愿组成，为实现会员共同意愿，按照其章程开展活动的非营利性社会组织。"
② 《基金会管理条例》第二条规定："本条例所称基金会，是指利用自然人、法人或者其他组织捐赠的财产，以从事公益事业为目的，按照本条例的规定成立的非营利性法人。"
③ 《基金会管理条例》第三条规定："基金会分为面向公众募捐的基金会（以下简称公募基金会）和不得面向公众募捐的基金会（以下简称非公募基金会）。公募基金会按照募捐的地域范围，分为全国性公募基金会和地方性公募基金会。"
④ 《事业单位、社会团体及企业等组织利用国有资产举办事业单位设立登记办法（试行）》第二条规定："本办法适用于不纳入机构编制核定范围，由事业单位、社会团体及企业等组织为了社会公益目的，利用国有资产依法依规举办的，按照非营利性规则从事教育、科技、文化、卫生等活动的事业单位设立登记。利用国有资产包括全部或者部分使用国有资产，资产形态包括有形资产和无形资产。有形资产是指流动资产、固定资产等具有实物形态的资产；无形资产是指不具有实物形态而能为使用者提供某种权利的资产，如名称权、专利权、商标权、著作权、土地使用权、非专利技术、特许权等。"

最后，现已登记为民办非企业单位①的非营利性学校是否属于社会服务机构？根据《民政部对"关于进一步明确'民办非企业'名称和性质的建议"的答复》（民函〔2018〕633号，以下简称《答复》）②指出，为贯彻中央确定的社会组织新的管理体制以及国务院立法工作部署，民政部于2016年启动了《民办非企业单位登记管理暂行条例》的修订工作，并形成了《社会服务机构登记管理条例（修订草案征求意见稿）》，其中将"民办非企业单位"名称修改为"社会服务机构"。③《答复》亦明确了在《社会组织登记管理条例》正式颁布后，"民办非企业单位"正式转变为"社会服务机构"。截至2021年8月，《社会组织登记管理条例》尚未正式颁布。基于上述，我们认为，登记为民办非企业单位的非营利性学校应当属于《民法典》规定的社会服务机构，二者是同一类主体在立法过渡时期不同的概念表达。

这里有个重要的问题，即社会服务机构是否等同于捐助法人？《民法典》第九十二条第一款规定："具备法人条件，为公益目的以捐助财产设立的基金会、社会服务机构等，经依法登记成立，取得捐助法人资格。"《民法典》第九十二条至第九十四条正好都是规定捐助法人资格的取得、章程及组织机构、捐助人的权利条款，因而实践中常有人把非营利性学校直接等同于捐助法人。对此，我们认为目前大多数非营利性学校并没有捐助财产，设立时所有开办资金都来自举办者，显然不符合法律关于捐助法人资格取得的前提条件。那么不以营利为目的，公益为导向的事业，其举办者对学校的投入是否意味着对学校的捐赠？《中华人民共和国慈善法》（2016年3月16日，第十二届全国人民代表大会第四次会议通过，自2016年9月1日起实施。以下简称《慈善法》）第三十四条规定："本法所称慈善捐赠，是指自然人、法人和其他组织基于慈善目的，自愿、无偿赠与财产的活动。"因此，我们认为当举办者没有意愿将其投入非营利性学校的资产作为捐赠时，非营利性学校就不能被认定为取得捐助法人资格。这也是很多地方行政管理部门一定要学校的举办者

---

① 根据《民办非企业单位登记暂行办法》第五条第三款规定："民办非企业单位必须拥有与其业务活动相适应的合法财产，且其合法财产中的非国有资产份额不得低于总财产的三分之二。开办资金必须达到本行（事）业所规定的最低限额。"

② 《答复》亦直接明确："根据全国人大常委会法制工作委员会相关释义，慈善法和民法总则中的'社会服务机构'就是目前根据《民办非企业单位登记管理暂行条例》登记的民办非企业单位。"

③ 《社会服务机构登记管理条例（修订草案征求意见稿）》第二条规定："本条例所称社会服务机构，是指自然人、法人或者其他组织为了提供社会服务，主要利用非国有资产设立的非营利性法人。"

在设立学校时"必须"签署捐赠协议或承诺书的原因。

根据《慈善法》及《民法典》关于"赠与合同"的规定,捐赠在捐赠财产的用途、使用程序,以及赠与人和受赠人的权利义务方面有着更为特殊的规定。综上所述,是社会服务机构的非营利性学校,不一定就是捐助法人。

2. 营利性学校的法人性质

《民法典》第七十六条规定,以取得利润并分配给股东等出资人为目的成立的法人,为营利法人。营利法人包括有限责任公司、股份有限公司和其他企业法人等。根据《关于营利性民办学校名称登记管理有关工作的通知》第一条规定,营利性学校应当登记为有限责任公司或者股份有限公司。因此,我们认为营利性学校属于《民法典》规定的营利法人。

但需要注意的是,与其他商事主体不同的是,虽然法律、法规允许营利性学校取得利润并分配给投资者,但民办教育事业在根本上属于公益性事业①,营利性学校仍应以公益性作为学校的首要宗旨,切勿盲目逐利。正如"国务院三十条"所规定的,"坚持教育的公益属性,无论是非营利性民办学校还是营利性民办学校都要始终把社会效益放在首位"。

二、学生监护人的确定

一般而言,监护人是学校处理学生及家校问题的首要联系人。因此,确定学生监护人对于学校而言至关重要。《民法典》第二十七条详细规定了未成年人的监护人确定顺位,即"父母是未成年子女的监护人。未成年人的父母已经死亡或者没有监护能力的,由下列有监护能力的人按顺序担任监护人:(一)祖父母、外祖父母;(二)兄、姐;(三)其他愿意担任监护人的个人或者组织,但是须经未成年人住所地的居民委员会、村民委员会或者民政部门同意"。

基于上述,我们建议学校应当及时掌握学生监护人的动态信息,建立常态化的监护人信息登记和更新制度,以便在学生发生紧急事件时能够及时地与监护人取得联系,避免不必要的法律责任和家校矛盾。

---

① 《民促法》第三条第一款规定:"民办教育事业属于公益性事业,是社会主义教育事业的组成部分。"

三、民办学校举办者的主体限制

在实践中，常有投资者咨询能否以合伙企业（如有限合伙企业）作为举办者设立学校。《民法典》第一百零二条第二款规定："非法人组织包括个人独资企业、合伙企业、不具有法人资格的专业服务机构等。"由此可见，合伙企业在法律上属于非法人组织。另外《民促法》第十条第一款规定："举办民办学校的社会组织，应当具有法人资格。"

因此，作为学校举办者的社会组织必须具有法人资格，合伙企业和个人独资企业等非法人组织均不能作为举办者设立学校。

《民法典》总则编作为规定了民事活动必须遵循的基本原则和一般性规则，对民办学校的法人性质、学生监护人等重要问题予以明确规定和指引，值得广大投资者及学校管理者关注和深入学习。

解读 2：民办学校运营管理中的物权问题

本部分重点探讨《民法典》物权编中针对所有权、用益物权的有关规定对民办学校及民办教育机构的影响。

一、建设用地使用权人享有建造的建筑物、构筑物及其附属设施的所有权

（一）《民法典》与《物权法》[①] 的规定

《民法典》第三百五十二条规定："建设用地使用权人建造的建筑物、构筑物及其附属设施的所有权属于建设用地使用权人，但是有相反证据证明的除外。"本条与原《物权法》第一百四十二条规定基本一致。

（二）对小区配套幼儿园产权界定的影响

一般而言，房地产开发商通过出让方式取得住宅小区地块的建设用地使用权，取得建设用地使用权证，登记为建设用地使用权人。根据《民法典》第三百五十二条规定，开发商作为建设用地使用权人基于合法建造行为，在无相反证据的情况下，应享有其建造的建筑物、构筑物及其附属设施的所有权。那么，哪些情况可以被认为是有相反的证据？具体有：①政府与开发商签订的"土地出让合同"约定建成的小区配套幼儿园产权归政府所有或应移交政府；②开发商和政府已经就小区配套幼儿园产权问题签订了"产权移交协议"，则应按协议执行；③政府为了支持小区配套幼儿园建设，给予开发商土地出让金、税费或市政配套费减免等优惠，当地政策要求享有优惠的应当向政府移交产权；④开发商在拥有合法处分权的情况下，将小区配套幼儿园的产权转让至第三人等。

《民法典》未就小区配套幼儿园产权问题做出规定，故界定小区配套幼儿园的产权应综合考察小区配套幼儿园的建设用地取得方式、政府与开发商之间关于产权的约定、建筑区产权登记情况等因素。

---

① 已于 2021 年 1 月 1 日废止。

二、业主将住宅改变为经营性用房，应经有利害关系业主一致同意

（一）《民法典》与《物权法》的规定对比（见表4-1）

表4-1　《民法典》与《物权法》的规定对比

《民法典》第二百七十九条	《物权法》第七十七条
业主不得违反法律、法规以及管理规约，将住宅改变为经营性用房。业主将住宅改变为经营性用房的，除遵守法律、法规以及管理规约外，应当经有利害关系的业主一致同意	业主不得违反法律、法规以及管理规约，将住宅改变为经营性用房。业主将住宅改变为经营性用房的，除遵守法律、法规以及管理规约外，应当经有利害关系的业主同意

（二）对民办教育机构办学场地的影响

在实践中我们发现，很多教育培训机构开办在住宅楼中，业主将住宅改变为经营性用房。根据《民法典》规定，将住宅改变为经营性用房需要满足两个条件：①遵守法律、法规和管理规约；②经有利害关系的业主一致同意。教育培训机构能否将住宅改变为经营性用房用作办学场地？

以广东省为例，广东省教育厅、广东省人力资源和社会保障厅、广东省民政厅、广东省工商行政管理局联合印发的《关于民办培训机构的设置标准》（粤教策〔2018〕6号）第三条规定："申请设立民办培训机构，应当具备以下条件：……（六）有与办学规模相适应的培训场所；……"该标准第九条规定："举办者应提供与培训项目和规模相适应的场所（含办公用房、教学培训用房和其他必备场地）。举办者以自有场所举办的，应提供办学场所的产权证明材料；租用场地的，应提供场地的产权证明材料，以及与产权人或由产权人授权人签订的具有法律效力的《租赁合同（协议）》，租赁期一般不少于三年。申请举办培训机构场所的建筑面积应不少于二百平方米，其中培训用房建筑面积不少于三分之二。租用非学校校舍的场所，应当符合国家规定的消防要求，并取得相应的消防安全证明材料。提供寄宿制服务的，有关设施设备应符合卫生、消防等相关政府职能部门的要求。"

若教育培训机构使用住宅改变的经营性用房作为办学场地，那么按照《民法典》规定还应经有利害关系的业主一致同意。《最高人民法院关于审理建筑物区分所有权纠纷案件适用法律若干问题的解释》（法释〔2020〕17号）第十一条规定："业主将住宅改变为经营性用房，本栋建筑物内的其他业主，应当认定为《物权法》第七十七条（《民法典》第二百七十九条）所称'有利害关系的业主'。建筑区划内，本栋建筑物之外的业主，主张与自己有利害

关系的，应证明其房屋价值、生活质量受到或者可能受到不利影响。"因此，本栋建筑物的业主当然为有利害关系的业主，非本栋建筑物的业主需要举证证明有利害关系。

鉴于上述，我们提醒将住宅改变为经营性用房作为办学场地的培训机构，应当符合《民办培训机构设置标准》规定的条件，并办理相应的消防安全证明。除此之外，还应征得有利害关系业主的一致同意；否则，未经业主同意，有利害关系的业主有权请求法院排除妨害、消除危险、恢复原状、赔偿损害等。

三、民办学校办学用地的取得

设立民办学校首先面临的是选址、办学用地的取得问题。民办学校可以通过哪些方式取得办学用地？我们将结合《民法典》《中华人民共和国土地管理法》（以下简称《土地管理法》）及《产业用地政策实施工作指引（2019年版）》等规定加以论述。

（一）国有建设用地（见表4-2）

表4-2 建设用地使用权取得新、旧法律规定对比

《民法典》	《物权法》
第三百四十七条： 设立建设用地使用权，可以采取出让或者划拨等方式。 工业、商业、旅游、娱乐和商品住宅等经营性用地以及同一土地有两个以上意向用地者的，应当采取招标、拍卖等公开竞价的方式出让。 严格限制以划拨方式设立建设用地使用权	第一百三十七条： 设立建设用地使用权，可以采取出让或者划拨等方式。 工业、商业、旅游、娱乐和商品住宅等经营性用地以及同一土地有两个以上意向用地者的，应当采取招标、拍卖等公开竞价的方式出让。 严格限制以划拨方式设立建设用地使用权。采取划拨方式的，应当遵守法律、行政法规关于土地用途的规定
第三百四十八条： 通过招标、拍卖、协议等出让方式设立建设用地使用权的，当事人应当采用书面形式订立建设用地使用权出让合同。 建设用地使用权出让合同一般包括下列条款： （一）当事人的名称和住所； （二）土地界址、面积等； （三）建筑物、构筑物及其附属设施占用的空间； （四）土地用途、规划条件； （五）建设用地使用权期限； （六）出让金等费用及其支付方式； （七）解决争议的方法	第一百三十八条： 采取招标、拍卖、协议等出让方式设立建设用地使用权的，当事人应当采取书面形式订立建设用地使用权出让合同。 建设用地使用权出让合同一般包括下列条款： （一）当事人的名称和住所； （二）土地界址、面积等； （三）建筑物、构筑物及其附属设施占用的空间； （四）土地用途； （五）使用期限； （六）出让金等费用及其支付方式； （七）解决争议的方法

依据《民法典》和《物权法》的规定，建设用地使用权取得方式包括划拨和出让等，而《土地管理法》关于建设用地的规定较为简单。2019年4月24日，自然资源部根据土地管理法律、法规、规章及相关规范性文件，梳理政策实施要点，编制形成《产业用地政策实施工作指引》，对教育产业用地政策进行了详细的梳理。综合《民法典》《土地管理法》《产业用地政策实施工作指引》有关规定，教育产业供地方式见表4-3。

表4-3 教育产业供地方式

供地方式		主要内容	法律依据
划拨		设立建设用地使用权，可以采取划拨等方式	《民法典》第三百四十七条
		符合《划拨用地目录》（国土资源部令第9号）规定的建设项目，方可以划拨方式提供国有建设用地	《产业用地政策实施工作指引》第五条
		下列非营利教育设施用地可以划拨方式提供： 1. 学校教学、办公、实验、科研及校内文化体育设施； 2. 高等、中等、职业学校的学生宿舍、食堂、教学实习及训练基地； 3. 托儿所、幼儿园的教学、办公、园内活动场地； 4. 特殊教育学校（盲校、聋哑学校等）康复、技能训练设施	《划拨用地目录》第（五）条
		不得以建设单位投资来源为民间投资、外商投资或政府和社会资本合作等为由限制申请划拨用地	《产业用地政策实施工作指引》第五条
出让	招拍挂	工业、商业、旅游、娱乐和商品住宅等经营性用地以及同一土地有两个以上意向用地者的，应当采取招标、拍卖等公开竞价的方式出让	《民法典》第三百四十七条，《产业用地政策实施工作指引》第六条
	协议出让	（1）供应商业、旅游、娱乐和商品住宅等各类经营性用地以外用途的土地，其供地计划公布后同一宗地只有一个意向用地者的； （2）原划拨、承租土地使用权人申请办理协议出让； （3）划拨土地使用权转让申请办理协议出让； （4）出让土地使用权人申请续期	《协议出让国有土地使用权规范（试行）》（国土资发〔2006〕114号）第4.3条
出租		完善公共服务项目用地政策。根据投融资体制改革要求，对可以使用划拨土地的能源、环境保护、保障性安居工程、养老、教育、文化、体育及供水、燃气供应、供热设施等项目，除可按划拨方式供应土地外，鼓励以出让、租赁方式供应土地，支持市、县政府以国有建设用地使用权作价出资或者入股的方式提供土地，与社会资本共同投资建设	《关于扩大国有土地有偿使用范围的意见》（国土资规〔2016〕20号）第二条

续表

供地方式	主要内容	法律依据
作价出资入股	符合下列规定的，国有建设用地使用权可采取作价出资方式供应：……（二）依据《关于扩大国有土地有偿使用范围的意见》（国土资规〔2016〕20号）的规定，对可以划拨土地的能源……教育文化……项目，除可按划拨方式供应土地外，鼓励以出让、租赁方式供应土地，支持市、县政府以国有建设用地使用权作价出资或入股的方式提供土地，与社会资本共同投资建设	《产业用地政策实施工作指引》第十七条

《民法典》虽提及取得建设用地使用权的方式，并要求国有建设用地使用权出让合同应明确规划条件，但关于划拨建设用地使用权和其他，如协议方式、出租方式、作价出资方式等并未规定，民办学校如何取得建设用地使用权仍需以土地管理法律、法规为依据。

（二）集体建设用地

《民法典》第三百六十一条规定："集体所有的土地作为建设用地的，应当依照土地管理的法律规定办理。"《民法典》指引集体建设用地按照土地管理的有关规定办理，与新修订的《土地管理法》相衔接，自然《民法典》第十二章规定的其他建设用地使用权条款并不当然地适用于集体所有的建设用地。那么，民办学校能否使用集体建设用地办学？

《土地管理法》第六十三条规定："土地利用总体规划、城乡规划确定为工业、商业等经营性用途，并经依法登记的集体经营性建设用地，土地所有权人可以通过出让、出租等方式交由单位或者个人使用……前款规定的集体经营性建设用地出让、出租等，应当经集体经济组织成员的村民会议三分之二成员或者三分之二以上村民代表的同意……"但该规定仍比较原则性，民办学校分为非营利法人和营利法人，营利性民办学校是否属于《土地管理法》提及的"经营性用途"？如何界定"经营性用途"，是否《民法典》规定的营利法人使用土地均属于"经营性用途"？这些问题尚需国务院及有关部门进一步明确。

此外，《土地管理法》第六十六条规定："下列情形之一的，农村集体经济组织报经原批准用地的人民政府批准，可以收回土地使用权：（一）为乡（镇）村公共设施和公益事业建设，需要使用土地的；……"《土地管理法》只规定了集体经营性建设用地，那么根据该条规定，是否还存在"集体非经营性建设用地"？作为公益性事业的非营利民办学校能否使用集体建设用地，农村集体经济组织能否提供建设用地，以何种方式提供？目前尚无明确规定。

解读3：民办学校资产的担保规则

民办学校的"物"既包括土地、建筑物、构筑物等不动产，又包括教学设备、办公设备等动产，还包括著作权、专利、商标、商业秘密等无形资产。那么，对于民办学校物的归属和利用，《民法典》有何规定？营利性民办学校能否对外担保？针对这些问题，我们结合《民法典》的规定讨论民办学校办学中涉及的一个重要问题——担保。

一、《民法典》对民办学校担保的相关规定

（一）有关学校财产抵押新、旧法对比（见表4-4）

表4-4　学校财产抵押新旧法律对比

《民法典》	《物权法》
第三百九十九条： 下列财产不得抵押： （一）土地所有权； （二）宅基地、自留地、自留山等集体所有土地的使用权，但是法律规定可以抵押的除外； （三）学校、幼儿园、医疗机构等为公益目的成立的非营利法人的教育设施、医疗卫生设施和其他公益设施； （四）所有权、使用权不明或者有争议的财产； （五）依法被查封、扣押、监管的财产； （六）法律、行政法规规定不得抵押的其他财产。	第一百八十四条： 下列财产不得抵押： （一）土地所有权； （二）耕地、宅基地、自留地、自留山等集体所有的土地使用权，但法律规定可以抵押的除外； （三）学校、幼儿园、医院等以公益为目的的事业单位、社会团体的教育设施、医疗卫生设施和其他社会公益设施； （四）所有权、使用权不明或者有争议的财产； （五）依法被查封、扣押、监管的财产； （六）法律、行政法规规定不得抵押的其他财产。

（二）针对学校作为保证人的新、旧法相关规定（见表 4-5）

表 4-5 针对学校财产抵押新、旧法律相关规定

《民法典》	《中华人民共和国担保法》①
第六百八十三条： 机关法人不得为保证人，但是经国务院批准为使用外国政府或者国际经济组织贷款进行转贷的除外。 以公益为目的的非营利法人、非法人组织不得为保证人。	第八条： 国家机关不得为保证人，但经国务院批准为使用外国政府或者国际经济组织贷款进行转贷的除外。 第九条： 学校、幼儿园、医院等以公益为目的的事业单位、社会团体不得为保证人。

从上述规定可以看出，《民法典》第三百九十九条和第六百八十三条关于学校财产抵押和学校作为保证人的规定，与原《物权法》《担保法》的规定相比，最直接和最重要的一点是将"事业单位、社会团体"修订为"非营利法人"，明确非营利法人的教育设施不得作为担保财产，非营利法人不得为保证人。

二、学校财产的抵押担保

（一）非营利性学校的教育设施不得抵押

《民法典》规定"学校、幼儿园、医疗机构等为公益目的成立的非营利法人的教育设施、医疗卫生设施和其他公益设施"不得抵押。解读这一规定对学校抵押担保的影响，我们必须抓住两个关键：第一，法人性质应为非营利法人；第二，资产性质应为教育设施。

何为非营利法人？《民法典》第八十七条规定："为公益目的或者其他非营利目的成立，不向出资人、设立人或者会员分配所取得利润的法人，为非营利法人。非营利法人包括事业单位、社会团体、基金会、社会服务机构等。"非营利法人有两大特征，一是为公益目的或非营利目的成立；二是不向出资人、设立人或会员分配利润。事业单位、社会团体均属于非营利法人。

非营利性民办学校属于非营利法人。非营利性民办学校符合《事业单位登记管理暂行条例》等事业单位登记管理的有关规定，可以登记为事业单位。目前，登记为民办非企业单位的非营利性民办学校应属《民法典》规定的社

---

① 1995 年 6 月 30 日，第八届全国人民代表大会常务委员会第十四次会议通过，自 1995 年 10 月 1 日起实施，2021 年 1 月 1 日失效。以下简称《担保法》。

会服务机构。《民法典》施行后，非营利性民办学校的教育设施不得设定抵押。

（二）司法实践中的审判规则

《民法典》施行之前，在司法实践中因对《物权法》和《担保法》的相关规定理解不一致，可能造成司法审判裁判不一致。举例说明，最高人民法院再审李某与东莞市××投资发展有限公司、郑某借款合同纠纷申诉、申请民事判决书一条中，涉案土地使用权人为××公司，但已建成东莞市××学校的运动场、游泳池、溜冰场，并已实际投入使用。涉案土地记载的土地用途为商业，并办理过抵押。最高人民法院与一审法院、二审法院的裁判观点见表4-6。

表4-6 最高人民法院与一审法院、二审法院的裁判观点

一审法院、二审法院观点	首先，出让宗地的土地面积大于案涉土地的面积，××公司未举证证明两地块之间的位置关系。 其次，出让宗地的总体规划是建设学校及配套设施，配套设施是否属于教育设施，案涉土地建成的是教育设施还是配套设施，××公司均未举证证明。 最后，案涉土地使用权证上记载该地为商业用途，并曾在东莞市国土资源局办理过两次抵押登记。 综上，应认为抵押合同有效
最高人民法院观点	第一，案涉土地作为东莞市××学校校园的一个部分，上盖建筑物应当被认定为教育设施。 第二，依据《中华人民共和国民办教育促进法》第三条"民办教育事业属于公益性事业"及第五条"民办学校与公办学校具有同等的法律地位"之规定，东莞市××学校作为民办学校，应认定为公益性事业单位。 第三，根据《中华人民共和国担保法》第三十七条第（三）项及《中华人民共和国物权法》第一百八十四条第（三）项"下列财产不得抵押：……（三）学校、幼儿园、医院等以公益为目的的事业单位、社会团体的教育设施、医疗卫生设施和其他社会公益设施"之规定，案涉土地属于学校类教育公益设施，系法律规定不得抵押的设施。 综上，以该土地使用权设定抵押因违反规定，当属无效

从表4-6来看，一审法院、二审法院持两个主要观点：①学校的配套设施是否属于教育设施需要进一步证明，可以设定抵押；②土地使用权登记为商业用途非教育用途，与教育用途的土地使用权有差别，可以认可抵押。最高人民法院则认为：①学校校园中盖的建筑物均为教育设施，无须另行证明；②民办学校应被认定为公益性事业单位；③公益性事业单位的教育公益设施不得抵押。

《民法典》施行之前，在判断民办学校教育设施抵押是否有效这一问题上，人民法院需要说明民办学校是否为《物权法》规定的公益性事业单位或社会团体，如是，则民办学校教育设施不得提供抵押担保，抵押担保合同无效；如否，则民办学校教育设施可以提供担保，担保合同有效。但在认定民办学校是否属于"公益事业"问题上，各方观点不一。

最新修订的《民促法》规定，"民办教育事业属于公益性事业，是社会主义教育事业的组成部分"，民办学校公益性得以肯定。在民办学校"分类管理"的背景下，非营利性民办学校属于非营利法人；营利性民办学校登记为公司法人，属于营利法人。

（三）非营利性民办学校非教育设施的抵押

《民法典》明确规定非营利性学校教育设施不得抵押，但没有明确非营利性学校的非教育设施能否抵押。《最高人民法院关于适用〈中华人民共和国担保法〉若干问题的解释》（有效期至2020年12月31日，以下简称《担保法司法解释》）第五十三条规定："学校、幼儿园、医院等以公益为目的的事业单位、社会团体，以其教育设施、医疗卫生设施和其他社会公益设施以外的财产为自身债务设定抵押的，人民法院可以认定抵押有效。"尽管《担保法司法解释》已失效，但我们认为按照私法领域"法无禁止即自由"的原则，非营利性学校的非教育设施应该可以抵押。

（四）营利性民办学校教育设施的抵押

《民法典》规定"学校、幼儿园、医疗机构等为公益目的成立的非营利法人的教育设施、医疗卫生设施和其他公益设施"不得抵押，是否可以直接得出营利性民办学校的教育设施可以抵押？

需要特别提出的是，教育部、人力资源和社会保障部、工商总局印发的《营利性民办学校监督管理实施细则》第三十条中规定："营利性民办学校举办者不得抽逃注册资本，不得用教育教学设施抵押贷款、进行担保，办学结余分配应当在年度财务结算后进行。"这里"不得用教育教学设施抵押贷款、进行担保"的主体结合上下文应指营利性民办学校。该条与《民法典》的规定应如何适用？我们认为，非营利法人为公益目的或者非营利目的设立，非营利法人终止时不得向出资人、设立人或者会员分配剩余财产，法律为保障非营利法人财产的稳定性，因此规定非营利法人财产不得提供担保。营利性民办学校在实现公益目的同时实现出资人的收益目的，营利性民办学校遵循市场发展的规律,由市场优胜劣汰,理应享有一般市场主体所具有的权利,其中包括对其所有财产的处分权。《民法典》第三百九十五条第一款规定:"债务人或者第三人有权处分的下列财产可以抵押:(一)建筑物和其他土地附着物;(二)建设用地使用权;(三)海域使用权;(四)生产设备、原材料、半成品、产品;(五)正在建造的建筑物、船舶、航空器;(六)交通运输工具;(七)法律、行政法规未禁止抵押的其他财产。"故而,在物的利用上,如果没有法律的禁止性规定,我们倾向于认为营利性民办学校可以将教育设施及其他财产用于抵押融资。鉴于《民法典》修订了非营利法人与营利法人的担保规则,我们认为《营利性民办学校监督管理实施细则》也应相应予以调整。

三、学校作为保证人担保

学校能否成为保证人?《民法典》规定:"以公益为目的的非营利法人、非法人组织不得为保证人。"我们认为,提供教育服务的非营利性民办学校属于以公益为目的的非营利法人,按规定不得作为保证人。但营利性民办学校属于营利法人,法律对其担任保证人并无明文禁止,因此可以作为保证人。

四、担保合同无效的法律后果

《民法典》第三百八十八条规定:"设立担保物权,应当依照本法和其他法律的规定订立担保合同。担保合同包括抵押合同、质押合同和其他具有担保功能的合同。担保合同是主债权债务合同的从合同。主债权债务合同无效的,担保合同无效,但是法律另有规定的除外。担保合同被确认无效后,债务人、担保人、债权人有过错的,应当根据其过错各自承担相应的民事责任。"我们认为,如果民办学校明知拟用于抵押的财产不得抵押或者明知自身不能作为保证人,仍与债权人签订担保合同,进而导致担保合同无效的,则属于担保人有过错的情形,应根据过错承担相应的责任。

综上所述,《民法典》关于学校等非营利法人担保的规定,是对原《物权法》《担保法》相关规定的重大修订,解决了理论和司法审判中的一些疑难问题。我们认为非营利性民办学校的教育设施不得用于抵押担保,非营利性民办学校的非教育设施应可以用于为自身债务提供担保。营利性民办学校的资产由民办学校自行处分。

解读 4：民办学校的合同管理

合同是学校与社会各行各业进行外部合作最主要的形式之一，贯穿了各级各类学校运营管理的方方面面。因此在本节中，我们将聚焦于《民法典》合同编中与学校相关的重点变化条款，谈谈它们对于学校日常运营管理的影响，以及我们对于学校的相关建议。

一、买卖合同

（一）相关法律规定变化（见表 4-7）

表 4-7 买卖合同相关法律规定变化

序号	《合同法》	《民法典》	内容变化
1	第一百四十五条：当事人没有约定交付地点或者约定不明确，依照本法第一百四十一条第二款第一项的规定标的物需要运输的，出卖人将标的物交付给第一承运人后，标的物毁损、灭失的风险由买受人承担	第六百零七条：出卖人按照约定将标的物运送至买受人指定地点并交付给承运人后，标的物毁损、灭失的风险由买受人承担。当事人没有约定交付地点或者约定不明确，依据本法第六百零三条第二款第一项的规定标的物需要运输的，出卖人将标的物交付给第一承运人后，标的物毁损、灭失的风险由买受人承担	明确出卖人按照约定交付标的物后，标的物的风险由买受人承担
2	—	第六百二十五条：依照法律、行政法规的规定或者按照当事人的约定，标的物在有效使用年限届满后应予回收的，出卖人负有自行或者委托第三人对标的物予以回收的义务	新增出卖人的回收义务

续表

序号	《合同法》	《民法典》	内容变化
3	第一百五十九条：买受人应当按照约定的数额支付价款。对价款没有约定或者约定不明确的，适用本法第六十一条、第六十二条第二项的规定	第六百二十六条：买受人应当按照约定的数额和支付方式支付价款。对价款的数额和支付方式没有约定或者约定不明确的，适用本法第五百一十条、第五百一十一条第二项和第五项的规定	明确买受人支付方式的确定方式
4	—	第六百四十条：标的物在试用期内毁损、灭失的风险由出卖人承担	明确试用期内标的物的风险由出卖人承担

（二）对民办学校的影响

买卖合同是民办学校日常运营管理中最常见的合同类型。在合同法律关系中，民办学校一般是买受人的角色。《民法典》关于买卖合同的实质性变化条款对于民办学校在协商、签署以及履行合同时有很大的影响，故建议民办学校提前做好如下措施。

（1）民办学校应当建立货物采购验收制度。《民法典》第六百零七条明确了出卖人按照约定交付标的物后，标的物的风险由买受人承担。基于此，我们建议民办学校应当在日常采购合同中与出卖人明确约定货物验收交付的条款，具体可包括货物交付地点、交付要求、验收期限、验收流程、验收单签发及验收后的货物瑕疵处理方式等内容，以此明晰买卖双方的风险及责任界限，避免不必要的法律纠纷。

（2）民办学校应当明确合同的结算方式。《民法典》第六百二十六条明确了买受人支付方式的确定方式。民办学校作为买受人，结算货款一般是其最主要的合同义务。因此，我们建议民办学校应当在采购合同中明确约定合同价款、其他费用和税费的安排、支付方式、支付期限等内容，避免不必要的违约责任。需要特别注意的是，公办学校的请款流程和周期一般较民办学校长，因此还应当额外关注价款支付时间和流程的可行性。

（3）民办学校可以就特定货物与出卖人协商采用试用买卖交易方式。《民法典》第六百四十条明确了试用期内标的物的风险由出卖人承担。在日常采购活动中，学校可以就特定产品功能或特性不明显，或功能需求较为独特的产品（部分教具、电教设备等），与出卖人约定采用试用买卖的交易方式。

（4）学校可以约定特定货物的回收方式。《民法典》第六百二十五条新增在依照法律、行政法规的规定或者按照当事人的约定情况下，出卖人负有回收标的物义务的规定。在民办学校日常运营过程中，可能涉及回收易产生污染或技术难度大的货物，如中学或高等学校的生物/化学实验材料和设备等。就这类货物，民办学校可以视情况，与出卖人协商关于货物的回收方式，以避免自行回收造成的危险事故、环境污染事故或资源浪费。

（5）民办学校可以建立合同分类管理机制。民办学校日常运营所产生的买卖合同有明显的类别特征。因此，我们建议民办学校可以就日常买卖合同建立分类管理机制，对特定类别买卖合同的关键条款进行归纳和总结，确保协商或审批时相关重点条款已明确，从而减少合同法律风险。

二、借款合同

（一）相关法律规定变化

表4-8 借款合同相关法律规定变化

序号	《合同法》《最高人民法院关于审理民间借贷案件适用法律若干问题的规定》	《民法典》	内容变化
1	《合同法》第一百九十七条： 借款合同采用书面形式，但自然人之间借款另有约定的除外。 借款合同的内容包括借款种类、币种、用途、数额、利率、期限和还款方式等条款	第六百六十八条： 借款合同应当采用书面形式，但是自然人之间借款另有约定的除外。 借款合同的内容一般包括借款种类、币种、用途、数额、利率、期限和还款方式等条款	明确非自然人之间的借款合同为法定要式合同
2	《最高人民法院关于审理民间借贷案件适用法律若干问题的规定》第二十四条： 借贷双方没有约定利息，出借人主张支付借期内利息的，人民法院不予支持。 自然人之间借贷对利息约定不明，出借人主张支付利息的，人民法院不予支持。除自然人之间借贷外，借贷双方对借贷利息约定不明，出借人主张利息的，人民法院应当结合民间借贷合同的内容，并根据当地或者当事人的交易方式、交易习惯、市场利率等因素确定利息	第六百八十条： 禁止高利放贷，借款的利率不得违反国家有关规定。 借款合同对支付利息没有约定的，视为没有利息。 借款合同对支付利息约定不明确，当事人不能达成补充协议的，按照当地或者当事人的交易方式、交易习惯、市场利率等因素确定利息；自然人之间借款的，视为没有利息	明确禁止高利放贷

（二）对民办学校的影响

在实践中，因为日常运营、购买教学仪器设施设备、对教学楼、宿舍进行扩建或维修等，导致民办学校融资需求很大，但是受国家法律、法规对教学设施担保的限制，民办学校大多只能向其举办者或其他主体进行民间融资。《民法典》有关借款合同的规定有一些变化，结合我们为学校提供法律服务的实践经验，民办学校可采用如下应对措施。

（1）按法律规定签署书面合同。《民法典》第六百六十八条已经明确了非自然人之间的借款合同为法定要式合同，民办学校作为独立法人，应当与借款人签订书面合同，并与借款人就币种、数额、利率、期限等合同关键内容做出明确约定，不得再以口头、白条、挂账等方式对外借款。

（2）民办学校与借款人之间的利率要符合国家的相关规定。在实践中，一些民办学校的借款为关联交易，且约定较高的利率，造成民办学校负债率高企。根据《民促法实施条例》第四十五条规定，实施义务教育的民办学校不得存在关联借款，其余民办学校的关联借款应当遵循公开、公平、公允的原则，并及时建立利益关联方交易的信息披露制度，涉及重大数额、较高利率或长期、反复执行的借款要具有必要性、合法性及合规性。

三、技术合同（见表4-9）

（一）相关法规规定变化

表4-9　技术合同相关法规规定变化

序号	《合同法》	《民法典》	内容变化
1	第三百二十四条第一款：技术合同的内容由当事人约定，一般包括以下条款：（一）项目名称；（二）标的的内容、范围和要求；（三）履行的计划、进度、期限、地点、地域和方式；（四）技术情报和资料的保密；（五）风险责任的承担；（六）技术成果的归属和收益的分成办法；（七）验收标准和方法；（八）价款、报酬或者使用费及其支付方式；（九）违约金或者损失赔偿的计算方法；（十）解决争议的方法；（十一）名词和术语的解释	第八百四十五条第一款：技术合同的内容一般包括项目的名称，标的的内容、范围和要求，履行的计划、地点和方式，技术信息和资料的保密，技术成果的归属和收益的分配办法，验收标准和方法，名词和术语的解释等条款	对技术合同的一般性条款进行精简化调整

续表

序号	《合同法》	《民法典》	内容变化
2	第三百二十六条： 职务技术成果的使用权、转让权属于法人或者其他组织的，法人或者其他组织可以就该项职务技术成果订立技术合同。法人或者其他组织应当从使用和转让该项职务技术成果所取得的收益中提取一定比例，对完成该项职务技术成果的个人给予奖励或者报酬。法人或者其他组织订立技术合同转让职务技术成果时，职务技术成果的完成人享有以同等条件优先受让的权利。 职务技术成果是执行法人或者其他组织的工作任务，或者主要是利用法人或者其他组织的物质技术条件所完成的技术成果	第八百四十七条： 职务技术成果的使用权、转让权属于法人或者非法人组织的，法人或者非法人组织可以就该项职务技术成果订立技术合同。法人或者非法人组织订立技术合同转让职务技术成果时，职务技术成果的完成人享有以同等条件优先受让的权利。 职务技术成果是执行法人或者非法人组织的工作任务，或者主要是利用法人或者非法人组织的物质技术条件所完成的技术成果	不再对完成职务技术成果的个人奖励和报酬做出强行规定
3	第三百四十二条： 技术转让合同包括专利权转让、专利申请权转让、技术秘密转让、专利实施许可合同。 技术转让合同应当采用书面形式	第八百六十二条： 技术转让合同是合法拥有技术的权利人，将现有特定的专利、专利申请、技术秘密的相关权利让与他人所订立的合同。 技术许可合同是合法拥有技术的权利人，将现有特定的专利、技术秘密的相关权利许可他人实施、使用所订立的合同。 技术转让合同和技术许可合同中关于提供实施技术的专用设备、原材料或者提供有关的技术咨询、技术服务的约定，属于合同的组成部分 第八百六十三条： 技术转让合同包括专利权转让、专利申请权转让、技术秘密转让等合同。 技术许可合同包括专利实施许可、技术秘密使用许可等合同。 技术转让合同和技术许可合同应当采用书面形式	对技术许可合同以及技术转让合同做出区分与细化

（二）对民办学校的影响

技术合同对于高等院校而言至关重要，是高校与校外企事业单位进行技术转让、许可、开发、服务、咨询等一系列合作活动的基础协议。基于此，建议民办学校采用以下应对措施。

（1）根据细化后的技术合同规定确定适用的合同类型。《民法典》就技术合同类型较《合同法》而言更加细化，并对技术许可合同和技术转让合同做出区分，即技术合同类型主要包括技术开发合同（包括委托开发合同和合作开发合同）、技术转让合同（包括专利权转让、专利申请权转让、技术秘密转让等）、技术许可合同（专利实施许可、技术秘密使用许可等）、技术咨询合同以及技术服务合同。针对不同类型的技术合同，《民法典》不仅规定了其具体定义，而且确定了合同主体不同的权利与义务。因此，高校在与校外企业、事业单位等签署技术合同时，应当首先明确拟合作事项所适用的合同类型，明确双方的法定权利与义务，避免因合同类型判断错误导致后续双方权利义务约定不清或未约定而发生纠纷。

（2）技术合同不仅要包含一般合同的通用条款，还应当包括技术合同的独有内容，具体有《民法典》第八百四十五条第一款中规定的"项目的名称，标的的内容、范围和要求，履行的计划、地点和方式，技术信息和资料的保密，技术成果的归属和收益的分配办法，验收标准和方法，名词和术语的解释"等。此外，技术合同不同内容之间有轻重之分。根据我们的经验，技术成果的归属、收益分配方法、技术成果的验收标准和方法既是技术合同履行中容易引发纠纷的内容，也是双方最为关心的内容之一。

（3）《民法典》不再对完成职务技术成果的个人奖励和报酬做出规定，并不等同于高校可以不对做出职务技术成果的个人给予奖励和报酬。我们认为，做出职务技术成果的个人奖励和报酬应取决于双方约定（一般为劳动合同），单位相关制度以及其他法律、法规的规定。以专利为例，根据《专利法》及《中华人民共和国专利法实施细则》（2001年6月15日，中华人民共和国国务院令第306号发布；2010年1月9日，国务院令第569号《国务院关于修改〈中华人民共和国专利法实施细则〉的决定》修正，自2010年2月1日起实施。以下简称《专利法实施细则》）等相关规定，职务发明创造的发明人或者设计人可以依据约定或者依法制定的规章制度取得奖励和报酬；未约定的或者无相关规章制度规定的，也应当依据《专利法实施细则》第七十七条和第七十八条的相关规定给予发明人或者设计人奖励和报酬。

基于上述，我们认为为了有效保护高校的知识产权及其他合法权益，高校应当制定科学合理的技术合同管理制度，包括但不限于：

（1）建立内部多层级的技术合同审批机制。换言之，每一份技术合同在签署前都应当根据相关分流标准，经过不同主管院系或职能部门的审批同意，以确保合同权利与义务符合各职能部门的要求，同时可减少合同风险。

（2）形成全方位、全流程式技术合同管理机制。高校应当对已签署并正在履行的技术合同进行全流程监督，即合同生命周期管理机制。设置专门部门对正在履行的合同进行备案管理，对履行情况进行跟踪检查，对合同涉及的权利行使和义务履行节点进行提示，并对行将履行完毕的合同进行评估存档。

（3）坚持内部提升与外部辅助并重的管理模式。一方面，高校要鼓励前端技术研发部门和中后端技术管理部门加强技术合同相关法律、法规知识的培训、提升与更新，如定期邀请专家举办普法专题研讨会；另一方面，高校要重视外部法律顾问机构的作用，发挥其在技术合同类型的识别、谈判、起草、审批、协助履行、争议解决、内部人员专项法律培训等方面的专业职能。

四、结语

综上所述，各级各类民办学校应当结合学校的性质和类别，及时更新相关法律、法规的知识储备，建立完善的合同内部管理机制，实现合同全流程的管理监督，从而有效降低法律风险、减少合同履行争议，实现利益最大化。

解读 5：民办学校的侵权责任

民办学校在运营管理中最易发生的民事纠纷是各类侵权纠纷，如校园安全事故、学校组织活动意外等。为此，有必要整理归纳《民法典》侵权责任编所涉及与民办学校相关的"亮点"，通过法规对比，总结相关条文对民办学校的影响。

一、新增自甘风险的规定

（一）相关法规对比（见表 4-10）

表 4-10　《民法典》与《中华人民共和国侵权责任法》[①] 针对自甘风险的规定

《民法典》	《侵权责任法》
第一千一百七十六条： 自愿参加具有一定风险的文体活动，因其他参加者的行为受到损害的，受害人不得请求其他参加者承担侵权责任；但是，其他参加者对损害的发生有故意或者重大过失的除外。 活动组织者的责任适用本法第一千一百九十八条至第一千二百零一条的规定	《侵权责任法》未对自甘风险做出规定

（二）对民办学校的影响

学生或教职工在参与民办学校组织的活动时受伤，受伤的学生家长或者教职工往往第一时间想的是找学校讨要说法，要求其承担侵权责任。在《民法典》生效之前，法律尚未明确规定自甘风险的免责事由，学校在处理受害方和过失方纠纷时无法可依，难以说服双方。《民法典》生效之后，只要学生或者教职工是自愿参与活动，且过失方不存在故意或者重大过失，受害人就不得请求过失方承担侵权责任。《民法典》的出台有利于民办学校在处理日常文体活动过程中受害方和过失方的纠纷。

[①] 2009 年 12 月 26 日，第十一届全国人民代表大会常务委员会第十二次会议通过，自 2010 年 7 月 1 日起实施。2021 年 1 月 1 日失效。以下简称《侵权责任法》。

但是,对于学校的责任并不适用《民法典》第一千一百七十六条,而是适用《民法典》第一千一百九十八至第一千二百零一条的规定。

二、校园伤害事故的责任承担

(一)相关法规对比(见表4-11)

表4-11 《民法典》与《侵权责任法》关于校园伤害事故责任承担的规定

《民法典》	《侵权责任法》
第一千一百九十九条:无民事行为能力人在幼儿园、学校或者其他教育机构学习、生活期间受到人身损害的,幼儿园、学校或者其他教育机构应当承担侵权责任;但是,能够证明尽到教育、管理职责的,不承担侵权责任。	第三十八条:无民事行为能力人在幼儿园、学校或者其他教育机构学习、生活期间受到人身损害的,幼儿园、学校或者其他教育机构应当承担责任,但能够证明尽到教育、管理职责的,不承担责任。
第一千二百条:限制民事行为能力人在学校或者其他教育机构学习、生活期间受到人身损害,学校或者其他教育机构未尽到教育、管理职责的,应当承担侵权责任。	第三十九条:限制民事行为能力人在学校或者其他教育机构学习、生活期间受到人身损害,学校或者其他教育机构未尽到教育、管理职责的,应当承担责任。
第一千二百零一条:无民事行为能力人或者限制民事行为能力人在幼儿园、学校或者其他教育机构学习、生活期间,受到幼儿园、学校或者其他教育机构以外的第三人身损害的,由第三人承担侵权责任;幼儿园、学校或者其他教育机构未尽到管理职责的,承担相应的补充责任。幼儿园、学校或者其他教育机构承担补充责任后,可以向第三人追偿	第四十条:无民事行为能力人或者限制民事行为能力人在幼儿园、学校或者其他教育机构学习、生活期间,受到幼儿园、学校或者其他教育机构以外的人员人身损害的,由侵权人承担侵权责任;幼儿园、学校或者其他教育机构未尽到管理职责的,承担相应的补充责任

(二)对民办学校的影响

《民法典》第一千一百九十九条至第一千二百零一条是《民法典》侵权责任编中与学校关系最密切的条文,确定了无民事行为能力人、限制民事行为能力人和第三人侵权的校园伤害事故的责任承担原则。需要注意的是,学校在三种类型的校园伤害事故中所承担的责任和举证义务是不同的。

对于无民事行为能力人的校园伤害事故,适用的是过错推定原则,学校只有证明在已尽到教育、管理职责的情况下,才能免除侵权责任,即举证责任在学校一方。

对于限制民事行为能力人的校园伤害事故,适用的是过错责任原则,只有在学校未尽到教育、管理职责时,才承担侵权责任,即举证责任在受害人一方。

当无民事行为能力人或者限制民事行为能力人在校园内受到第三人侵害时,由第三人承担侵权责任,学校未尽管理职责的需承担补充责任,此时举证责任在受害人或第三人。

从以上条文可以看出,在校园伤害事故中,学校是否需要承担侵权责任与其是否尽到教育、管理职责息息相关。因此,判断学校是否尽到教育、管理职责尤为重要。下面通过两个案例对此进行说明。

案例一中,学生在课间被同学绊倒摔伤,学校提供了视频光盘证明其在校园内多处安置了监控摄像头,且教师在得知学生受伤后第一时间联系家长、陪同看病,组织各方协调赔偿,学生家长无证据证明学校有失职的行为,因此法院认为学校已尽教育管理职责。案例二中,学生在体育课期间被同学推搡撞到球门柱上受伤,虽然学校提供了校园内安装的监控摄像头、上课教案、安全责任书等学校参与管理的证据,但是法院认为在体育课期间无任课教师进行直接监管,导致二人打闹未得到及时制止,应当认定学校只尽到了部分管理职责,所以承担80%的侵权责任。

由于我国现行法律、法规并未具体规定学校教育、管理职责,所以我们在判断学校是否尽到教育、管理职责以及是否存在失职行为时,应结合现有教育法规、学校的管理制度和其他学校普遍采取的管理手段去衡量在发生校园伤害事故时,学校采取的管理措施是否得当。在此需要重点提醒各民办学校的是,学校制定完善的管理制度非常重要,一旦发生纠纷可为民办学校举证提供有力支持。

三、新增自助行为的规定

(一)相关法规对比(见表4-12)

表4-12 《民法典》与《侵权责任法》关于新增自助行为的规定

《民法典》	《侵权责任法》
第一千一百七十七条: 合法权益受到侵害,情况紧迫且不能及时获得国家机关保护,不立即采取措施将使其合法权益受到难以弥补的损害的,受害人可以在保护自己合法权益的必要范围内采取扣留侵权人的财物等合理措施;但是,应当立即请求有关国家机关处理。受害人采取的措施不当造成他人损害的,应当承担侵权责任	《侵权责任法》未对自助行为做出规定

（二）对民办学校的影响

自助行为一般适用于突发情况，如除学校教职工、学生之外的第三人破坏学校的财物，学校为防止其逃跑短暂地限制其人身自由。但自助行为有严苛的适用条件，需符合紧迫性特征；而学校对于大部分学生的信息都能掌握，且与学生建立了持续的教育关系，因此一般情况下，学生延迟缴纳学费、伙食费、住宿费等情形难以适用自助行为。

四、精神损害赔偿的适用范围扩大

（一）相关法规对比

表4-13　《民法典》与《侵权责任法》关于精神损害赔偿适用范围的规定

《民法典》	《侵权责任法》《最高人民法院关于确定民事侵权精神损害赔偿责任若干问题的解释》
第一千一百八十三条： 侵害自然人人身权益造成严重精神损害的，被侵权人有权请求精神损害赔偿。 因故意或者重大过失侵害自然人具有人身意义的特定物造成严重精神损害的，被侵权人有权请求精神损害赔偿	《侵权责任法》第二十二条：侵害他人人身权益，造成他人严重精神损害的，被侵权人可以请求精神损害赔偿。 《最高人民法院关于确定民事侵权精神损害赔偿责任若干问题的解释》第四条：具有人格象征意义的特定纪念物品，因侵权行为而永久性灭失或者毁损，物品所有人以侵权为由，向人民法院起诉请求赔偿精神损害的，人民法院应当依法予以受理

（二）对民办学校的影响

《民法典》第一千一百八十三条将精神损害的侵犯对象规定为"具有人身意义的特定物"，我们理解其范围涵盖了《侵权责任法》所规定的"具有人格象征意义的特定纪念物品"，变得更加宽泛。对于民办学校而言，难点在于如何甄别"具有人身意义的特定物"。根据北京市大兴区人民法院做出的（2015）大民初字第667号民事判决书，法院认为学生的考级证书是学生通过自身努力获得的，对其具有特定的纪念意义，因此认定为"具有人格象征意义的特定纪念物品"，学校损毁学生的考级证书，学生可主张相应的精神损害赔偿。我们认为，具有人身意义的护身符、纪念品、证书、照片等物品应当属于《民法典》第一千一百八十三条规定的"具有人身意义的特定物"，民办学校在教育管理过程中需要甄别和注意学生、教师或其他人员具有人身意义的物品，以避免对其造成损害。

五、侵害知识产权将承担惩罚性赔偿

（一）相关法规对比（见表 4-14）

表 4-14 《民法典》与《侵权责任法》关于侵害知识产权赔偿的规定

《民法典》	《中华人民共和国商标法》①
第一千一百八十五条： 故意侵害他人知识产权，情节严重的，被侵权人有权请求相应的惩罚性赔偿	第六十三条第一款： 侵犯商标专用权的赔偿数额，按照权利人因被侵权所受到的实际损失确定；实际损失难以确定的，可以按照侵权人因侵权所获得的利益确定；权利人的损失或者侵权人获得的利益难以确定的，参照该商标许可使用费的倍数合理确定。对恶意侵犯商标专用权，情节严重的，可以在按照上述方法确定数额的一倍以上五倍以下确定赔偿数额。赔偿数额应当包括权利人为制止侵权行为所支付的合理开支

（二）对民办学校的影响

中共中央办公厅、国务院办公厅于 2019 年 11 月 24 日发布并于同日生效的《关于强化知识产权保护的意见》规定，"加快在专利、著作权等领域引入侵权惩罚性赔偿制度。大幅提高侵权法定赔偿额上限，加大损害赔偿力度。强化民事司法保护，有效执行惩罚性赔偿制度"。《民法典》第一千一百八十五条也做了相应规定，体现了我国正逐渐加大对知识产权的保护力度。民办学校应与时俱进，重视保护自身知识成果和加强风险防范意识，做好两方面的工作：一方面，民办学校应及时将学校的标志、发明、外观设计、研发的教学方案等知识成果依法申请注册为商标、专利和著作权，加强对自身知识产权的保护；另一方面，民办学校要加强教职人员的培训，完善知识产权侵权防范制度，避免在教学管理过程中造成知识产权侵权事件。

---

① 1982 年 8 月 23 日，第五届全国人民代表大会常务委员会第二十四次会议通过；2019 年 4 月 23 日，第十三届全国人民代表大会常务委员会第十次会议《关于修改〈中华人民共和国建筑法〉等八部法律的决定》第四次修正，自 2019 年 11 月 1 日起实施。

六、用人单位的追偿责任

（一）相关法规对比（见表4-15）

表4-15 《民法典》与《侵权责任法》关于用人单位追偿责任的规定

《民法典》	《侵权责任法》
第一千一百九十一条第一款：用人单位的工作人员因执行工作任务造成他人损害的，由用人单位承担侵权责任。用人单位承担侵权责任后，可以向有故意或者重大过失的工作人员追偿	第三十四条第一款：用人单位的工作人员因执行工作任务造成他人损害的，由用人单位承担侵权责任

（二）对民办学校的影响

在实践中，因教职工造成他人损害而民办学校对外首先承担了赔偿责任的，民办学校是否有权向该教职工追偿？根据《民法典》的规定，在教职工故意或重大过失造成他人损害的前提下，民办学校在承担侵权责任后，可以向教职工追偿。

七、高度危险物的范围

（一）相关法规对比（见表4-16）

表4-16 《民法典》与《侵权责任法》关于高度危险物范围的规定

《民法典》	《侵权责任法》
第一千二百三十九条：占有或者使用易燃、易爆、剧毒、高放射性、强腐蚀性、高致病性等高度危险物造成他人损害的，占有人或者使用人应当承担侵权责任；但是，能够证明损害是因受害人故意或者不可抗力造成的，不承担责任。被侵权人对损害的发生有重大过失的，可以减轻占有人或者使用人的责任	第七十二条：占有或者使用易燃、易爆、剧毒、放射性等高度危险物造成他人损害的，占有人或者使用人应当承担侵权责任，但能够证明损害是因受害人故意或者不可抗力造成的，不承担责任。被侵权人对损害的发生有重大过失的，可以减轻占有人或者使用人的责任

（二）对民办学校的影响

该法条适用的是无过错责任原则，即无论占有或使用高度危险物的一方是否有过错，其占有或使用的高度危险物造成他人损害的，应当承担侵权责任。"受害人故意和不可抗力"是该法条的免责事由,"受害人存在重大过失"是其减责事由。学校中常见的高度危险物主要是各种化学和物理实验器材,如化学实验所用的浓硫酸等。因此,民办学校在占有和使用高度危险物时,需要制定严格的危险物使用和保管制度,由专人负责看管。如因教学需求由学生使用高度危险物的,应当有教师在场指导和协助,以确保高度危险物使用的安全性,避免造成他人损害。

八、不动产损害责任的承担主体

(一)相关法规对比(见表4-17)

表4-17 《民法典》与《侵权责任法》关于不动产损害责任承担主体的规定

《民法典》	《侵权责任法》
第一千二百五十二条: 建筑物、构筑物或者其他设施倒塌、塌陷造成他人损害的,由建设单位与施工单位承担连带责任,但是建设单位与施工单位能够证明不存在质量缺陷的除外。建设单位、施工单位赔偿后,有其他责任人的,有权向其他责任人追偿。因所有人、管理人、使用人或者第三人的原因,建筑物、构筑物或者其他设施倒塌、塌陷造成他人损害的,由所有人、管理人、使用人或者第三人承担侵权责任	第八十六条: 建筑物、构筑物或者其他设施倒塌造成他人损害的,由建设单位与施工单位承担连带责任。建设单位、施工单位赔偿后,有其他责任人的,有权向其他责任人追偿。 因其他责任人的原因,建筑物、构筑物或者其他设施倒塌造成他人损害的,由其责任人承担侵权责任

(二)对民办学校的影响

建筑物的安全问题关系到师生的生命安全问题,应当引起民办学校的高度重视。《民法典》第一千二百五十二条第一款规定了不动产的质量缺陷问题,第二款规定了不动产管理缺陷问题。如果民办学校作为不动产的建设单位,那么需要同时尽到不动产质量安全和管理安全的职责。如果民办学校租赁场地办学,并不是不动产的建设单位,那么只需尽到不动产管理的职责。

民办学校在履行不动产质量安全职责时,除定期进行消防检测之外,对具有一定年限的建筑物还应当定期进行房屋安全质量鉴定,由专业机构出具房屋安全质量鉴定报告,对不动产存在的质量问题及时进行整改。房屋安全质量鉴定报告可作为不动产不存在质量缺陷的证明之一。

民办学校在履行不动产的管理职责时,应当制定完备的管理制度,由专人负责每天巡视、检查校园内不动产的安全性，并保存巡视、检查的相关记录。

九、扩大林木损害责任的适用范围

（一）相关法规对比（见表4-18）

表4-18　《民法典》与《侵权责任法》关于林木损害责任适用范围的对比

《民法典》	《侵权责任法》
第一千二百五十七条： 因林木折断、倾倒或者果实坠落等造成他人损害，林木的所有人或者管理人不能证明自己没有过错的，应当承担侵权责任	第九十条： 因林木折断造成他人损害，林木的所有人或者管理人不能证明自己没有过错的，应当承担侵权责任

（二）对民办学校的影响

根据此条文的规定，在发生林木损害事件时，民办学校作为林木的所有权人或者管理人适用的是过错推定责任，即需要学校证明自身没有过错，否则应当承担侵权责任。这要求民办学校对校园内的树木定期进行修剪和维护，对于结果的果树，需要做好防护措施，张贴显眼的警示牌，以防止果实坠落造成人员受伤。除此之外，民办学校还应特别警惕因恶劣天气造成树木折断、倾倒而导致的侵权事件。在此情况下，学校是否还需承担责任？在山东省青岛市市北区人民法院做出的（2018）鲁0203民初7053号民事判决书中，校园内的树木因经受大风断裂倒塌，砸到隔壁小区的车辆，导致车辆受损。法院认为学校若细致剪枝、维护树木等完全可以避免本案的发生，学校主张损害结果是不可抗力因素造成的主张不成立，作为林木的所有人不能证明自己没有过错，学校应当承担侵权责任。因此，对于恶劣天气导致的林木侵权事件，并非都可以适用不可抗力的免责事由，如学校竭尽管理职责就能够避免损害事件发生，而学校未履行管理职责的，则应当对此承担责任。

上述《民法典》侵权编的9个规定与学校的日常运营密切相关，建议民办学校管理者应梳理和完善学校的管理制度，以更好地保障学校和管理者的合法权益。

第 5 章 民办教育主要法规、政策解读

解读 6：民办教育改革之火已燎原
——《国务院关于鼓励社会力量兴办教育促进民办教育健康发展的若干意见》

改革开放以来，民办教育经过四个阶段的发展，形成了从学前教育到高等教育、从学历教育到非学历教育，层次类型多样、充满生机活力的局面，不仅有效增加了教育服务供给，而且为推动教育现代化、促进经济社会发展做出了积极贡献，成为社会主义教育事业的重要组成部分。与此同时，民办教育面临着许多问题和困难。为鼓励社会力量兴办教育，促进民办教育健康发展，国务院于 2017 年 1 月 18 日印发"国务院三十条"，意在以党中央国务院统揽大局，把握教育发展之势，以民办教育为突破，进一步深化教育改革。"国务院三十条"以分类管理改革为基础，集中体现了国务院对于民办教育的形势新判断、发展新定位、制度新安排，点明了民办教育未来的办学发展方向。

在"国务院三十条"中，除了民办教育的分类管理制度外，以下六点值得各民办学校持续关注。

一、加强党对民办学校的领导

"国务院三十条"继《民促法》修订之后，再次明确了完善民办学校党组织设置，理顺民办学校党组织隶属关系，健全各级党组织工作保障机制，选好配强民办学校党组织负责人的要求。作为民办学校的举办者一定要重视学校中党组织的领导作用。

二、办学准入门槛降低，筹资渠道拓宽

"国务院三十条"列出禁止和限制办学的行为，进一步放宽办学准入条件

和程序，并鼓励和吸引更多社会资金积极进入教育领域，鼓励金融机构在风险可控的前提下开发适合民办学校特点的金融产品。

三、探索 PPP 合作办学模式

推广政府和社会资本合作，鼓励社会资本参与教育基础设施建设和运营服务。公办学校与民办学校可相互购买管理服务、教学资源、科研成果等。

四、财政扶持力度加大

将财政扶持民办教育发展的资金纳入预算，地方各级政府建立健全政府补贴制度，支持成立相应的基金会，甚至可设立民办教育发展基金。民办学校学生与公办学校学生按规定同等享受助学贷款、奖助学金等国家资助政策。

五、税收优惠与差别化用地政策激励

民办学校按照国家规定享受相关税收优惠政策，其中非营利性民办学校与公办学校享有同等待遇，在进行免税资格认定后可免征非营利性收入的企业所得税。此外，民办学校建设用地将按科教用地管理，非营利性民办学校享受公办学校同样政策，按划拨等方式供应土地，营利性民办学校在只有一个意向用地者时，可按协议方式供地。

六、自主确定收费标准

非营利性民办学校收费，透过市场化改革试点，逐步实行市场调节价；营利性民办学校收费实行市场调节价，具体收费标准由民办学校自主确定。

除此之外，"国务院三十条"对民办学校的规范办学提出制度建设与教学质量的要求。

（1）完善学校法人治理。民办学校依法制定章程，按照章程管理学校。探索实行独立董事（理事）、监事制度。民办学校校长应熟悉教育及相关法律法规，具有 5 年以上教育管理经验和良好办学业绩，个人信用状况良好。

（2）健全资产管理与财务会计制度。民办学校应明确产权关系，民办学校举办者应依法履行出资义务，将出资用于办学的土地、校舍和其他资产足

额过户到学校名下，民办学校以自身法人名义持有所有财产。民办学校须建立健全会计核算及第三方审计制度。

（3）明确学校定位，加强师资建设。更新不同教育阶段民办学校的办学理念，满足不同阶段的教学改革需求。各地应将民办学校教师队伍建设纳入教师队伍建设整体规划，提高教师工资和福利待遇，在学费中安排一定比例资金用于教师培训，吸引各类高层次人才到民办学校任教。

民办教育的健康化、特色化和高姿态发展，离不开国家政策的扶持，而"国务院三十条"的发布，体现了国家对社会力量兴办教育的重视与鼓励，民办学校面临着前所未有的机遇和挑战。

解读 7：营利性民办学校如何办学
——《营利性民办学校监督管理实施细则》

自《民促法》明确提出对民办教育进行分类管理以来，一石激起千层浪，民办学校作为市场的重要主体，如何把握民办学校监督管理的界限将极大影响营利性民办学校的日常办学。

2016 年 12 月 30 日，教育部、人力资源社会保障部、工商总局联合颁布了《关于印发〈营利性民办学校监督管理实施细则〉的通知》（教发〔2016〕20号）、《营利性民办学校监督管理实施细则》深入贯彻《民促法》和"国务院三十条"的基本原则，遵循《民促法》的修法精神，细化"国务院三十条"的相关要求，初步构建了衔接法律、行政法规、部门规范性文件相对完整的分类管理改革制度和规范体系，推动中央重大改革战略部署平稳有序落地。

《营利性民办学校监督管理实施细则》共九章五十条，着力建立完善营利性民办学校的监督管理机制，重点解决营利性民办学校"能办什么学""如何办学""如何办好学"的问题，对营利性民办学校的设立、组织机构、教育教学、财务资产、信息公开、变更与终止、监督与处罚等内容做出制度安排。为便于从整体上把握，下面对部分地方（省级）营利性民办学校监督管理政策进行简要介绍。

一、各地营利性民办学校监督管理政策汇总

继《营利性民办学校监督管理实施细则》颁布之后，各地结合当地工作实际，陆续颁布了相应的营利性民办学校监督管理办法。具体情况见表 5-1。

表 5-1 各地营利性民办学校监督管理政策汇总

序号	省、自治区、直辖市	文件名称	发布时间
1	天津市	《天津市营利性民办学校监督管理办法（试行）》（津教委规范〔2017〕11 号）	2017 年 12 月 25 日
2	上海市	《上海市民办学校分类许可登记管理办法》（沪府发〔2017〕95 号）	2017 年 12 月 26 日

续表

序号	省、自治区、直辖市	文件名称	发布时间
3	四川省	《四川省营利性民办学校监督管理实施办法》（川教〔2018〕63号）	2018年5月2日
4	江苏省	《江苏省营利性民办学校监督管理实施细则》（苏教规〔2018〕4号）	2018年5月8日
5	陕西省	《陕西省营利性民办学校监督管理实施办法》（陕教规范〔2018〕6号）	2018年6月19日
6	重庆市	《重庆市营利性民办学校监督管理实施细则》（渝教民发〔2018〕5号）	2018年7月30日
7	广西壮族自治区	《广西壮族自治区营利性民办学校监督管理实施办法》（桂教规范〔2018〕9号）	2018年10月10日
8	广东省	《广东省教育厅、广东省人力资源和社会保障厅、广东省市场监督管理局关于营利性民办学校监督管理实施办法》（粤教策〔2018〕21号）	2018年11月15日
9	北京市	《北京市营利性民办学校监督管理办法》（京教民〔2018〕12号）	2018年11月26日
10	江西省	《江西省营利性民办学校监督管理实施办法（试行）》	2018年12月29日
11	黑龙江省	《黑龙江省营利性民办学校监督管理办法》（黑政规〔2019〕3号）	2019年2月26日
12	贵州省	《贵州省民办学校分类审批登记及监督管理实施办法（试行）》（黔教民办发〔2019〕80号）	2019年6月11日
13	福建省	《福建省营利性民办学校监督管理暂行办法》（闽教发〔2019〕73号）	2019年10月14日
14	吉林省	《吉林省民办学校分类登记与管理实施办法（试行）》（吉教联〔2019〕78号）	2019年12月30日
15	山西省	《山西省营利性民办学校监督管理实施办法》（晋发〔2019〕40号）	2019年12月30日

除省级规范性文件外，各地级市也有根据本市实际情况制定相应的营利性民办学校监督管理办法。随着民办学校分类管理政策的进一步落实，各地还有出台营利性民办学校设立、变更、终止的审批指南，如广东省广州市。

二、《营利性民办学校监督管理实施细则》重点解读

（一）办学主体及条件

《营利性民办学校监督管理实施细则》第二条规定："社会组织或者个人可以举办营利性民办高等学校和其他高等教育机构、高中阶段教育学校和幼儿园，不得设立实施义务教育的营利性民办学校。"如果要设立营利性民办学校，办学主体需要具备哪些条件？归纳总结见表5-2。

表5-2 《营利性民办学校监督管理实施细则》第二条规定解读

事项	社会组织	个人
相同条件	举办者应当具备与举办学校的层次、类型、规模相适应的经济实力，其净资产或者货币资金能够满足学校建设和发展需要	
不同条件	具有法人资格	具有中国国籍，中国境内定居
	信用状况良好，未被列入企业经营异常名录或严重违法失信企业名单，无不良记录	信用状况良好，无犯罪记录
	法定代表人有中华人民共和国国籍，在中国境内定居，信用状况良好，无犯罪记录，有政治权利和完全民事行为能力	有政治权利和完全民事行为能力

从规范层面看，法律法规对于开办学校的举办者资格并无严格的要求。从实践层面来看，教育行政管理部门在审批时将适当考虑当地教育发展规划。地方性法规一般会规定开办营利性民办学校符合当地教育发展的需求。例如，广东省教育厅、广东省人力资源和社会保障厅、广东省市场监督管理局《关于营利性民办学校监督管理实施办法》第六条规定："设立营利性民办学校应当符合当地教育发展的需求，具备教育法律法规和其他有关法律、法规规定的条件。"

（二）办学设立要求

《营利性民办学校监督管理实施细则》细化了营利性民办学校的设立要求，主要要求见表5-3。

表5-3 《营利性民办学校监督管理实施细则》重点规定解读

事项	要求
设置标准	参照国家同级同类学校设置标准
设立程序	一般分为筹设、正式设立两个阶段，筹设期内不得招生。筹设、正式设立营利性民办学校，应当按规定提交相应的材料

续表

事项	要求
审批原则	坚持高水平、有特色导向批准设立； 设立营利性民办高等学校，应当纳入地方高等学校设置规划； 中等以下层次营利性民办学校办学规模由省级人民政府根据当地实际制定
举办者资质	举办营利性民办学校的社会组织和个人应当具备规定的资质
登记程序	经审批机关批准正式设立并颁发办学许可证的营利性民办学校，依法到工商行政管理部门登记

地方性规定进一步明确了各办学层次的审批权限。例如，广东省教育厅、广东省人力资源和社会保障厅、广东省市场监督管理局《关于营利性民办学校监督管理实施办法》第九条规定："营利性民办学校的设立，按照下列权限审批：（一）实施本科教育的普通高等学校，报国务院教育主管部门审批；（二）实施专科教育的高等职业学校，由省人民政府审批，并报国务院教育主管部门备案；（三）实施高级中等学历教育的普通高中和中等职业技术学校，由地级以上市人民政府教育主管部门按照国家规定的权限审批；（四）实施学前教育的幼儿园，由县级以上人民政府教育主管部门按照国家规定的权限审批；（五）技工学校由省、地级以上市人民政府人力资源社会保障主管部门按照各自权限审批。"各级教育行政管理部门各司其职，负责权限范围内的营利性民办学校的审批。

（三）治理结构

《营利性民办学校监督管理实施细则》明确了营利性民办学校的主要组织机构，包括董事会、监事（会）、行政机构、党组织、教职工（代表）大会和工会，学校法定代表人由董事长或者校长担任。董事会、行政机构、校长应当依据国家有关法律、法规和学校章程设立和行使职权。

《营利性民办学校监督管理实施细则》提出了学校组织机构的人员要求。监事会中教职工代表不得少于1/3，有犯罪记录、无民事行为能力或者限制行为能力者不得在董事会、监事会、行政机构任职；一个自然人不得同时在同一所学校的董事会、监事会任职。

《营利性民办学校监督管理实施细则》对学校党组织参与决策做出专门规定，再次强调了党对民办学校的领导作用。

此外，各地规范性文件在《营利性民办学校监督管理实施细则》的基础上进一步细化董事会、监事会、行政机构（校长和校长办公会）、教职工代表大会相关规定，举办者开办营利性民办学校需综合中央和地方的规定，合理设置学校的治理结构。

（四）教育教学质量

为切实保障营利性民办学校的教育教学质量，《营利性民办学校监督管理实施细则》做了六个方面的规定。

一要坚持教育的公益性，始终把培养高素质人才、服务经济社会发展放在首位，实现社会效益与经济效益相统一。

二要以培养人才为中心，遵循教育规律，不断提高教育教学质量，增强受教育者的社会责任感、创新精神、实践能力。

三要抓好思想政治教育和德育工作，加强思想政治理论课和思想品德课教学，引导师生员工树立正确的世界观、人生观、价值观。

四要严格按照国家和地方有关规定设置专业、开设课程、选用教材、开展教育教学活动。

五要依据国家有关规定开展招生工作，招生简章和广告应当报审批机关备案。其中，本科高等学校的招生简章和广告应当报省级人民政府教育行政部门备案。

六要加强教师队伍建设，学校应当按国家有关规定聘任教师，加强教师师德建设和业务培训，依法保障教职工工资、福利待遇和其他合法权益。

以上六个方面要求看似比较概括，却是各级教育行政管理部门监管、评估营利性民办学校教育教学质量的重点。为此建议营利性民办学校根据学校办学实际，按照总体要求办学，突出办学特色；同时，及时巩固办学成果，将教育教学质量成果化。

（五）资产管理

《营利性民办学校监督管理实施细则》对营利性民办学校资产管理提出了总体要求，执行《公司法》及有关法律规定的制度。对营利性民办学校的财务制度、收费管理、财务收支等方面提出要求。《营利性民办学校监督管理实施细则》第三十条中规定："营利性民办学校举办者不得抽逃注册资本，不得用教育教学设施抵押贷款、进行担保，办学结余分配应当在年度财务结算后进行。"但此规定与《民法典》及《最高人民法院关于适用〈民法典〉有关担保制度的解释》矛盾。因此，有关民办学校的担保制度应当适用《民法典》的相关规定。

（六）信息公开

《营利性民办学校监督管理实施细则》特别提出营利性民办学校的信息公开，规定营利性民办学校应当依据法律法规建立信息公开制度及信息公开保密审查机制。一方面，需要按照《企业信息公示暂行条例》规定，通过国家企业信用信息公示系统，公示年度报告信息、行政许可信息以及行政处罚信息等信用信息；另一方面，营利性民办高等学校信息公开应当执行《高等学校信息公开办法》等国家有关规定。此外，营利性民办学校还应当通过学校网站、信息公告栏、电子屏幕等场所和设施公开，确保规范办学。《营利性民办学校监督管理实施细则》不仅从正面规定了营利性民办学校设立、组织机构、财务制度、信息公开等，还就违规办学行为监督与处罚做出规定。监督管理透明化是营利性民办学校监管的趋势。

自《营利性民办学校监督管理实施细则》实施以来，营利性民办学校如雨后春笋般增加。据不完全统计，截至2019年9月30日，全国新设营利性民办学校7393所，其中营利性民办幼儿园占比超过90%。全国各地均根据国家的工作部署，制定营利性民办学校审批指南，如广州市教育局制定了《广州市民办学校（含学前教育、初等教育、初级中等教育、高级中等教育）审批许可服务指南（试行）》，具体指导实践。我们相信，营利性民办学校监管制度将日臻完善。

解读8：民办学前教育的重锤新政
——《中共中央 国务院关于学前教育深化改革规范发展的若干意见》

2018年7月6日，中央全面深化改革委员会第三次会议通过了《中共中央 国务院关于学前教育深化改革规范发展的若干意见》（简称《学前教育深化意见》）。《学前教育深化意见》全文九条三十五项近9000字，涉及学前教育改革的诸多重要问题。虽然《学前教育深化意见》未明确定义"学前教育"的内涵，但结合文中其他内容以及我国教育部门的其他法律规定，该意见主要调整3~6岁幼儿的学前三年教育，即幼儿园教育，不涉及早教及托育机构。

以下就《学前教育深化意见》的主要内容做具体解读。

一、提炼学前教育发展方式，提出学前教育发展新目标

（一）学前教育普及普惠安全优质发展

《学前教育深化意见》提出"推进学前教育普及普惠安全优质发展"。结合学前教育的现实问题，对学前教育的发展进行提炼与总结。

入园难——普及发展。2010年，中共中央、国务院出台《国家中长期教育改革和发展规划纲要（2010—2020年）》（以下简称《2010—2020教育发展纲要》）要求"基本普及学前教育"；2015年，《教育法》增加普及学前教育的规定，即"国家制定学前教育标准，加快普及学前教育，构建覆盖城乡，特别是农村的学前教育公共服务体系。各级人民政府应当采取措施，为适龄儿童接受学前教育提供条件和支持"。面对"三孩时代"以及城镇化提速，学前教育的普及将成为促进中国发展的关键一环。

入园贵——普惠发展。《关于当前发展学前教育的若干意见》指出"发展学前教育，必须坚持公益性和普惠性"，并首次提出"面向大众、收费较低"的普惠性标准。"国务院三十条"再次重申"学前教育阶段鼓励举办普惠性民办幼儿园"。

校园事故——安全发展。校园安全是学校管理的关键问题，国家以及地

方的各项规范、文件频繁提及，如"国务院三十条"要求"强化幼儿园安全监管。各地要高度重视幼儿园安全保障工作，加强安全设施建设，配备保安人员，健全各项安全管理制度和安全责任制，落实各项措施，严防事故发生"。

多样性需求——优质发展。优质教育包含更加完善的办学条件、办学理念、课程与教材、师资等要求。在解决"入学难""入学贵"以及学校安全等基本问题后，对学前教育发展提出的更高层次的要求。

（二）2035年发展目标

《关于当前发展学前教育的若干意见》首次明确了学前教育2035年的发展目标，即"全面普及学前三年教育，建成覆盖城乡、布局合理的学前教育公共服务体系，形成完善的学前教育管理体制、办园体制和政策保障体系，为幼儿提供更加充裕、更加普惠、更加优质的学前教育"。较《2010—2020教育发展纲要》规定的"到2020年，普及学前一年教育，基本普及学前两年教育，有条件的地区普及学前三年教育"，《学前教育深化意见》提出了更高要求。

二、明确提出普惠目标和要求

（一）公办园在园幼儿达50%

《学前教育深化意见》要求："按照实现普惠目标的要求，公办园在园幼儿占比偏低的省份，逐步提高公办园在园幼儿占比，到2020年全国原则上达到50%，各地可从实际出发确定具体发展目标。"

基于上述要求，我们理解，将进一步加速小区配套幼儿园的回收，并可能挤压现有民办园的生存空间。公办园的数量能否跟得上，尤其是一些公办园占比较低的地区，如深圳。对此，广州市的做法可供参考。根据《广州市发展学前教育第三期行动计划（2017—2020年）》规定，到2020年，广州市普惠性幼儿园覆盖率（公办幼儿园和普惠性民办幼儿园在园幼儿数占在园幼儿总数的比例）达到80%以上，力争公办幼儿园学位数占幼儿园学位总数达到50%。其中，"公办学位"实际包括了政府在普惠园购买的"学位"，这不仅符合"国务院三十条"的精神，而且对公办园占比较低地区更具有可执行性。

（二）鼓励普通高等学校举办公办园

《学前教育深化意见》提出："鼓励支持街道、村集体、有实力的国有企事业单位，特别是普通高等学校举办公办园，在为本单位职工子女入园提供便利的同时，也为社会提供普惠性服务。"

与"国务院三十条"以及《国务院关于印发"十三五"推进基本公共服务均等化规划的通知》（国发〔2017〕9号）等相关文件相比，《学前教育深化意见》鼓励的对象增加了"普通高等学校"。根据教育部2017年统计的数据，截至2017年5月31日，全国普通高等学校共2631所。① 事实上，普通高等学校举办幼儿园确实在办学质量上有先天优势，但也存在不少问题。从历史经验来看，高校是否应该办幼儿园，能否办好幼儿园，是个值得探讨的话题。

三、城镇小区配套幼儿园只能非营利办学，且整改时间推迟至2019年底

（一）整改限期由原来的2018年底推迟至2019年底

《关于实施第三期学前教育行动计划的意见》中规定："开展城镇小区配套幼儿园专项整治，对未按规定建设或移交、没有办成公办园或普惠性民办幼儿园的要全面整改，2018年底前整改到位。老城（棚户区）改造、新城开发和居住区建设、易地扶贫搬迁应将配套建设幼儿园纳入公共管理和公共服务设施建设规划，并按照相关标准和规范予以建设，确保配套幼儿园与首期建设的居民住宅区同步规划、同步设计、同步建设、同步验收、同步交付使用。配套幼儿园由当地政府统筹安排，办成公办园或委托办成普惠性民办园，不得办成营利性幼儿园。对存在配套幼儿园缓建、缩建、停建、不建和建而不交等问题的，在整改到位之前，不得办理竣工验收。"《学前教育深化意见》则规定："各省（自治区、直辖市）要对小区配套幼儿园规划、建设、移交、办园等情况进行专项治理，2019年年底前整改到位。"

两相对比，《学前教育深化意见》规定的整改内容较《关于实施第三期学前教育行动计划的意见》新增了办园情况。《学前教育深化意见》要求整改的

---

① 2017年全国教育事业发展统计公报［A/OL］.［2018-11-16］. http：//www.moe.gov.cn/jyb_sjzl/sjzl_fztjgb/201807/t20180719_343508.html.

重点在城镇小区配套幼儿园的移交上。

(二) 城镇小区配套幼儿园不得办成营利性民办幼儿园

《学前教育深化意见》规定："配套幼儿园由当地政府统筹安排，办成公办园或委托办成普惠性民办园，不得办成营利性幼儿园。"该规定明确了两点：第一，配套幼儿园只能办成公办或普惠园；第二，配套幼儿园只能办成非营利性幼儿园。

那么，是否可以推断：普惠园＝非营利性园？此外，《学前教育深化意见》这条规定针对小区配套园，那么非小区配套园是否可以自由选择办成普惠园？各地实践不一。

四、非营利性幼儿园政府定价，营利性幼儿园自主定价，同时实行价格监管，坚决抑制过高收费

《学前教育深化意见》提出："非营利性民办园（包括普惠性民办园）收费具体办法由省级政府制定。营利性民办园收费标准实行市场调节，由幼儿园自主决定。地方政府依法加强对民办园收费的价格监管，坚决抑制过高收费。"

防止教育事业"过度逐利"是我国发展民办教育的基本原则，《学前教育深化意见》更是专章做了规定（见下文分析）。毫无疑问，收费控制是防止民办教育过度逐利的关键性手段之一——管理前，国家三令五申民办学校不得乱收费，并制定了相应的收费办法，如《幼儿园收费管理暂行办法》（发改价格〔2011〕3207号）等。

但什么是"过高收费"？"过高收费"的标准是什么？由谁来判断和认定？"过高收费"的法律后果如何？同时，将通过何种手段抑制"过高收费"？是否意味着营利性幼儿园的收费标准需要政府相关部门审批？这些问题都有待进一步明确。

五、提高幼教师资入职门槛

《学前教育深化意见》规定："2018年启动师范院校学前教育专业国家认证工作，建立培养质量保障制度……认真落实教师资格准入与定期注册制度，严格执行幼儿园园长、教师专业标准，坚持公开招聘制度，全面落实幼儿园教师持证上岗，切实把好幼儿园园长、教师入口关。非学前教育专业毕业生

到幼儿园从教须经专业培训并取得相应教师资格。"

根据《普通高等学校师范类专业认证实施办法（暂行）》（教师〔2017〕13号），师范类专业实行三级监测认证，不同专业认证级别的毕业生，可以依法参加由高校组织的笔试或/以及面试，通过者可取得中小学教师资格。据报道，浙江师范大学学前教育专业系我国首个由教育部正式入校认证的师范类专业。①

学前教育专业国家认证工作为幼教师资提供了更为全面的资质认证体系，有助于提高幼教师资的整体水平；学校在招聘教师时，借此也更容易了解应聘者的真实水平。

六、强调遏制过度逐利行为

为遏制民办教育过度逐利，《学前教育深化意见》规定："社会资本不得通过兼并收购、受托经营、加盟连锁、利用可变利益实体、协议控制等方式控制国有资产或集体资产举办的幼儿园、非营利性幼儿园；已违规的，由教育部门会同有关部门进行清理整治，清理整治完成前不得进行增资扩股。"

相比《中华人民共和国民办教育促进法实施条例（修订草案）（送审稿）》（司法部于2018年8月10日发布并面向社会公开征求意见。以下简称《民促法实施条例送审稿》），《学前教育深化意见》禁止社会关系以"受托经营""利用可变利益实体"等方式控制公办幼儿园、非营利性幼儿园，说明中央对实践中常见的委托经营以及可变利益实体已有深刻认识。此外，禁止社会资本控制"国有资产或集体资产举办的幼儿园"体现了对国有资产以及集体资产的保护，在一定程度上抑制了民办教育发展初期"民办公助"或"公办民助"等容易造成混乱的发展模式。

同时，基于《学前教育深化意见》"已违规的，由教育部门会同有关部门进行清理整治，清理整治完成前不得进行增资扩股"规定，建议投资者尽早完成幼儿园的营利法人登记。

《学前教育深化意见》中进一步规定："参与并购、加盟、连锁经营的营利性幼儿园，应将与相关利益企业签订的协议报县级以上教育部门备案并向社会公布；当地教育部门应对相关利益企业和幼儿园的资质、办园方向、课

---

① 我校学前教育专业接受教育部师范类专业认证为全国首个［N/OL］．［2018-11-16］．http：//www.zjnu.edu.cn/2018/1101/c4063a272245/page.htm．

程资源、数量规模及管理能力等进行严格审核，实施加盟、连锁行为的营利性幼儿园原则上应取得省级示范园资质。幼儿园控制主体或品牌加盟主体变更，须经所在区县教育部门审批，举办者变更须按规定办理核准登记手续，按法定程序履行资产交割。"

可见，《学前教育深化意见》对营利性学校集团化办学实施强监管，强化了监管部门的监管范围和监管权力，将集团化办学门槛大幅度提高（"实施加盟、连锁行为的营利性幼儿园原则上应取得省级示范园资质"）。

《学前教育深化意见》中还规定："民办园一律不准单独或作为一部分资产打包上市。"

该规定貌似排除了民办园资产上市的可能性，但上述规定并未排除教育管理公司及幼教周边产业公司上市的可能性，但会受限于《民促法实施条例》关于关联交易的规定。

此外，《学前教育深化意见》规定："上市公司不得通过股票市场融资投资营利性幼儿园，不得通过发行股份或支付现金等方式购买营利性幼儿园资产。"

对这一规定，有三点值得研究。

（1）不得通过股票市场融资投资营利性幼儿园——理论上可以通过自有资金或者其他渠道，如银行融资进行投资。

（2）不得通过发行股份或支付现金等方式购买——营利性幼儿园的转让方还可能接受哪些支付方式，有待研究。

（3）不得购买营利性幼儿园资产——营利性幼儿园的举办权不属于幼儿园资产，应属举办者。

解读 9：学前教育终将有法可依
——《中华人民共和国学前教育法草案（征求意见稿）》

2020 年 9 月 7 日，教育部发布《关于〈中华人民共和国学前教育法草案（征求意见稿）〉公开征求意见的公告》（以下简称《学前教育法草案意见稿》）征求公众意见。这意味着我国学前教育法即将面世，学前教育将告别无法可依的局面。学前教育法对于促进学前教育发展乃至完善整个教育法律体系有着重要的意义。

一、《学前教育法草案意见稿》结构体系

《学前教育法草案意见稿》全文共六章七十五条，具体结构框架如图 5-1 所示。

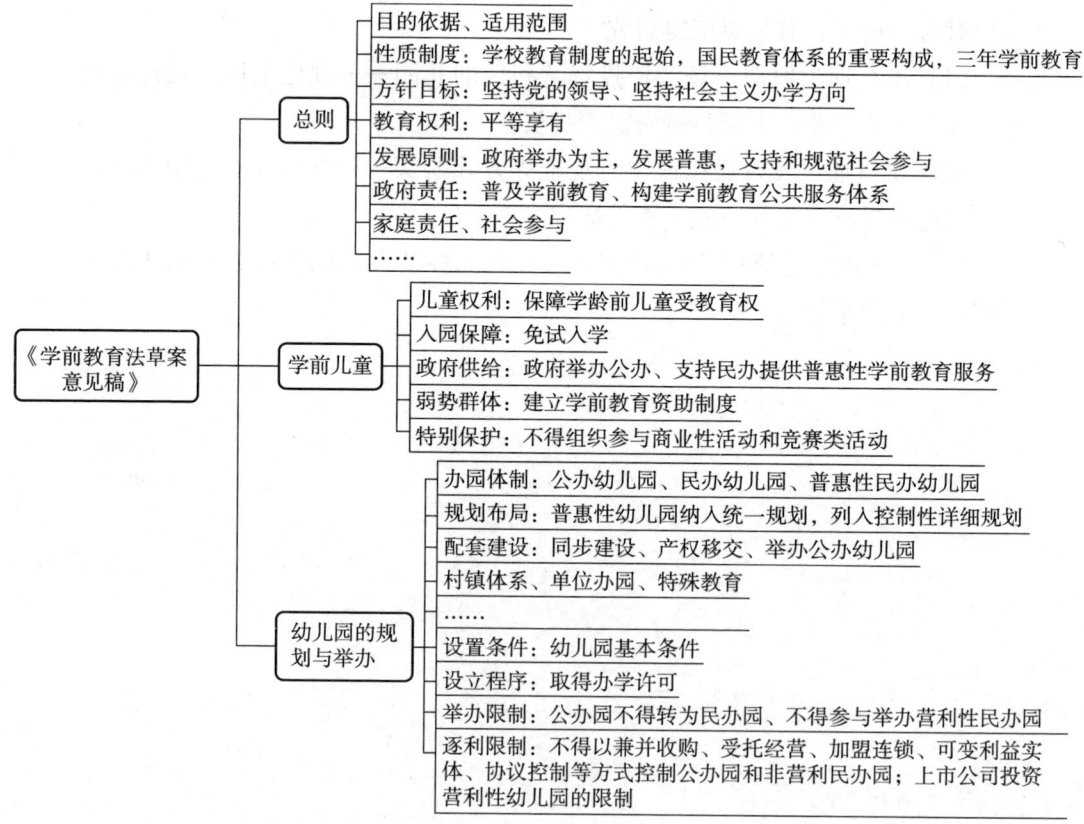

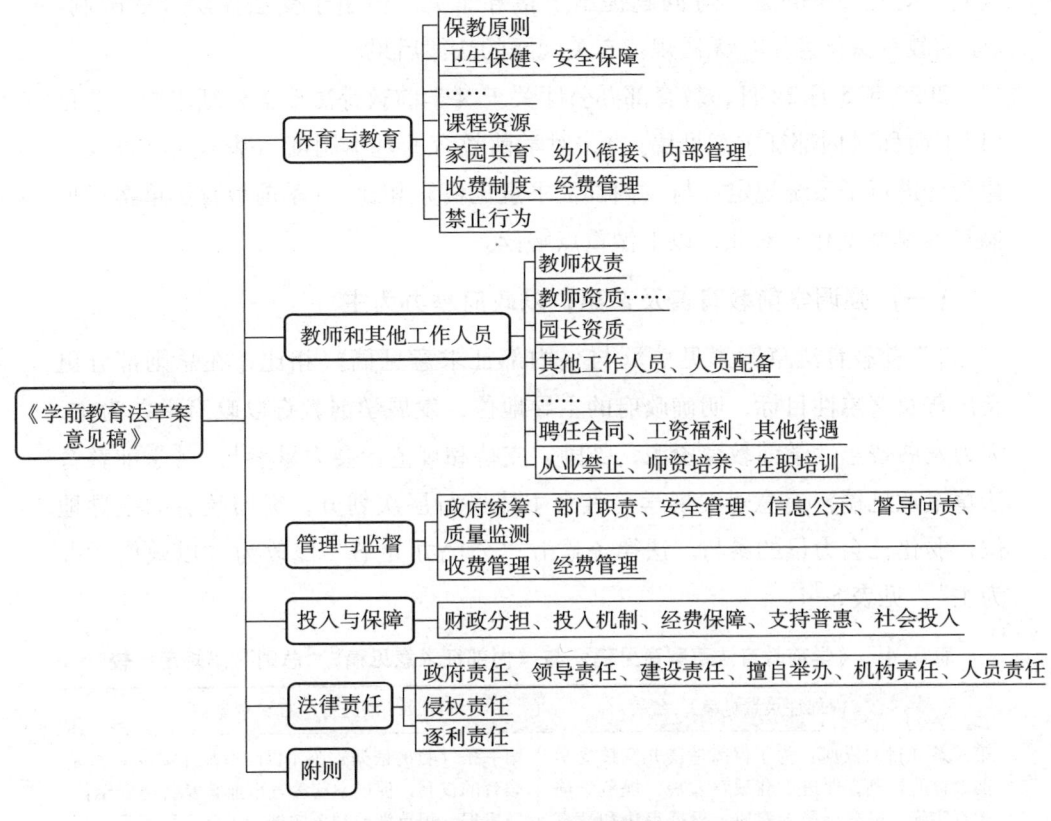

图 5-1 《学前教育法草案意见稿》结构体系

二、《学前教育法草案意见稿》重点内容解读

学前教育法出台之前,学前教育最高层级的法律规定为行政法规《幼儿园管理条例》。《幼儿园管理条例》自 1989 年实施至今,为促进学前教育事业的发展发挥了重要作用。《幼儿园管理条例》重点规定了举办幼儿园的基本条件和审批程序、幼儿园保育和教育工作的开展、幼儿园的行政事务、奖励和惩罚,是各地制定幼儿园管理政策的法律依据。但是,随着我国学前教育事业的迅速发展,很多重要问题通过《幼儿园管理条例》已无法解决,造成实践中无法可依的局面。

2018 年 11 月 7 日《学前教育深化意见》出台,对当前"学前教育资源尤其是普惠性资源不足,政策保障体系不完善,教师队伍建设滞后,监管体制机制不健全,保教质量有待提高,存在'小学化'倾向,部分民办园过度逐利、幼儿安全问题"等问题提出了指导意见。但由于受法律层级的限制，《学前教育深化意见》无法规范有关问题的法律后果。

2020年5月22日，教育部办公厅关于《学前教育法草案》征求内部意见（以下简称《内部征求意见稿》），对学前教育的基本制度、基本问题以及法律责任进行了系统规定。与《内部征求意见稿》相比，《学前教育法草案意见稿》有哪些变化？对此，以下做重点解读。

（一）强调学前教育普及普惠，以政府举办为主

《学前教育法草案意见稿》与《内部征求意见稿》相比，在总则部分更突出普及普惠性目标，明确政府的主导地位，发展学前教育以政府举办为主，大力发展普惠性学前教育资源，鼓励、支持和规范社会力量参与。《学前教育法草案意见稿》有意对发展学前教育主体进行层次划分，突出政府的主导地位，弱化社会力量的参与。法律条款由"公民办并举"修改为"以政府举办为主"，见表5-4。

表5-4　《学前教育法草案意见稿》与《内部征求意见稿》"总则"篇规定比较

《内部征求意见稿》	《学前教育法草案意见稿》
第一条（目的依据）为了保障适龄儿童接受学前教育的权利，促进学前教育发展，规范学前教育实施，提高全民族素质，根据宪法和教育法，制定本法	第一条（目的依据）为了保障适龄儿童接受学前教育的权利，促进学前教育事业普及普惠安全优质发展，规范学前教育实施，提高全民素质，根据宪法和教育法，制定本法
第六条（目标原则）发展学前教育应当坚持党的全面领导，坚持社会主义办学方向，以公益普惠为导向，坚持政府主导、公办民办并举。国家普及三年学前教育，制定学前教育标准，构建覆盖城乡、布局合理、公益普惠的学前教育公共服务体系	第六条（发展原则）发展学前教育应当坚持政府主导，以政府举办为主，大力发展普惠性学前教育资源，鼓励、支持和规范社会力量参与

（二）重新定义公办幼儿园和民办幼儿园

《学前教育法草案意见稿》与《内部征求意见稿》均对公办幼儿园和民办幼儿园进行了划分，但是《学前教育法草案意见稿》对于公办幼儿园的界定更宽泛。《学前教育法草案意见稿》首先明确公办幼儿园的主体包括政府及有关部门、军队、国有企业、人民团体、事业单位等，将利用财政性经费、国有资产、集体资产举办的幼儿园均划入公办幼儿园的范畴。

《学前教育法草案意见稿》首次在基本法层面对普惠性民办幼儿园进行了

明确界定，即接受政府支持、执行收费政府指导价的非营利性民办幼儿园为普惠性民办幼儿园。具体见表5-5。

表5-5 《学前教育法草案意见稿》与《内部征求意见稿》关于公办幼儿园和民办幼儿园的定义规定比较

《内部征求意见稿》	《学前教育法草案意见稿》
第十七条（办园体制）国家机构举办，或者国有企业事业单位和街道、村集体等集体经济组织举办且接受财政经费支持的幼儿园为公办幼儿园。 除前款规定外，其他社会组织和个人举办的幼儿园为民办幼儿园。民办幼儿园可以依法登记为非营利性或者营利性法人。 鼓励举办非营利性民办幼儿园，其中接受财政经费补助或政府其他方式扶持、执行政府收费指导价的为普惠性民办幼儿园。省、自治区、直辖市人民政府制定普惠性民办幼儿园认定标准，由县级人民政府教育行政部门组织认定。 公办幼儿园和普惠性民办幼儿园应当提供普惠性学前教育服务。	第十八条（办园体制）政府及其有关部门举办，或者军队、国有企业、人民团体、高等学校等事业单位、街道和村集体等集体经济组织等利用财政经费或国有资产、集体资产举办的幼儿园为公办幼儿园。 前款规定以外的幼儿园为民办幼儿园，其中接受政府支持、执行收费政府指导价的非营利性民办幼儿园为普惠性民办幼儿园。省、自治区、直辖市或者设区的市、自治州人民政府制定普惠性民办幼儿园认定标准，由县级人民政府教育行政部门组织认定。 公办幼儿园和普惠性民办幼儿园为普惠性幼儿园，应当提供普惠性学前教育服务。政府可以向民办幼儿园购买普惠性学前教育服务。

（三）新设小区配套幼儿园只能用于举办公办幼儿园

《学前教育法草案意见稿》与《内部征求意见稿》对小区配套幼儿园管理要求有明显变化。《内部征求意见稿》规定小区配套幼儿园由政府统筹安排举办为公办幼儿园或委托办成普惠性民办幼儿园，但是《学前教育法草案意见稿》直接明确新设的小区配套幼儿园只能举办为公办幼儿园。该规定在《学前教育深化意见》基础上进一步收紧了对小区配套园的控制，完全排除了将小区配套园开设成民办幼儿园的可能性。此外，《学前教育法草案意见稿》进一步明确小区配套幼儿园的移交是产权的移交，而非其他管理权益的移交。具体见表5-6。

表5-6 《学前教育法草案意见稿》与《内部征求意见稿》关于小区配套幼儿园管理要求的规定比较

《内部征求意见稿》	《学前教育法草案意见稿》
第十九条（住宅配套）居民住宅区建设、老城及棚户区改造、易地扶贫搬迁等应当按照国家和地方的相关标准配套建设幼儿园，与首期建设的居民住宅区同步规划、同步设计、同步建设、同步验收、同	第二十条（配套建设）新建居住社区（居住小区）、老城及棚户区改造、易地扶贫搬迁等应当按照国家和地方的相关标准配套建设幼儿园。建设开发单位应当保证配套幼儿

续表

《内部征求意见稿》	《学前教育法草案意见稿》
步交付使用，按照公共服务设施交由地方人民政府统筹安排，举办为公办幼儿园或者委托办成普惠性民办幼儿园，不得用于举办营利性民办幼儿园。配套幼儿园的建设用地应当以划拨方式供应。居民住宅区幼儿园不能满足本区域内适龄儿童入园需求，县级人民政府应当通过新建、扩建，以及利用公共设施改建等方式统筹解决	园与首期建设的居民住宅区同步规划、同步设计、同步建设、同步验收、同步交付使用，并作为公共服务设施，产权移交地方人民政府，用于举办为公办幼儿园。配套幼儿园不能满足本区域内适龄儿童入园需求的，县级人民政府应当通过新建、扩建，以及利用公共设施改建等方式统筹解决

（四）从基本法的高度对社会资本的逐利行为进行限制

《学前教育法草案意见稿》与《内部征求意见稿》对于社会资本逐利行为的限制保持着立法方向上的一致，但《学前教育法草案意见稿》比《内部征求意见稿》更为严格。《学前教育法草案意见稿》明确幼儿园不得直接或者间接作为企业资产上市，再次强调上市公司不得通过资本市场融资投资营利性幼儿园，并且将主体限制扩展到上市公司及其控股股东。

《学前教育法草案意见稿》删除了"加盟、连锁的营利性幼儿园应取得省级优质幼儿园资质"的规定，是否意味着加盟、连锁营利性幼儿园资质已放宽？这有待学前教育法的正式颁布及官方释法。具体见表5-7。

表5-7　《学前教育法草案意见稿》与《内部征求意见稿》关于社会资本逐利行为的限制规定比较

《内部征求意见稿》	《学前教育法草案意见稿》
第二十六条（逐利限制）不得通过兼并收购、受托经营、加盟连锁、利用可变利益实体、协议控制等方式控制公办幼儿园、非营利性民办幼儿园。股份有限公司不得通过股票市场融资投资营利性幼儿园，不得通过发行股份或支付现金等方式购买营利性幼儿园资产。实施加盟、连锁行为的营利性民办幼儿园应当取得省级优质幼儿园资质	第二十七条（逐利限制）社会资本不得通过兼并收购、受托经营、加盟连锁、利用可变利益实体、协议控制等方式控制公办幼儿园、非营利性民办幼儿园。幼儿园不得直接或者间接作为企业资产上市。上市公司及其控股股东不得通过资本市场融资投资营利性幼儿园，不得通过发行股份或者支付现金等方式购买营利性幼儿园资产

（五）将学前教育阶段的校外培训机构纳入规范管理范围

与《内部征求意见稿》相比，在幼儿园提供的保育教育要求中，《学前教育法草案意见》特别新增培训机构不得对学前儿童开展半日制或者全日制培训。也就是说，为学龄前儿童提供培训的机构需要留意，开设半日制或全日制培训属于违法行为。具体见表 5-8。

表 5-8　《学前教育法草案意见稿》与《内部征求意见稿》关于校外培训机构管理的规定比较

《内部征求意见稿》	《学前教育法草案意见稿》
第三十七条（禁止行为）幼儿园不得以集中授课方式教授小学阶段的学科内容，不得开展违背学前儿童身心发展规律的教学活动或者引入未经认证的课程。 幼儿园不得违反国家规定收取费用，不得向学前儿童及其家长组织征订教科书和教辅材料，推销或者变相推销商品、服务等	第三十九条（禁止行为）幼儿园不得教授小学阶段的教育内容，不得开展违背学前儿童身心发展规律的活动。 幼儿园不得违反国家规定收取费用，不得向学前儿童及其家长组织征订教科书和教辅材料，推销或者变相推销商品、服务等。 校外培训机构等其他教育机构不得对学前儿童开展半日制或者全日制培训，不得实施前款规定的行为

（六）幼儿园教师待遇得到明确保障

与《内部征求意见稿》相比，《学前教育法草案意见稿》对于幼儿园教师待遇保障的规定较为灵活，把公办幼儿园教师纳入财政保障范畴，同时强调了民办幼儿园薪酬标准的制定原则。《学前教育法草案意见稿》删除了《内部征求意见稿》中"教师平均工资收入水平应当不低于当地公务员工资收入水平"这种看似具体、实际却难以操作的规定，对民办幼儿园教师的薪酬做了原则性规定，在一定程度上保障了民办幼儿园教师权益。具体见表 5-9。

表 5-9　《学前教育法草案意见稿》与《内部征求意见稿》关于幼儿园教师待遇的规定比较

《内部征求意见稿》	《学前教育法草案意见稿》
第四十五条（人员待遇）幼儿园举办者应当保障教师和其他工作人员的工资福利和社会保险待遇，改善工作和生活条件。 幼儿园应当按照国家有关规定健全教职工工资和福利待遇制度，保证同工同酬。公办幼儿园的平均工资收入水平应当不低于当地公务员的平均工资收入水平，确保及时足额发放。民办幼儿园教师工资收入参照当地公办幼儿园同类教师工资收入水平合理确定。 幼儿园教师在职称评定、岗位聘任、表彰奖励等方面应当享有与中小学教师同等的待遇，享有乡村教师生活补助。在少数民族地区和边远贫困地区工作的幼儿园教师享有艰苦贫困地区补助津贴。学前特殊教育教师享有特殊岗位补助津贴	第四十八条（工资福利）幼儿园及其举办者应当按照国家相关规定保障教师和其他工作人员的工资福利、社会保险待遇，改善工作和生活条件。 县级以上地方人民政府应当将公办幼儿园教师工资纳入财政保障范畴。民办幼儿园应当参照当地公办幼儿园同类教师工资收入水平合理确定教师薪酬标准，依法保障教师工资待遇，依法缴纳社会保险

（七）限制幼儿园的收费标准

《学前教育法草案意见稿》对于幼儿园收费的管理与《内部征求意见稿》相比更为严格，对营利性民办幼儿园的收费标准进行限制，要求营利性民办幼儿园的收费标准由幼儿园根据核算的生均成本合理确定，对举办者获得收益的合理范围做出规定，教育部门有权对营利性民办幼儿园的收费进行审核和监管。具体见表5-10。

表5-10 《学前教育法草案意见稿》与《内部征求意见稿》关于幼儿园收费标准的规定比较

《内部征求意见稿》	《学前教育法草案意见稿》
第五十一条（收费管理）省、自治区、直辖市人民政府或者其授权的设区的市人民政府制定幼儿园收费管理办法，根据办园成本、经济发展水平和群众承受能力等因素，合理确定公办幼儿园收费标准、普惠性民办幼儿园最高收费标准和其他非营利性民办幼儿园的收费指导价，并建立定期动态调整机制。县级以上地方人民政府及相关部门依法加强对幼儿园收费的监管	第五十六条（收费管理）省、自治区、直辖市人民政府制定幼儿园收费管理办法，根据办园成本、经济发展水平和群众承受能力等因素，合理确定公办幼儿园收费标准、普惠性民办幼儿园最高收费标准和其他非营利性民办幼儿园的收费政府指导价，并建立定期动态调整机制。营利性民办幼儿园收费标准由幼儿园根据核算的生均成本合理确定。省、自治区、直辖市人民政府可以根据实际制定具体办法，对举办者获得收益的合理范围做出规定。县级以上地方人民政府及相关部门依法对营利性民办幼儿园实行价格指导和成本审核，加强对公办幼儿园和非营利性幼儿园收费的监管，遏制超成本过高收费

（八）完善法律责任体系

《学前教育法草案意见稿》进一步构建了学前教育法律责任体系，包括擅自举办幼儿园、逐利责任承担等。上市公司如违反法律规定，须承担相应的法律责任。具体见表5-11。

表5-11 《学前教育法草案意见稿》与《内部征求意见稿》关于法律责任的规定比较

《内部征求意见稿》	《学前教育法草案意见稿》
第六十四条（擅自举办）违反本法，擅自举办幼儿园的，由县级人民政府责令停止办学，并给予5000元以上20万元以下罚款；有违法所得的，没收违法所得；举办者五年内不得再次申请举办幼儿园	第六十九条（擅自举办）擅自举办幼儿园或者招收学前儿童实施半日制、全日制培训的，由县级人民政府责令停止改正，并给予1万元以上20万元以下罚款；有违法所得的，没收违法所得；非法举办幼儿园或者非法实施学前教育的组织和个人，以及侵害幼儿园权益或者不履行本法职责的幼儿园举办者、实际控制人纳入联合惩戒名单，五年内不得申请举办幼儿园

续表

《内部征求意见稿》	《学前教育法草案意见稿》
/	第七十一条（逐利责任）上市公司有下列行为之一的，由上市公司的管理部门责令改正，有违法所得的，没收违法所得，并可处以30万元以上100万元以下罚款；对直接责任人员和上市公司实际控制人、控股股东给予警告等处罚： （一）将幼儿园资产直接或者间接作为企业资产上市的； （二）通过资本市场融资投资营利性幼儿园的； （三）通过发行股份或者支付现金等方式购买营利性幼儿园资产的

第 6 章 《民促法》地方配套政策解读

解读 10：辽宁省配套政策重点

2017 年 9 月 30 日，辽宁省人民政府制定并印发《关于鼓励社会力量兴办教育促进民办教育健康发展的实施意见》（辽政发〔2017〕48 号，以下简称《辽宁省意见》）。《辽宁省意见》的出台对辽宁全省各级各类民办学校（教育机构）的分类管理产生积极影响，对于民办学校分类管理有着重要的指导意义。

《辽宁省意见》基本内容框架如图 6-1 所示。

由图 6-1 可见，《辽宁省意见》共分为三大部分：总体要求、主要任务和保障措施。虽然体例与"国务院三十条"不同，但是思路大体一致，基于辽宁省的实际情况对民办教育的特定问题做了补充和完善。

一、加强和改进民办学校思想政治教育工作的评估指标

《辽宁省意见》要求把思想政治教育工作纳入学校事业发展规划，把思想政治工作队伍建设纳入学校人才队伍培养规划，而且《辽宁省意见》明确规定："民办高校配备专职团委书记一名，待遇参照学校中层干部标准。"这是对民办高校管理人员配备的明确要求，各民办高校应引起重视。其实《民办高等学校办学管理若干规定》第十八条已规定："民办高校应当按照国家有关规定建立学生管理队伍。按不低于 1∶200 的师生比配备辅导员，每个班级配备 1 名班主任。"《辽宁省意见》在"加强党对民办学校的指导"部分中再次提及相关人员配备问题，说明辅导员和班主任的主要工作不仅是管理学生，更为重要的是加强党对学校的指导。

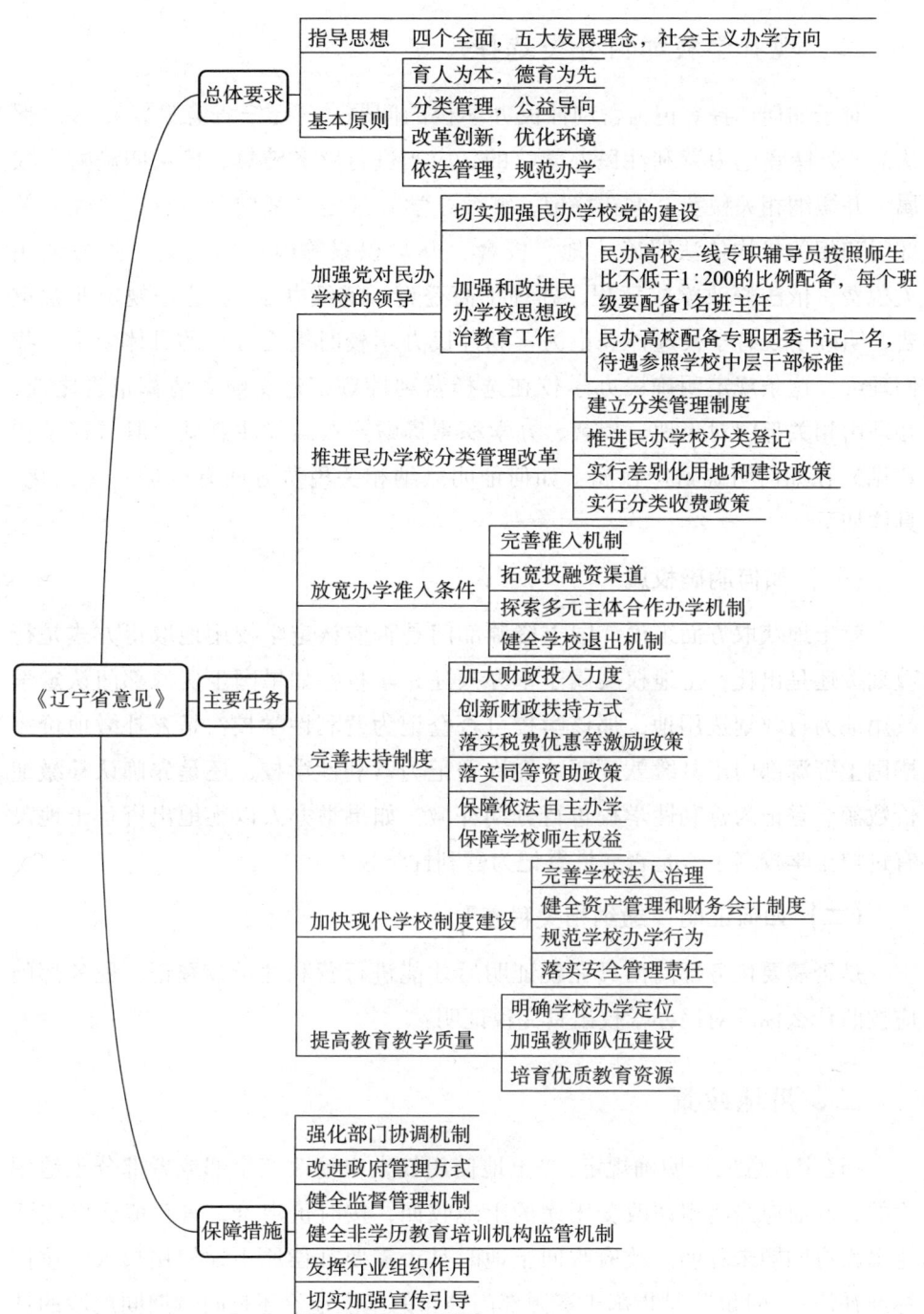

图 6-1 《辽宁省意见》基本内容框架

二、现有学校如何分类选择

对于如何选择登记为营利性民办学校的问题,《辽宁省意见》在《民促法》"选择登记为营利性民办学校的,应当进行财务清算,依法明确财产权属,并缴纳相关税费,重新登记,继续办学"规定的基础上,规定"经有关部门和相关机构依法明确土地、校舍、办学积累等财产的权属,并缴纳相关税费,依法修改学校章程,办理工商登记,继续办学"。这条规定非常重要,明确了现有学校选择登记为营利性民办学校时提交资料的具体要求。我们理解,这条规定明确民办学校在选择营利性登记递交财务清算报告之前,必须由相关部门对土地、校舍、办学积累等财产权属加注意见。但《辽宁省意见》在如何明确财产权属、如何证明缴纳相关税费方面有待进一步细化,具体如下。

(一)如何明确权属

就土地获取方面来说,国土资源部门是否应认定学校用地取得方式是行政划拨还是出让,土地权属属于举办人还是学校?如果国土资源部门认定学校用地为行政划拨用地,那该学校可否登记为营利性学校?是要补缴地价完毕国土资源部门出具缴款证明才允许登记为营利性学校,还是先确认补缴地价数额、登记为营利性学校再行分期补缴?如果举办人以土地出资且土地没有过户至学校名下,是否允许登记为营利性学校?

(二)如何证明"缴纳相关税费"

是否需要税务部门出具完税证明后才能进行营利性学校登记?税务部门应按照什么标准对民办学校出具完税证明?

三、用地政策

《辽宁省意见》明确规定:"土地使用权人申请改变全部或者部分土地用途的,政府应当将申请改变用途的土地收回,按时价定价,重新依法供应。"这里面有问题未释明。政府收回土地时是否需要补偿原土地使用权人?按何标准补偿?"时价"是指国土资源部门公布的基准地价还是同时期同地段的挂牌价格?"重新依法供应"是供应给原土地使用权人还是面向市场重新确定土地使用权人?

四、政府扶持政策

政府对非营利性学校和营利性学校的扶持政策有区别，对非营利性民办学校的政策是积极鼓励和大力支持。对营利性民办学校的政策是各地区可根据经济社会发展需要和公共服务需求，通过政府购买服务及税收优惠等方式给予支持。

《辽宁省意见》明确规定："财政扶持民办教育发展的资金重点用于民办教育公共服务和信息平台建设、非营利性高水平民办学校重点项目建设、表彰和奖励为民办教育做出突出贡献的集体和个人等。"《辽宁省意见》还要求创新财政扶持方式，即"完善政府购买服务的标准和程序，建立绩效评价制度，制定向民办学校购买就读学位、课程教材、科研成果、职业培训、政策咨询等教育服务的具体政策措施"。

五、税收优惠政策

多数民办学校举办者对于选择登记为营利性学校，最大的顾虑是税收负担。对此，《辽宁省意见》明确规定："民办学校提供技术开发、技术转让和与之相关的技术咨询、技术服务，符合相关规定的，免征增值税。一个纳税年度内，居民企业技术转让所得不超过 500 万元的部分，免征企业所得税；超过 500 万元的部分，减半征收企业所得税。对企业办的各类学校、幼儿园自用的房产、土地，免征房产税、城镇土地使用税。鼓励企业接收学生实习、实训、学徒。企业因接收实习生所实际发生的与取得收入有关的、合理的支出，按现行税收法律规定在计算企业所得税应纳税所得额时扣除。"

关于民办学校的税收问题，辽宁省地方税务局、辽宁省国家税务局在 2015 年 12 月 7 日曾经印发《关于支持发展现代职业教育有关税收政策的通知》（辽地税发〔2015〕147 号），对于营业税、增值税、企业所得税、个人所得税政策，以及房产税、城镇土地使用税、耕地占用税、契税、印花税、土地增值税政策有较为详尽的规定，提请辽宁省各民办学校予以重视。

另外，需要特别说明的是，"非营利性民办学校与公办学校享有同等待遇"并非不需要缴税，而是要"按照税法规定进行免税资格认定后，免征非营利性收入的企业所得税"。如果没有进行免税资格认定，不能享受免征企业所得税待遇。

六、招生收费政策

对于民办学校招生收费问题,《辽宁省意见》给出了相对明确的规定,具体如下。

(1) 非营利性民办学校,除中小学学历教育收费实行政府定价外,其他收费实行自主定价,但必须公示。

(2) 营利性民办学校收费实行市场调节价,具体收费标准由民办学校自主确定。

(3) 扩大民办高等学校和中等职业学校专业设置自主权。

(4) 民办中小学校在完成国家规定课程前提下,可自主开展教育教学活动。

(5) 社会声誉好、教学质量高、就业有保障的民办高等职业学校,可在核定的办学规模内自主确定招生范围和年度招生计划。

(6) 中等及以下层次民办学校按照国家有关规定,在核定的办学规模内,与当地公办学校同期面向社会自主招生。

(7) 招生简章和广告需事后备案管理。

七、健全非学历教育培训机构监管机制

对于非学历教育培训机构,《辽宁省意见》专门做出了相应规定。《辽宁省意见》明确提出要加强对非学历教育培训机构的监管,重点是健全针对未成年人培训机构的有效监管机制。主要表现在依法健全非学历教育培训机构审批、登记管理和信息互通办法,把控好年检等关键环节,并实施有效监管。要将教育培训机构经营场所设置、师资配备、消防安全、财务状况等情况,综合巡查、年检、投诉举报、行政处罚等各类信息,适时面向社会公布。

综上所述,我们认为《辽宁省意见》响应了《民促法》及"国务院三十条"的要求,因地制宜,在全国率先制定出台了符合地方实际的实施意见和配套措施,在加强党对民办学校的指导,现有学校如何分类选择,用地政策、政府扶持政策、税收优惠政策、招生收费政策,尤其是健全非学历教育培训机构监管机制方面进行了积极探索,稳步推进了民办教育分类管理。

解读 11：湖北省配套政策重点

湖北省是教育大省，民办教育作为湖北教育事业的重要力量，受到湖北省高度关注。2017 年 12 月 20 日，湖北省人民政府正式发布了《关于鼓励社会力量兴办教育促进民办教育健康发展的实施意见》（鄂政发〔2017〕62 号，以下简称《湖北省意见》），该意见共分为九个部分二十八项。《湖北省意见》的基本内容框架如图 6-2 所示。

由图 6-2 可知，《湖北省意见》在分类管理、土地供给、教师队伍建设及保障举办者权益方面独具特色，具体解读如下。

一、现有学校的分类管理

（一）过渡期

《湖北省意见》第三部分第（六）项中规定："同时举办义务教育和其他教育的民办学校，如选择营利性，要严格区分义务教育和非义务教育的产权属性，资产、财务分别入账，实行两个法人主体。原则上须在 2020 年 9 月 1 日前完成分类登记。"

《湖北省意见》针对选择登记的过渡期限，没有对不同层次的民办学校进行区分，各类学校分校施策，在过渡期内完成选择登记即可，具有很强的灵活性。

（二）选择营利性办学的机会

《湖北省意见》第三部分第（七）项中规定："鼓励和支持营利性民办学校变更登记为非营利性民办学校。已按照分类登记有关程序选择登记为非营利性的民办学校，不得再次变更登记为营利性民办学校。"也就是说，尚未决定如何选择分类的现有民办学校（即 2016 年 11 月 7 日之前设立的学校）需特别留意，在过渡期内一旦按照分类登记的程序选择了非营利性办学，无法重新选择营利性办学；但选择营利性办学的民办学校日后仍可以选择非营利办学。

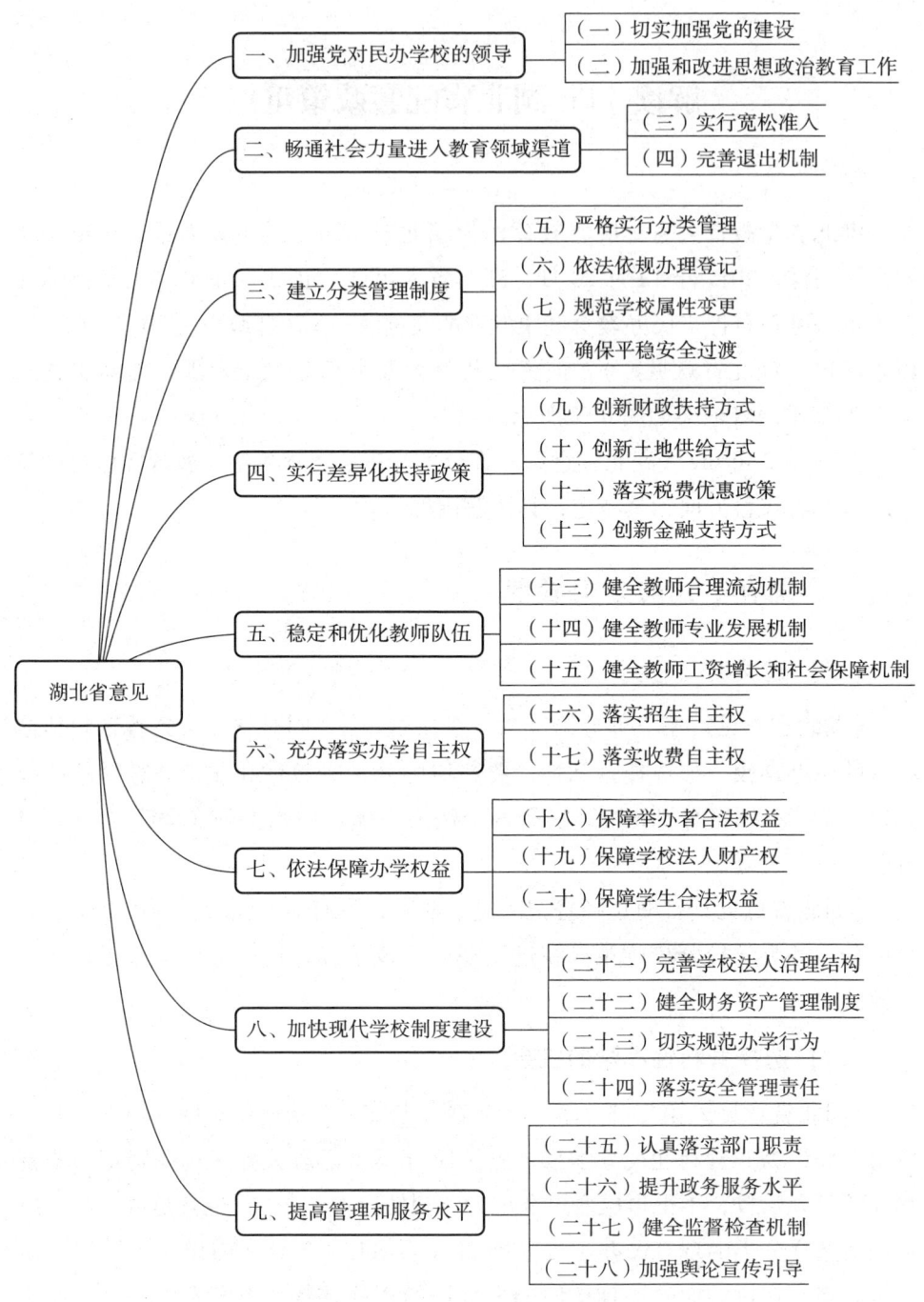

图 6-2 《湖北省意见》基本内容框架

(三) 同时举办义务教育和其他教育的民办学校如何选择营利性

《湖北省意见》第三部分第（六）项中规定："同时举办义务教育和其他教育的民办学校，如选择营利性，要严格区分义务教育和非义务教育的产权属性，资产、财务分别入账，实行两个法人主体。"根据我们的经验，这类学校一般都是各年级共同使用办学场地、共同使用办学设施，资产、财务多为一体化操作。这类学校若选择营利性办学，资产和财务如何划分是一个重大问题，因为在实践中往往很难清楚地界定哪些属于义务教育阶段的资产，哪些属于非义务教育阶段的资产。按照《湖北省意见》的要求，这类学校选择营利性办学时，需要将义务教育阶段和非义务教育资产、财务分别入账、实行两个法人主体办学，这意味着民办学校必须将义务教育和非义务教育进行拆分。但是如何拆分？能否将原学校的全部资产划归营利性学校名下，非营利性学校仅保留办学资质？拆分的程序如何？是只需向教育部门备案，还是需得到教育部门的审批？这些问题都需相关部门给出进一步操作指引。

(四) 营利性民办学校如何进行财务清算

《湖北省意见》第三部分第（八）项中规定："选择登记为营利性的，进行财务清算，经县级以上人民政府相关部门和相关机构依法明确土地、校舍、办学积累、债务等财产的权属，并缴纳相关税费，重新登记，继续办学。"

二、创新民办学校土地供给方式

土地是民办学校不可或缺的办学要素，为了大力发展教育事业，很多地方政府对原有民办学校采取了划拨方式供给土地。但是根据《划拨用地目录》（中华人民共和国国土资源部令第9号）第四条的规定，以划拨方式取得的土地使用权，因企业改制、土地使用权转让或者改变土地用途等不再符合本目录的，应当实行有偿使用。因而，若民办学校选择营利性办学，则无法继续使用划拨用地。因为土地供应紧张，很多学校特别是民办高校采用长期租赁方式使用办学用地，但民办高校使用租赁用地在实践中不能计入生均面积等类似问题越来越掣肘民办学校的进一步发展和壮大。如何解决选择营利性的民办学校土地问题，《湖北省意见》进行了有益探索。

(一) 营利性学校如何使用行政划拨土地

根据《湖北省意见》，营利性民办学校原则上以有偿出让方式供地，只有一个意向用地者的,可按协议方式供地。原来以划拨方式供地需要变更出让方式的,要对土地价值进行评估,补缴土地出让价款。

如何补缴土地出让价款?以何种地价标准补缴土地出让价款?《湖北省意见》对此尚未明确。

(二)闲置的厂房、医院、学校、商业设施等存量土地用于办学

值得一提的是,《湖北省意见》明确:"社会力量投资教育建设项目,利用闲置的厂房、医院、学校、商业设施等存量土地和用房资源进行整合改造后用于办学的,五年内可暂不办理土地用途和使用权人变更手续。持续经营满五年后,经批准可采取协议出让方式,办理用地手续。"我们理解,允许社会力量使用其他非科教用途的土地先办学,用五年的时间作为考察期限,五年后学校还在持续经营,则可以直接协议出让方式而非以招拍挂方式取得土地,办理用地手续。不仅鼓励了社会力量投资办学,还兼顾了办学效益。

(三)允许租赁土地办学

《湖北省意见》明确提到,"鼓励采用租赁方式供应教育设施用地,支持实行长期租赁、先租后让、租让结合的土地供应方式",可谓"用地紧缺的民办高校的福音"。民办高校办学用地是一个亟待解决的问题,大量民办高校长期租赁土地办学,而租赁土地无法纳入计算基本办学条件的范畴。长期租赁土地办学的民办高校无法满足基本办学条件,从而影响招生规模和学校的进一步发展。

《湖北省意见》鼓励采用租赁方式供应教育设施用地,缓解了用地紧张,促进了民办教育的发展。

三、公办教师可合理流动至民办学校

公办学校基于事业单位编制、教师福利及待遇等优势,汇集了大量优质教师资源,与民办学校形成鲜明对比。

《湖北省意见》对民办学校教师队伍建设支持力度较大,表现在以下三个方面。

(一)教育行政部门可委派公办教师到民办学校支教

《湖北省意见》规定,由教育行政部门委派到民办学校支教的公办教师,其原有的编制、档案关系、工资和社会保险等保持不变,支教期满,回原单

位任教，工龄和教龄连续计算。此举解决了支教教师的后顾之忧，使其放心到民办学校教学。

（二）保证前往民办学校任教公办教师身份不变

在教师编制相对宽裕的地区，可安排一定比例的公办教师带编到民办幼儿园和民办基础教育学校任教，任教期间其公办教师身份不变，教龄连续计算。

此举可合理调节"教师洼地"，充分调动及利用教学资源，促进民办学校向公办学校借调优秀公办教师。

（三）公办高校教师可多点执教

《湖北省意见》规定，允许公办高校教师经所在单位批准，在民办高等学校从事多点教学获得合法收入。该规定可缓解民办高校教师资源匮乏的难题。通过多点教学、多点执教的公办教师在享有公办高校提供的福利待遇的同时，还可获得民办高校执教收入，有利于调动公办教师多点执教的积极性，也为民办高校的教师队伍建设提供合法途径。

四、落实办学自主权

办学自主权主要表现在两个方面：一是招生自主权，二是收费自主权。《湖北省意见》在"国务院三十条"的基础上，进一步细化规定。

（1）民办普通高校在确保基本办学条件的前提下，可根据核定的办学规模，自主确定分专业招生计划和跨省招生计划。

（2）中等以下层次民办学校按照规定，在核定的办学规模内和审批机关的审批范围内，与当地公办学校同期面向社会自主招生。

（3）民办教育收费实行市场调节价，学费标准由民办学校综合各方面因素合理确定。

五、保障举办者权益

如何保障民办学校举办者权益，《湖北省意见》对此做了明确的规定："2016年11月7日前设立的民办学校，选择登记为非营利性民办学校的，终止时，举办者在2017年9月1日前的出资可纳入补偿或奖励范围，清偿后的剩余资产可按不高于经确认的出资额返还举办者，仍有结余的，可视情况给予举办者学校净资产（扣除国有资产、捐赠、土地房产增值部分）15%的奖励；选择登记为营利性民办学校的，终止时，清偿后的剩余资产，依照《中华人民共和国公司法》有关规定处理。"

该规定可细化为以下几个问题来理解。

（1）补偿的基数为举办者2017年9月1日前的出资，包括原始出资及办学过程中的出资，补偿金额不高于举办者出资。这里的问题是补偿依据的出资额如何认定。我们理解，民办学校在设立民办非企业单位时，其在民政部门登记的开办资金可以认定为原始出资（需要相应的验资报告或者评估报告作为辅助证据），但未登记在民办非企业单位登记证上的资本投入是否可算入原始出资额或追加出资额？是否需要第三方评估机构进行审计或其他第三方机构确认？如果是以不动产出资，不动产的价值是按照历史成本计算还是以现时价格计算？对此，《湖北省意见》没有明确。

（2）补偿或者奖励的来源为学校终止时清偿后的剩余资产。所谓"剩余资产"，我们理解，是指根据《民促法》规定，民办学校应退受教育者学费、杂费和其他费用，应发教职工的工资及应缴纳的社会保险费用和其他债务等依法清偿后的剩余资产。

（3）获得奖励的条件包括两个：一是剩余资产支付举办者补偿仍有结余；二是学校净资产。二者兼具，可视情况给予不超过剩余净资产15%的奖励。但在何种情况下可以获得奖励，《湖北省意见》没有明确。

六、结语

总体而言，《湖北省意见》依据《民促法》以及"国务院三十条"的要求，在现有学校的分类选择、招生收费政策、民办学校教师队伍建设、举办者权益保护等方面进行了积极探索，具有较强的可操作性。2018年8月29日，湖北省人民政府印发《湖北省人民政府办公厅关于进一步激发社会领域投资活力的实施意见》，进一步落实教育领域相关政策。此外，湖北省内各市，如武汉市教育局2017年10月27日印发了《〈武汉市民办普通中小学设置标准〉等3个设置标准的通知》（武教规〔2017〕1号）；武汉市政府2018年2月6日又公布了《武汉市民办培训机构管理暂行办法》。可以看出，湖北省各市为了推动本地区民办教育事业的发展，紧跟省厅的步伐，制定了相应政策。

解读 12：上海市配套政策重点

为了进一步推进上海市民办教育高质量发展，2017 年 12 月 27 日，上海市人民政府发布了《上海市人民政府关于促进民办教育健康发展的实施意见》（沪府发〔2017〕94 号，以下简称《上海市意见》）和《上海市民办学校分类许可登记管理办法》（沪府发〔2017〕95 号，以下简称《上海民办学校管理办法》）；2017 年 12 月 29 日，上海市人民政府办公厅正式转发上海市教委等四部门制定的《上海市民办培训机构设置标准》《上海市营利性民办培训机构管理办法》《上海市非营利性民办培训机构管理办法》（沪府办发〔2017〕82 号）并于 2018 年 1 月 1 日开始实施；学前教育方面，2018 年 4 月 28 日上海市教委等 16 部门印发《上海市 3 岁以下幼儿托育机构设置标准（试行）》（沪教委基〔2018〕27 号）[①]，上述文件以下统称为"上海市配套政策"。

在"国务院三十条"的基础上，和其他省区市相比，上海市配套政策在很多方面独具特色。

《上海市意见》基本内容框架如图 6-3 所示。

[①] 一般而言，早教和托育等婴幼儿照护服务不属于学前教育范畴，但是上海市将学前教育分为"0~3 岁托育工作"和"3~6 岁学前教育"，详见 http：//edu.sh.gov.cn/xxgk2_ zdgz_ xqjy_ 01/index.html。

改制：民办学校运营25问及政策导读

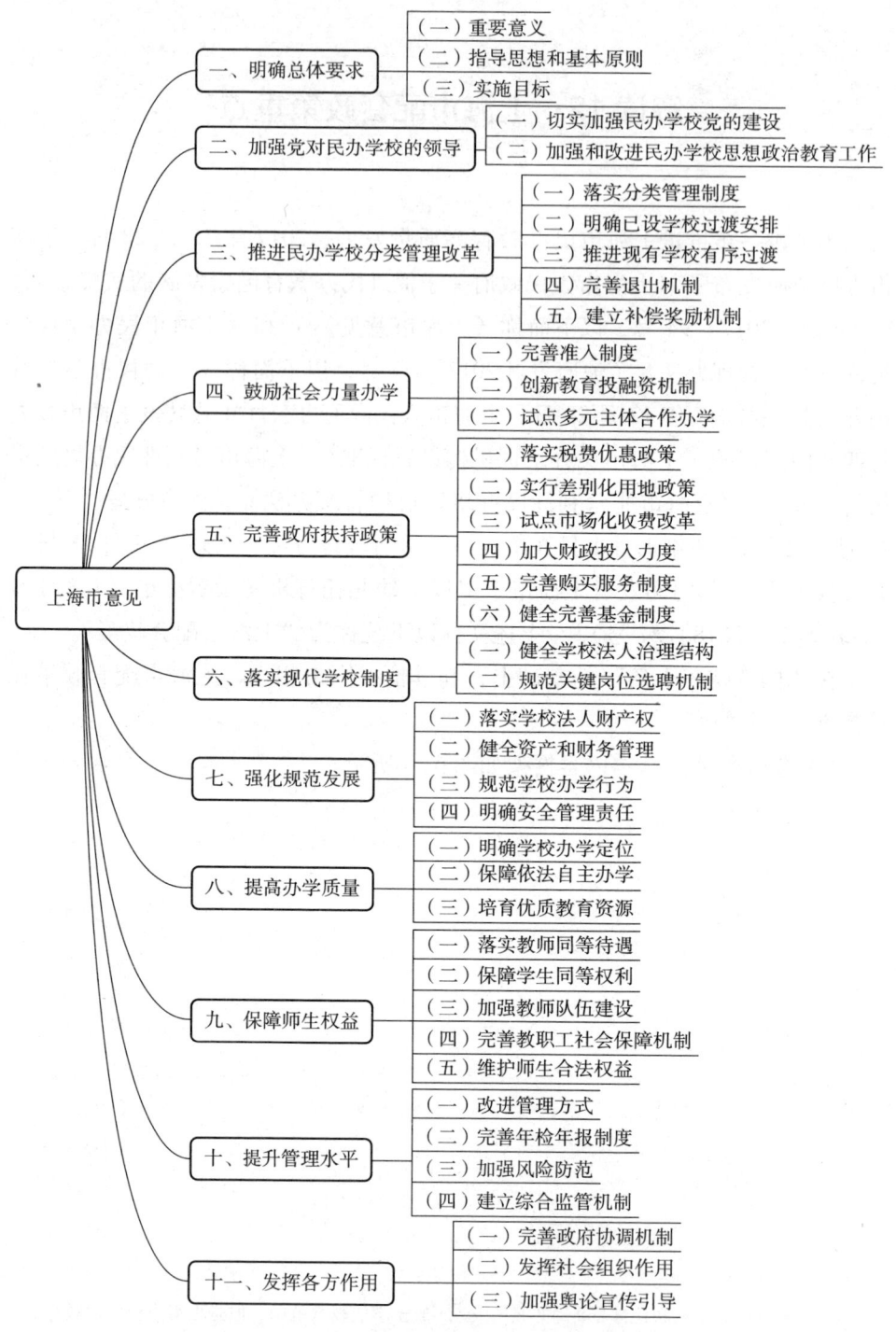

图 6-3 《上海市意见》基本内容框架

《上海市意见》由十一部分四十项构成,对一些重点问题做了深入规定。

一、明确分类管理措施

上海市配套政策首先规定了民办学校分类登记管理期限。与其他省份不同的是,上海市配套政策将选择分类管理的过渡期分为两个时间点:第一个时间点是民办学校决定选择营利性办学还是非营利性的时间,第二个时间点是根据选择的结果完成相应手续的时间。也就是说,各民办学校必须在2018年12月31日之前做出选择;如果不做出决定,则不得转设为营利性民办学校。这个时间要求在明确过渡期的各省区市中是最短的。同时,根据民办学校办学层次的不同,又规定了不同过渡期,具体见表6-1。

表6-1 上海市配套政策关于选择分类管理的过渡期规定

教育机构类型	完成时间	工作要求
现有民办学校	2018年12月31日前	向主管部门提交关于学校办学属性选择的书面材料,未按期提交材料的学校不得转设为营利性民办学校
经营性民办培训机构	2019年12月31日前	取得办学许可证并办理完成其他相关手续
选择登记为非营利性民办学校的	2019年12月31日前	依法修订学校章程、完善法人治理结构和内部管理制度、继续办学
选择营利性办学——除实施高等学历教育以外学校	2020年12月31日前	完成财务清算,依法明确资产权属,按照国家和本市规定缴纳相关税费,重新办理法人登记手续,继续办学
选择营利性办学——主要实施高等学历教育的学校	2021年12月31日前	完成财务清算,依法明确资产权属,按照国家和本市规定缴纳相关税费,重新办理法人登记手续,继续办学 经清算确认的举办者的出资应当为重新登记后法人的注册资本和实缴资本,除财政投入、社会捐赠等按照相关规定处理外,经清算确认的所有资产及其相关权利义务由重新登记后的法人承继;符合条件的,依法享受相关税费优惠政策

根据民办学校不同的办学层次确定不同的过渡期是上海市的首创,考虑到民办高校因资产权属和机构复杂、师生规模大、办学投资大等原因,选择营利性办学的过渡期比其他民办学校长一年。此外,选择营利性办学的民办学校过渡期比选择非营利性办学的过渡期长一年。再次提请各民办学校关注各类过渡期的截止时间,以免错过。

二、独具特色的补偿与奖励机制

与其他省区市的实施意见相比，上海市对选择非营利性办学的民办学校举办者补偿与奖励机制独树一帜，要点见表6-2。

表6-2 上海市对选择非营利性办学的民办学校举办者补偿与奖励机制要点

事项	具体内容
影响补偿与奖励的因素	考虑出资者在2017年9月1日前的出资、取得合理回报的情况以及办学效益等因素
补偿与奖励的来源	从学校剩余财产中的货币资金提取，货币资金不足的从其他资产依法转让后获得的货币资金中提取
获得奖励的例外	办学许可或者法人登记被注销前2年年度检查连续不合格的，或者办学许可证或者法人登记证被吊销的民办学校，对其出资者不予奖励
补偿与奖励的计算方法	补偿金额=（出资金额+折算利息）-（合理回报+折算利息） 奖励金额=年度学费收入×（0.1×合格次数-0.5×不合格次数）

由表6-2可见，首先，2016年11月7日前设立的民办学校，只有选择继续非营利性办学后终止，或者未及选择直接终止的情况下，举办者才能取得补偿与奖励。其次，补偿与奖励的来源是学校依法清偿后的剩余资产，也就是举办者获得补偿与奖励的总和不得超过学校依法清偿后的剩余资产。如此，举办者能否取得补偿和奖励取决于学校清算之后是否仍有剩余资产。最后，举办者的"回报"由两部分构成，即补偿和奖励。补偿的金额主要考虑举办者的历史出资和已提取合理回报的数额，而奖励金额则偏重于学校办学效益，综合年检的合格次数与不合格次数。

三、选择营利性办学的资产处理

现有民办学校选择营利性办学的，经财务清算后剩余的办学资产如何处理？这是《民促法》修订后民办学校很关注的问题。对此，《上海民办学校管理办法》明确规定："经清算确认的举办者的出资应当为重新登记后法人的注册资本和实缴资本，除财政投入、社会捐赠等按照相关规定处理外，经清算确认的所有资产及其相关权利义务由重新登记后的法人承继；符合条件的，依法享受相关税费优惠政策。"这意味着选择营利性办学的举办者可以将其在原非营利性办学中的出资（包括原始出资、举办者后续投入都可纳入举办者出资范畴)作为在营利性办学中的注册资本和实缴资本,那么根据《民促法》的有关规定,在营利性办学终止时该资产经依法清算后,举办者仍可以享受剩余资产的处置权。这是对选择营利性办学的举办者权益的实质性保护,为推动营利性办学扫清了后顾之忧。按此原则,上海市已有6家民办高等院校率先完成了营利性办学登记。

四、土地政策及税收优惠问题

(一)土地供给方式

《上海市意见》规定:"非营利性民办学校享受公办学校同等政策,可以按照划拨等方式供应土地。营利性民办学校按照国家相应的政策供给土地,只有一个意向用地者的,可按照协议方式供地。土地使用权人申请改变全部或者部分土地用途的,政府应当将申请改变用途的土地收回,按时价定价,重新依法供应。"该规定较"国务院三十条"并没有重大突破。选择营利性办学的对于按照划拨方式取得土地如何处理、是否需要补缴土地出让金、按何种标准缴纳土地出让金等问题均未予以明确。

(二)税收优惠政策

《中华人民共和国税收征收管理法》(以下简称《税收征收管理法》)第三条规定,税收的开、停、减、免、退、补,均依照法律规定执行;法律授权国务院规定的,依照国务院制定的行政法规执行。任何组织和个人不得擅自做出税收开、停、减、免、退、补及其他同税收法律、行政法规相抵触的决定。① 因此,《上海市意见》所涉税收优惠政策与国家相关政策规定相同。

五、完善融资途径

如何解决民办学校的融资困境,《上海市意见》提出了如下意见。
(1)鼓励社会资金进入教育领域举办学校或者投入项目建设。
(2)鼓励金融机构在风险可控前提下开发适合民办学校特点的金融产品,积极运用信贷、租赁、保险等多种金融手段支持民办学校发展。
(3)探索办理民办学校未来收入、应收账款、知识产权质押贷款业务。

---

① 王一涛,李宝枝.分类管理后民办学校税收政策梳理与优化建议[J].浙江树人大学学报,2017,17(6).

（4）探索营利性民办学校以有偿取得的土地、设施等财产进行抵押融资，或根据自身发展需要而进行股权质押等投融资改革。

从上海市的实施意见来看，我们注意到，营利性民办学校将能够以有偿取得的土地、设施等财产进行抵押融资，且举办者的办学权未来也可通过质押进行融资，此举切实拓宽了营利性学校融资渠道。但学校这类涉及国计民生的主体，以其资产进行抵押等各种担保可能引发各种资金安全问题，必须引起重视。此外，民办学校利用收费权、应收账款、知识产权质押贷款，如何操作是一个现实问题，需要进一步探索和创新。

六、民办学校办学自主权

落实民办学校的办学自主权，是民办教育提高教学质量、持续健康发展的重要保证。《上海市意见》就各层次民办学校办学自主权给出了更为细化的规定，具体如下。

（1）扩大民办高等学校和中等职业学校专业设置自主权，鼓励学校根据国家战略需求和区域产业发展需要，依法依规设置和调整学科专业。

（2）鼓励社会声誉好、教学质量高、就业有保障的民办高等职业学校在核定的办学规模内，进一步优化招生计划分配模式、探索创新招生选拔机制、改进录取方式。

（3）民办中小学在完成国家规定课程前提下，自主实施教育教学活动。

（4）中等以下层次民办学校根据全市统一规定，在核定的办学规模内，面向社会自主招生。

上海市发布的配套政策对民办学校选择分类管理做了详细规定，包括选择分类管理的时间、过渡期的安排、补偿和奖励的标准、清算资产的承继等，具有较强的操作性，既为众多民办学校指明了方向，也在一些重要问题上为其他省市做出了表率。根据2019年上海市教育工作年报，上海市各民办学校已选择了法人属性，正办理相应的程序。期待上海在推进民办学校分类管理过程中有更多创新。

解读 13：浙江省配套政策重点

2017年12月29日，浙江省人民政府印发了《浙江省人民政府关于鼓励社会力量兴办教育促进民办教育健康发展的实施意见》（浙政发〔2017〕48号，以下简称《浙江省意见》）。2018年4月，浙江省教育厅又先后发布了《关于现有民办学校变更登记类型实施办法》《关于民办学校信息公开和信用管理办法》《关于落实民办学校办学自主权实施办法》《浙江省民办学校财务清算办法》，上述文件以下统称为浙江省"1+4"配套政策。

与"国务院三十条"及其他省区市出台的配套政策相比，浙江省配套政策较为全面，亮点较多。

《浙江省意见》的基本内容框架如图6-4所示。

《浙江省意见》共有四部分二十一项，对一些重点问题做了明确规定。

一、现有民办学校的分类登记

（一）过渡期

《浙江省意见》明确要求2016年11月7日之前设立的民办学校（以下简称现有学校）在2022年底前完成分类登记。关于过渡期的设置，浙江省目前是各省区市中最长的。

（二）对登记为非营利性民办学校的现有民办学校出资人的补偿和奖励

《浙江省意见》规定："现有民办学校选择登记为非营利性民办学校的，终止时，民办学校的财产依法清偿后有剩余的，按照国家有关规定给予出资者一定额度的补偿或者奖励，其余财产继续用于其他非营利性民办学校办学。补偿或奖励数额综合考虑举办者原始出资和2017年8月31日之前投入的后续出资、已取得的合理回报以及办学效益等因素，民办学校所在地政府已出台相关规定或与民办学校有约定且仍具有法律效力的，从其规定（约定）；否则，由民办学校所在地县级以上政府确定……选择登记为营利性民办学校的，应当进行财务清算，依法明确财产权属，终止时，民办学校的财产依法清偿

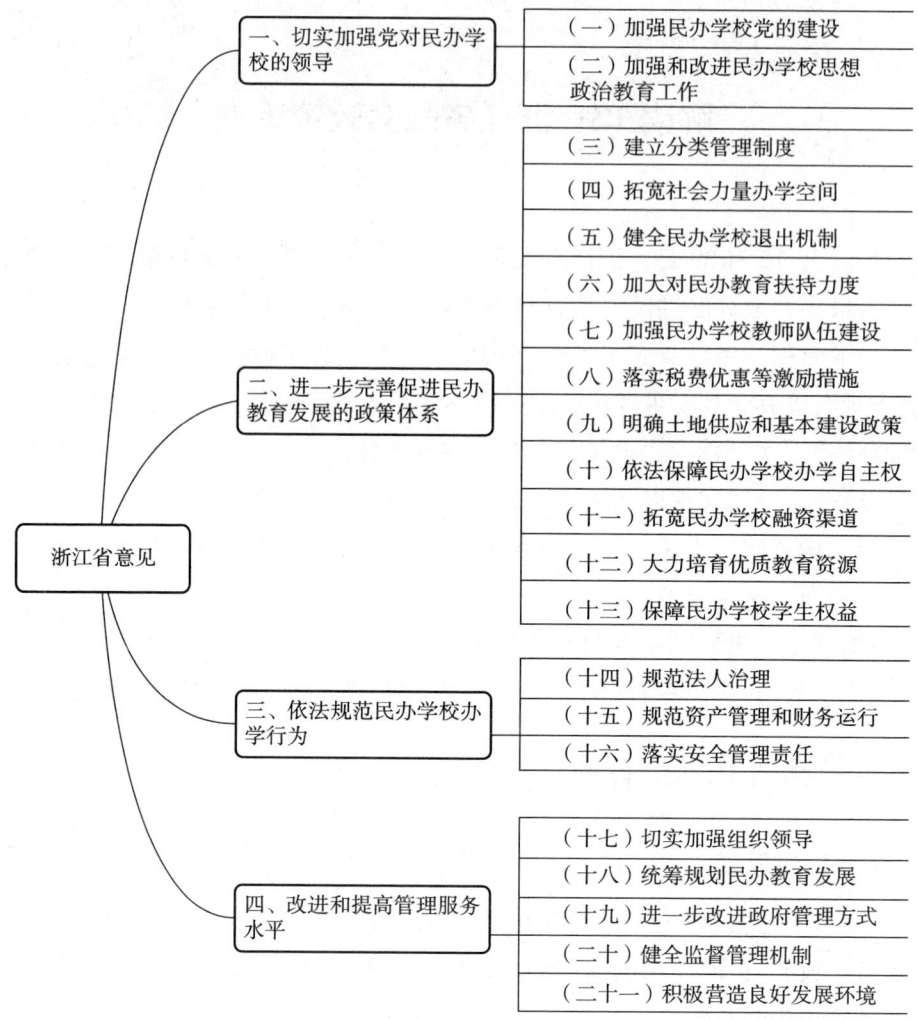

图 6-4 《浙江省意见》基本内容框架

后有剩余的，依照《中华人民共和国公司法》有关规定处理。"

《浙江省意见》将《民促法》"在本决定施行前的出资"进一步细化为"举办者原始出资和 2017 年 8 月 31 日之前投入的后续出资"。我们提醒民办学校注意：《浙江省意见》明确提到"民办学校所在地政府已出台相关规定或与民办学校有约定且仍具有法律效力的，从其规定（约定）"。浙江省是民办教育分类管理改革的试点地方之一，在《民促法》修改之前已经开始试行分类管理制度，浙江省不少地市（如温州和衢州）已有分类管理的相关规定。《浙江省意见》明确了这些地市原来出台的相应规定仍为有效。

（三）选择登记为营利性学校的相关问题

《浙江省意见》规定："选择登记为营利性民办学校的，应当进行财务清算，依法明确土地、校舍、办学积累等财产的权属并缴纳相关税费，办理新的办学许可证，重新登记，继续办学……选择登记为营利性民办学校的，应当进行财务清算，依法明确财产权属，终止时，民办学校的财产依法清偿后有剩余的，依照《中华人民共和国公司法》有关规定处理。"这一规定与"国务院三十条"一致，没有对重新登记的具体程序以及各项财产的处置等事宜进行明确，但浙江省教育厅的相关文件对上述这些给予了初步回应。

（1）重新登记为营利性学校的程序。《现有民办学校变更登记类型实施办法》第七条对现有民办学校重新登记为营利性学校的程序进行了较为详尽的规定，该条明确了现有民办学校选择登记为营利性学校的法律性质是"旧主体的终止与新主体的诞生"。具体程序：①旧非营利性学校董事会决议选择登记为营利性学校；②按照新办学校筹设程序申请设立营利性学校并申领办学核准通知书；③旧非营利性学校与筹设中的新营利性学校做好办学场地、教学设备及师生安置等承接工作安排；④旧非营利性学校注销清算；⑤新营利性学校申请办学许可证并办理工商登记手续。

（2）现有民办学校的剩余资产处置。《浙江省民办学校财务清算办法》对民办学校剩余资产的处置做出了详细规定。该办法第二十五条规定："非营利性民办学校按照本办法第二十四条规定分配后的剩余财产，按以下顺序处置：（一）按照民办学校章程规定执行；（二）按照理事会或董事会的决议，并报经审批机关核准，捐赠给其他非营利性学校继续用于办学；（三）作为社会公共资产，按有关规定管理。"

《浙江省意见》规定："财政拨款、社会捐赠形成的净资产和补偿、奖励后的剩余资产属于社会公共资产，探索通过学校所在地民办教育公益基金会托管等方式进行管理。"从实践来看，"财政拨款、社会捐赠形成的净资产"属于社会公共资产很好理解，但是对于"补偿、奖励后的剩余资产"属于社会公共资产则较难接受，可能面临实操性问题。

《浙江省民办学校财务清算办法》第二十九条明确规定，现有民办学校选择登记为营利性民办学校的，其清算后归属社会公共资产的剩余资产，可以采取出让、出租、参股办学的方式供营利性学校使用。浙江省配套政策的亮点在于对民办学校关心的非转营有了明确的方法指引，但该规定没有明确该类资产应由谁组织评估，评估的具体程序要求及如何确认评估结果等，还需进一步解释。另外，浙江省仍较为保守地规定了非营利性民办学校选择登记为营利性民办学校的资产处理规则。

（3）划拨用地问题。《浙江省意见》规定："营利性民办学校可以按出让、租赁等有偿方式供应土地，只有一个意向用地者的，可按协议方式供地。土地使用权人申请改变全部或者部分土地用途的，政府应当将申请改变用途的土地收回，按时价定价，重新依法供应。"《现有民办学校变更登记类型实施办法》第九条进一步细化规定："现有非营利性民办学校过户给营利性民办学校，涉及原以划拨方式取得土地资产的，应依法办理出让手续，补交土地出让金。"

对于协议出让土地的，可以按照《协议出让国有土地使用权规范（试行）》规定执行，具体为：①不改变用途等土地使用条件的，应缴纳的土地使用权出让金额=拟出让时的出让土地使用权市场价格−拟出让时的划拨土地使用权权益价格或承租土地使用权市场价格；②改变用途等土地使用条件的，应缴纳的土地使用权出让金额=拟出让时的新土地使用条件下出让土地使用权市场价格−拟出让时的原土地使用条件下划拨土地使用权权益价格或承租土地使用权市场价格。2014年，浙江省国土资源厅就温州民办教育分类改革曾做出《浙江省国土资源厅关于民办非营利性学校转为营利性学校有关土地处置政策的答复意见》（浙土资厅函〔2014〕280号），也采纳了类似观点。

二、民办学校教师队伍建设

民办学校与公办学校因在就业、薪酬待遇（尤其是"双轨制"养老制度）、人事管理等方面的差异，一方面，公办学校有大量优秀师资；另一方面，民办学校却吸引不到人才，师资匮乏成为掣肘民办教育发展的一大阻碍。为此，《浙江省意见》提出了一系列措施。

（一）保障公办学校教师养老待遇、允许其回流，鼓励其到民办学校任教

《浙江省意见》明确规定：

（1）在编在岗公办学校教师流动到从事学历教育的全日制民办学校工作，除聘用合同另有约定以外，有关部门不得限制人员流动；

（2）原在编在岗公办学校教师到民办学校后，可按有关规定选择继续参加事业单位养老保险或参加企业职工基本养老保险；

（3）从事学历教育的全日制民办学校中经同级教育部门和人力社保部门备案的原在编在岗公办学校教师，今后若需重新流动到公办学校的，按照工作需要、编制和岗位空缺、专业对口、能否适应等原则，经同级教育部门和人力社保部门同意后直接考核聘用；

（4）公办学校教师在民办学校任教期间的工龄、教龄可以连续计算。

上述意见在浙江省人力资源和社会保障厅、浙江省教育厅、浙江省卫生和计划生育委员会《关于促进公办与民办学校、医疗机构之间人才合理有序流动有关问题的通知》（浙人社发〔2015〕155号）中已有体现。《浙江省意见》可以说从上位法层面解除了到民办学校任教的公办学校教师顾虑，为民办学校发展注入新的动力创造了条件。

（二）加强公办学校在编教师到民办中小学校任职任教管理

《浙江省意见》明确规定："对于符合区域规划、弥补教育资源短缺、促进区域均衡发展的薄弱民办中小学校，当地政府可通过挂职、支教等形式，派遣一定数量的公办学校在编教师予以支持，派遣数量不得超过该民办中小学校教师总数的20%。同一名公办学校在编教师在民办中小学校累计任职、任教时间不超过6年。违反相关规定配备公办学校在编教师的民办中小学校，必须承担相应区域的公共服务责任，其招生参照公办中小学校实施管理，更不得跨区域招生。"该规定一方面体现政府对民办学校的支持与扶助；另一方面通过规定派遣教师的比例、任职时间以及违规操作的法律后果，防止民办学校滥用公共资源谋取不正当利益。

三、民办学校办学自主权

落实民办学校的办学自主权，是推动民办教育提高教育质量、持续健康发展的重要保证，对此《浙江省意见》做出进一步细化规定。

（1）非营利性民办幼儿园以及民办高等学校的学费、住宿费实行市场调节价，非营利性民办中小学校收费政策由各级政府按照市场化原则确定。

（2）营利性民办学校学费和住宿费实行自主定价。

（3）社会声誉好、教学质量高、就业有保障的民办高等职业学校，可在核定的办学规模内自主确定招生范围和年度招生计划。

（4）中等及以下层次民办学校按照国家有关规定，在核定的办学规模内，与当地公办学校同期面向社会自主招生。

《浙江省教育厅关于落实民办学校办学自主权实施办法》对上述意见做了进一步解释。

四、税收优惠政策

《浙江省意见》的税收优惠政策与国家相关政策相同。《税收征收管理法》第三条规定："税收的开征、停征以及减税、免税、退税、补税，依照法律的规定执行；法律授权国务院规定的，依照国务院制定的行政法规的规定执行。任何机关、单位和个人不得违反法律、行政法规的规定，擅自做出税收开征、停征以及减税、免税、退税、补税和其他同税收法律、行政法规相抵触的决定。"

五、民办学校的融资渠道

《浙江省意见》明确鼓励金融机构在风险可控前提下开发符合民办学校资金运行规律的资产证券化、项目收益债、教育公益信托、融资租赁等金融产品。

此外，《浙江省意见》对民办学校使用自有不动产进行抵押提出了具体要求。根据《民法典》的规定，"学校、幼儿园、医疗机构等为公益目的成立的非营利法人的教育设施、医疗卫生设施和其他公益设施"不得用于抵押。在民办学校担保问题上，适用《民法典》的规定。

解读14：陕西省配套政策重点

2018年1月17日，陕西省人民政府印发了《陕西省人民政府关于鼓励社会力量兴办教育促进民办教育健康发展的实施意见》（以下简称《陕西省意见》）；同年2月2日，陕西省教育厅联合有关部门印发了《陕西省教育厅等五部门关于印发〈陕西省民办学校分类登记实施办法〉的通知》（陕教规范〔2018〕2号）以及《陕西省教育厅等三部门关于印发〈陕西省营利性民办学校监督管理实施办法〉的通知》（陕教规范〔2018〕3号），上述文件以下统称为"陕西省配套政策"。

《陕西省意见》的基本内容框架如图6-5所示。

由图6-5可见，《陕西省意见》与"国务院三十条"相互呼应，并结合当地实际，对一些重点问题提出了具体措施，具体如下。

一、现有民办学校的分类登记

（一）过渡期

《陕西省意见》明确要求现有民办学校[①]的过渡期为2017年9月1日至2022年9月1日。

（二）对登记为非营利性民办学校的现有民办学校的出资人的补偿与奖励

《陕西省意见》规定："2016年11月7日前设立、选择登记为非营利性民办学校的，终止时民办学校的财产依法清偿后有剩余的，根据出资者的申请给予一定的补偿，补偿的数额为原始出资额加上追加出资额，总额不得超过剩余的办学财产；还有剩余的，可以综合考虑出资者人力资本投入、办学效益、社会声誉等因素给予一定奖励，其余财产继续用于其他非营利性学校办学。"对此，有以下几点需要重点把握。

（1）补偿的前提是依法清偿后有剩余财产，并经出资人申请。所谓的"依法清偿"，是指民办学校应当根据《民促法》的有关规定，应当清偿的应

[①] 《陕西省意见》没有界定"现有民办学校"的范畴，但根据文件上下文以及《陕西省民办学校分类登记实施办法》第十七条，现有民办学校"为2016年11月7日《全国人民代表大会常务委员会关于修改〈中华人民共和国民办教育促进法〉的决定》公布前经批准设立的民办学校"。

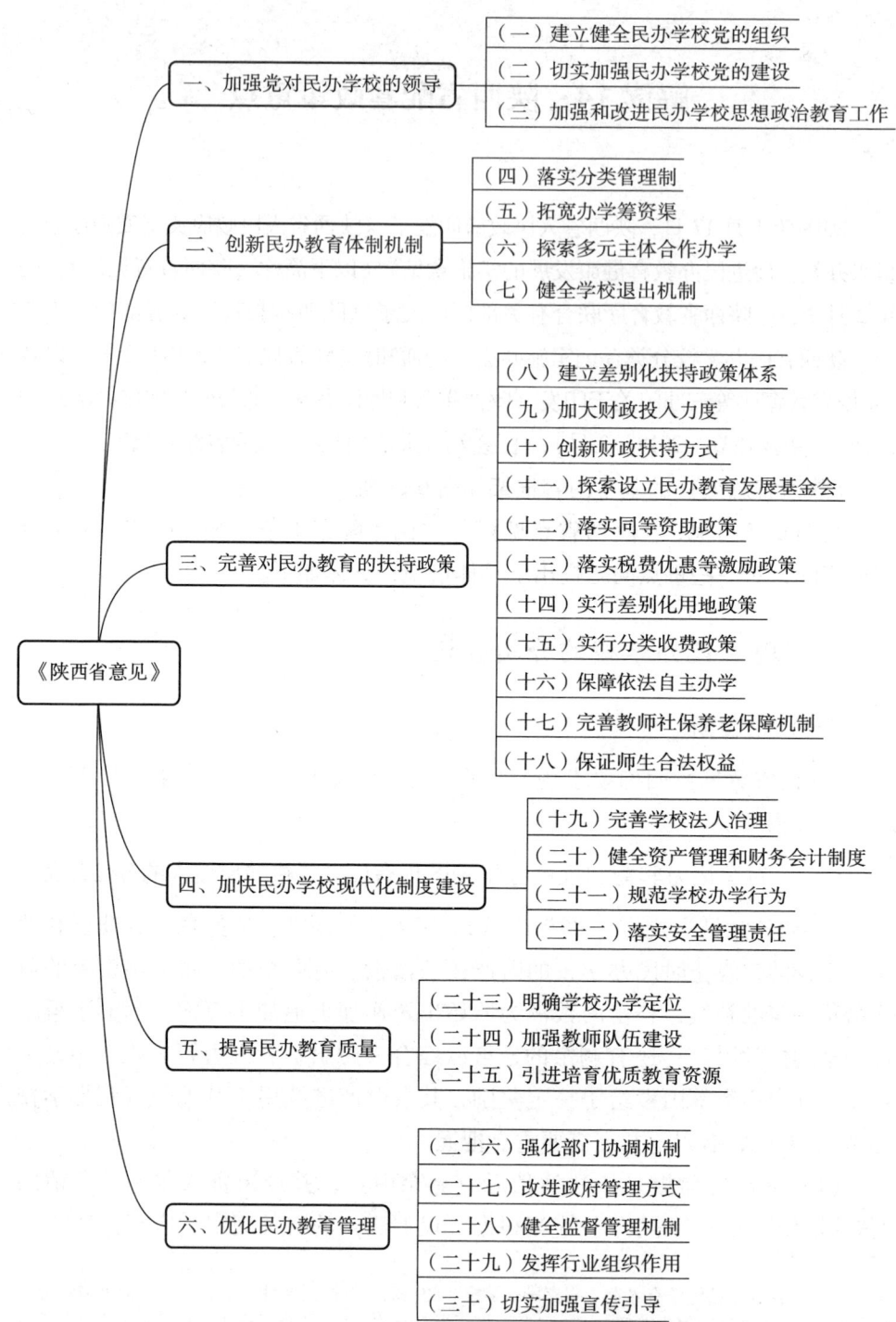

图 6-5 《陕西省意见》基本内容框架

退受教育者学费、杂费和其他费用,应发教职工的工资及应缴纳的社会保险费用以及其他债务。补偿程序的启动需要出资人申请,这一点出资人务必注意,以免错过。

(2)补偿的金额明确是原始出资额加上追加出资额。从上述规定来看,只要学校清算后有剩余资产,那么出资人的投入就允许取回。但问题是如何确定补偿依据的出资额?我们理解,民办学校在设立民办非企业单位时,其在民政部门登记的注册资金可以认定为原始出资(如江苏省于2018年2月22日出台的《省政府关于鼓励社会力量兴办教育促进民办教育健康发展的实施意见》对此有明确规定),但未登记在民办非企业单位登记证上的资本投入是否算入原始出资额或追加出资额?是否需要第三方评估机构进行审计或确认?如果是以不动产出资,不动产的价值是按照历史成本计算还是以现时价格计算?陕西省配套政策对此已予以明确。

(3)奖励的前提是补偿后依然有剩余财产,奖励标准依据是出资者人力资本投入、办学效益、社会声誉等。

(三)现有民办学校选择登记为营利性学校的有关规定

《陕西省意见》规定:"选择登记为营利性民办学校的,应当由具备资质的第三方机构进行财务清算(以划拨方式或公益用途取得的国有土地使用权及地上建筑物、其他附着物,不列入清算范围),依法明确财产权属。终止时,营利性民办学校的财产依法清偿后有剩余的,依照《中华人民共和国公司法》有关规定处理。"《陕西省民办学校分类登记实施办法》对此进行了更为细致的规定:"非营利性民办学校变更为营利性的,先进行清产核资,经有关部门依法明确土地、校舍、办学积累等财产的权属并缴纳相关税费,核发新的办学许可证后,重新登记。民办学校重新登记后,应向原登记机关就非营利性民办学校申请注销登记,注销登记后,其权利义务由重新登记的营利性民办学校享有和承担。"

陕西省配套政策明确现有民办学校选择登记为营利性民办学校的基本步骤为:①现有民办学校(非营利性民办学校)清产核资;②确认非营利性民办学校财产权属并缴纳相关税费;③核发新的办学许可证;④营利性民办学校设立登记;⑤在原登记机关注销登记非营利性民办学校;⑥非营利性民办学校的权利义务由重新登记的营利性民办学校享有和承担。但是,陕西省配套政策有以下三个方面未予以明确。

（1）陕西省配套政策虽然规定了由具备资质的第三方机构进行财务清算，但没有规定"具备资质的第三方机构"由谁选定。

（2）陕西省配套政策明确规定："以划拨方式或公益用途取得的国有土地使用权及地上建筑物、其他附着物，不列入清算范围。"对此我们的理解是，该规定意在强调前述财产在办理相应的土地出让手续或政府补偿手续之前，不得直接列入清算范围。但重新登记后的营利性学校仍使用这部分资产的，是有偿使用还是无偿使用？如果为有偿使用，应该按照何种标准使用？其中，大家普遍关心的补缴土地出让金问题也没有规定，但这恰恰是民办学校最关心的问题之一。

（3）现有民办学校（非营利性民办学校）在注销登记后剩余财产的处置，包括出资人享有何种权益、社会公共财产（财政拨款、捐赠资产等形成的资产）如何处置及师生如何安置等问题均没有明确。

二、教育扶持

（一）教育发展专项基金

《陕西省意见》明确规定："省级财政继续设立民办高等教育发展专项资金，每年安排4亿元，用于支持非营利性民办高校内涵发展。市区根据实际自主设立民办教育发展专项资金，由设区市教育行政主管部门统筹使用，用于支持非营利性民办学校发展。"

我们发现，关于民办高等教育发展专项资金在《陕西省人民政府关于进一步支持和规范民办高等教育发展的意见》（陕政发〔2011〕78号）已有规定。但《陕西省意见》规定的基金规模、扶助对象和用途有显著变化：①财政预算由3亿元增加到4亿元；②扶持对象由各类主体固定为"非营利性民办高校"；③专用于高校的内涵发展。因此我们理解，该项规定对于非营利性民办高校是重大利好，各民办高校可重点关注。此外，《陕西省意见》鼓励各地方政府设立民办教育发展专项资金，用于扶持非营利性民办学校发展，体现了"国务院三十条"差别扶持的政策精神。

（二）经费补助政策

《陕西省意见》较"国务院三十条"增加了民办幼儿园享受同类公办学校公用经费补助政策的规定。根据《陕西省人民政府关于进一步推进义务教育均衡发展全面提升基础教育整体水平的意见》（陕政发〔2016〕28号）的有关规定，陕西省对在民办幼儿园就读的学前一年幼儿按照每个幼儿1300元的公办幼儿园公用经费补助标准，免除保教费，高出补助标准部分由学生家庭负担等。

（三）参照高新技术企业的优惠政策

《陕西省意见》明确规定："对营利性民办学校，各地、各部门要参照高新技术企业的优惠政策，根据经济社会发展需要和公共服务需求，通过政府购买服务等多种方式给予支持。"

三、税收优惠政策

在税收优惠政策方面，《陕西省意见》与国家相关政策一致。值得注意的是，《陕西省意见》规定："出资人以不动产用于办学，原有不动产过户到民办学校名下且不属于买卖或交换行为的，免费办理过户手续。"此处的"免费办理过户手续"，我们理解，并不涉及税收问题，仅仅是政府收取的手续费用。

四、民办学校办学自主权

在落实民办学校的办学自主权方面，《陕西省意见》进一步细化规定。

（1）非营利性的民办高等教育、中等职业教育以及学前教育均实行市场调节价，非营利性民办中小学校收费由各级政府按照市场化方向确定。

（2）营利性民办学校学费和住宿费实行自主定价。

（3）民办中小学校在完成国家规定课程前提下，可自主开展教育教学活动；民办幼儿园可依法依规自主、科学开展保育活动。

（4）社会声誉好、教学质量高、就业有保障的民办高等职业学校，可在核定的办学规模内自主确定招生范围和年度招生计划。

解读15：江苏省配套政策重点

2018年2月22日，江苏省人民政府印发了《省政府关于鼓励社会力量兴办教育促进民办教育健康发展的实施意见》（苏政发〔2018〕31号，以下简称《江苏省意见》）。

《江苏省意见》的基本内容框架如图6-6所示。

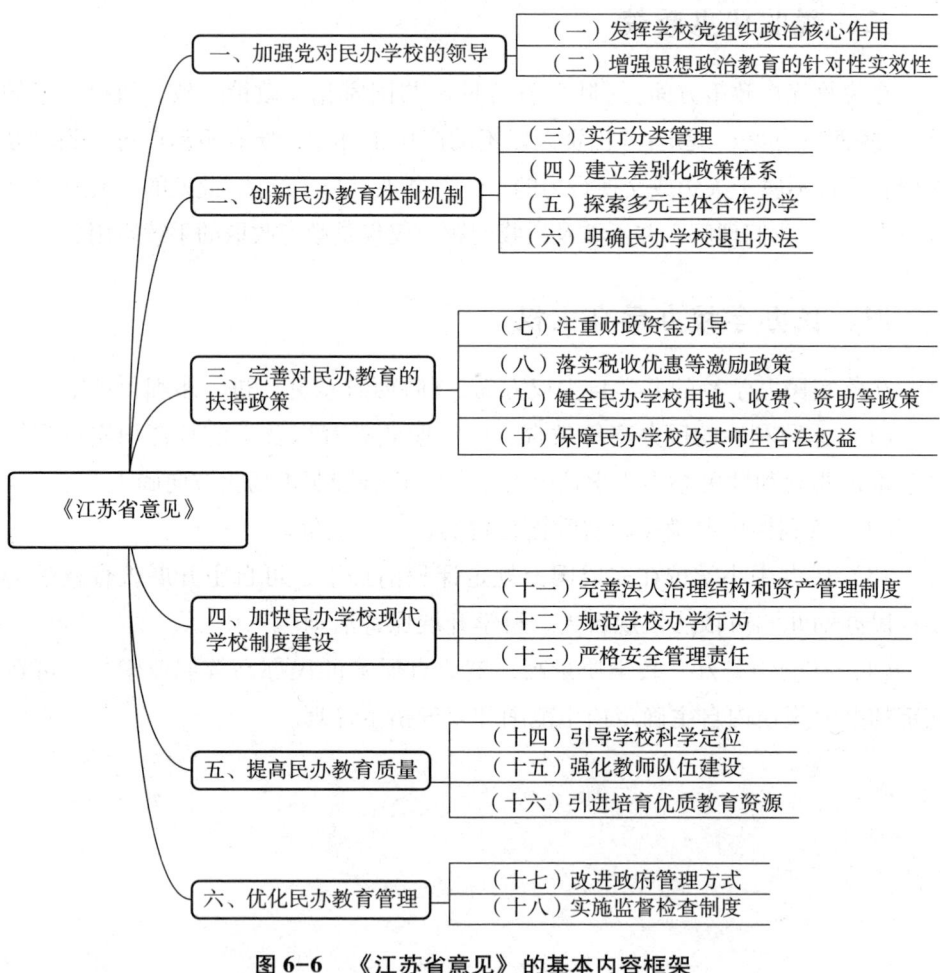

图6-6 《江苏省意见》的基本内容框架

《江苏省意见》共六部分十八条，除"（一）指导思想""（二）基本原则""（七）放宽办学准入条件""（二十八）健全监督管理机制"以及"（三十）切实加强宣传引导"外，《江苏省意见》对"国务院三十条"给予了详细解决。

一、明确2017年9月1日前经批准设立的民办学校均可选择分类登记

《江苏省意见》第（三）条中规定："对2017年9月1日前经批准设立的民办学校，可自主选择为非营利性或者营利性民办学校，原则上在2020年12月31日前完成分类登记，如有需要可延期至2022年12月31日。"

《江苏省意见》设定分类登记的过渡期原则上为3年，此外还有2年的延长兜底条款，在实践中政府对是否准予延期有较大的自由裁量权。

《江苏省意见》明确2016年11月8日至2017年8月31日设立的民办学校均可以进行分类登记，但《江苏省意见》第（六）条"明确民办学校退出办法"只规定了2016年11月7日前经批准设立的民办学校才能享有"补偿和奖励"政策（出资额计算时间为2017年9月1日前），并未明确2016年11月8日至2017年8月31日设立的民办学校是否享有"补偿和奖励"政策。

二、针对2016年11月7日前经批准设立的民办学校选择登记为非营利性民办学校出资人的补偿与奖励

《江苏省意见》第（六）条规定："捐资举办的民办学校终止时，清偿后剩余财产统筹用于教育等社会事业。2016年11月7日《全国人民代表大会常务委员会关于修改〈中华人民共和国民办教育促进法〉的决定》公布前经批准设立的民办学校，选择登记为非营利性民办学校的，终止时依法依规进行财务清算清偿后有剩余的（出资额计算时间为2017年9月1日前），根据出资者的申请，从学校剩余净资产中给予出资者相应补偿，补偿数额为出资额（即学校在登记管理机关登记的开办资金数额）及其增值，增值按照清算当年中国人民银行5年期存款基准利率计算；同时，综合考虑出资者取得合理回报的情况、办学成本、办学效益、社会声誉等因素，可采取一次结算、分期奖励的形式，从民办教育专项资金和民办学校剩余净资产中给予出资者一定奖励，奖励数额不高于民办学校补偿后剩余净资产的20%，其余财产继续用于其他非营利性学校办学。2016

年11月7日前经批准设立的民办学校,选择登记为营利性民办学校的,终止时财产依法清算清偿后有剩余的,依照《中华人民共和国公司法》和学校章程处理。2016年11月7日后设立的民办学校终止时,财产处置按有关规定和学校章程处理。"针对此规定,有以下几点值得关注。

(1)出资者要取得补偿以及奖励,需在民办学校依法依规进行财务清算清偿后有剩余的前提下,并提出申请。关于财务清算的内容,在其他章节已有介绍,此处不再重复。

(2)补偿数额为出资额及其增值。出资额以学校在登记管理机关登记的开办资金数额为准,出资额计算时间为2017年9月1日前,增值按照清算当年中国人民银行5年期存款基准利率计算。《江苏省意见》对于补偿数额的规定非常明晰,可操作性强。需要提醒的是,在实践中,不少举办者除了已经按照在登记管理机关登记的开办资金数额足额投入以外,对学校陆续有其他投入,但未算入登记管理机关登记的开办资金数额,该部分投入要获得补偿及取得相应增值补偿,则应事先完成增资手续,按实际投入登记为学校的开办资金方能享受该政策。

(3)奖励的标准及资金来源。《江苏省意见》虽没有详细规定"取得合理回报的情况、办学成本、办学效益、社会声誉等因素"的计算方式,但明确了奖励不得高于民办学校补偿后剩余净资产的20%,高于湖北省15%的补偿上限标准。《江苏省意见》规定将"民办教育专项资金"作为奖励的来源之一,奖励的标准是"不得高于民办学校补偿后剩余净资产的20%"。

三、针对2016年11月7日前经批准设立的民办学校登记为营利性学校的有关规定

《江苏省意见》没有明确2016年11月7日前经批准设立的民办学校登记为营利性学校的具体程序、在重新登记过程中原民办学校法人注销后剩余资产的处置(尤其是社会公共资产如财政拨款、捐赠资产等形成的资产)以及师生安置等问题。

但《江苏省意见》关于划拨土地明确规定:"对现有民办学校登记为营利性的,应将其名下的划拨用地转为有偿使用,在不改变土地用途情况下,可按协议方式供地。"该规定与《协议出让国有土地使用权规范(试行)》(国土资发〔2006〕第114号)的有关规定一致。

四、民办学校办学自主权

《江苏省意见》关于民办学校办学自主权的规定如下。

(1) 放开营利性民办学校收费和非营利性民办学校非学历教育(除幼儿园外)收费,具体收费标准由民办学校依据培养成本等因素自主确定。

(2) 在试点基础上有序放开部分学段非营利性民办学校学历教育收费,具体办法由省物价局会同有关部门另行制定。

(3) 高校招生计划增量部分应向办学条件好、管理规范的民办高校倾斜。

(4) 对社会声誉好、教学质量高、就业有保障的民办高校,可在核定的办学规模内自主确定招生范围和年度招生计划。

五、财政资金引导

《江苏省意见》鼓励各地设立民办教育发展专项资金,用于发展非营利性民办学校。此外,江苏省财政还将继续安排民办高等教育发展专项资金,并根据民办高校办学绩效等给予综合奖补。

值得注意的是,《江苏省意见》规定:"对执行公办幼儿园收费标准的非营利性民办幼儿园,按照公办幼儿园同等标准安排生均公用经费拨款。"

"执行公办幼儿园收费标准的非营利性民办幼儿园"如何理解?根据《江苏省物价局、江苏省教育厅、江苏省财政厅关于印发〈江苏省幼儿园收费管理办法〉的通知》(苏价规〔2017〕9号)第九条、第十条、第十三条、第十七条等有关规定,公办幼儿园与非营利性民办幼儿园均实行政府指导价,但二者制定有关收费时考量因素不尽相同,故在地理位置临近、规模与规格相当的公办幼儿园与非营利性民办幼儿园的具体收费数额可能不一致,所以,"执行公办幼儿园收费标准的非营利性民办幼儿园"不能等同于"实行政府指导价的非营利性民办幼儿园"。非营利性民办幼儿园的举办者需要结合江苏省生均公用经费的具体政策,考量如何给幼儿园收费定价。

六、强化教师队伍建设

《江苏省意见》第十五条中对教师队伍建设进行了专门规定,明确要求"每年在学费收入中安排不少于5%的资金用于教师队伍建设",支持公办学校和民办学校通过委托管理、结对帮扶、互派校长教师等方式,共同提高教育教学水平。

七、民办学校融资渠道

《江苏省意见》提出,"鼓励组建教育融资担保公司,为民办学校提供贷款担保等服务"。事实上,早在 2007 年前后,在广东、重庆等地就已经开展了"教育融资担保公司"相关实践。

解读16：广东省配套政策重点

近年来，广东省民办教育取得了显著成就，办学规模不断扩大，教育质量逐步提高。2018年5月4日，广东省印发了《广东省人民政府关于鼓励社会力量兴办教育促进民办教育健康发展的实施意见》（粤府〔2018〕36号，以下简称《广东省意见》）。《广东省意见》的基本内容框架如图6-7所示。

《广东省意见》共八部分二十三条，除了"国务院三十条"中的"（二十一）规范学校办学行为""（二十八）健全监督管理机制""（二十九）发挥行业组织作用"以及"（三十）切实加强宣传引导"外，《广东省意见》对"国务院三十条"各项规定均予以回应，并增加了"（十七）保障举办者权益""（十九）完善风险防范机制"等方面的内容。以下将就广大民办教育举办者、投资人、教育从业人员关心的问题做重点分析。

一、党建安排

《广东省意见》针对加强党组织对民办学校的领导规定："逐步从教育行政部门和公办学校选派党务经验丰富的在职干部担任民办学校党组织书记。"该条意见并未特指高等院校，那么是否意味着其他层次的学校也应照此实行？

相比其他省区市相关文件，只有《云南省人民政府关于鼓励社会力量兴办教育促进民办教育健康发展的实施意见》（云政发〔2017〕81号）做了类似规定："完善向民办高校选派党委书记（督导专员）制度，建立健全各州、市向当地民办学校选派党组织负责人（督导专员）、党建工作指导员等制度，选好配强民办学校党组织负责人。"

二、现有民办学校的分类登记

对于2017年9月1日之后申请设立的民办学校分类登记的程序和要求相对清晰，但对于在2016年11月7日《全国人民代表大会常务委员会关于修改〈中华人民共和国民办教育促进法〉的决定》公布前经批准设立的民办学校（以下简称现有民办学校）如何选择、如何登记、如何退出没有明确。具

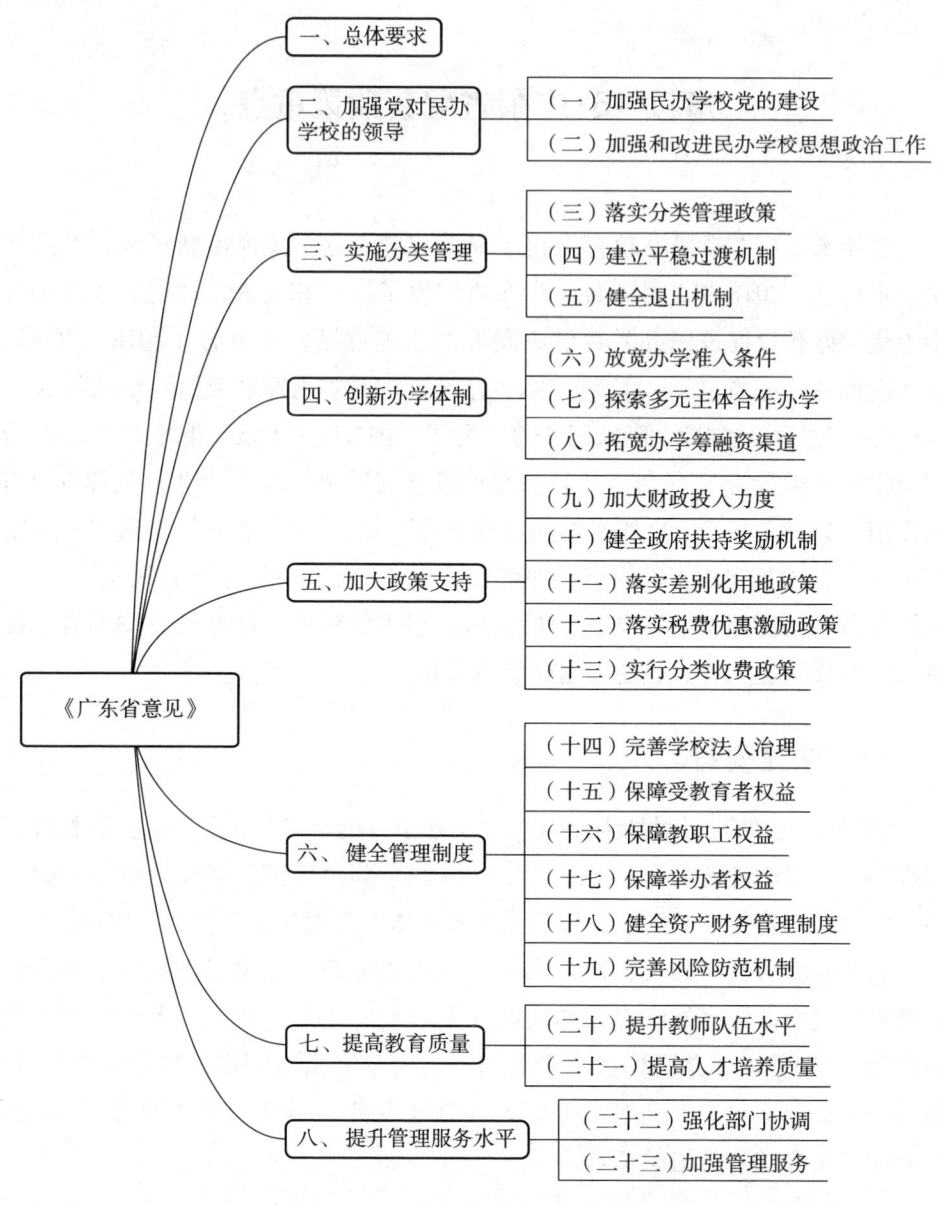

图 6-7 《广东省意见》基本内容框架

体分析如下。

（一）没有明确过渡期，按"一校一策"原则制定过渡工作方案

《广东省意见》没有规定明确的"过渡期"，而是规定每一个现有民办学校都需要开展财务清查、清算和章程修订工作，根据"一校一策"的原则制定过渡工作方案。

（二）现有民办学校须以 2017 年 8 月 31 日为基准日完成财务清查或清算

《广东省意见》明确提出"摸家底"要有基准日。"现有民办学校以 2017 年 8 月 31 日为基准日，在完成财务清查或清算及修改学校章程后，按照教育部《民办学校分类登记实施细则》（教发〔2016〕19 号）以及省的相关规定进行分类登记"。以 2017 年 8 月 31 日为基准日，我们理解主要是基准日前的出资情况可以作为将来终止时向政府申请补贴或奖励的依据之一。广东省明确提出要以 2017 年 8 月 31 日为基准日进行"摸家底"，此规定意义深刻。

（三）分类登记的程序

《广东省意见》规定选择登记为营利性学校的，必须"明确财产权属、完善用地手续、缴纳相关税费、换发办学许可证、办理民办非企业单位或事业单位注销手续等工作后，到工商部门登记"。对此，有两个问题：第一，原来使用划拨用地的非营利性学校，现若登记为营利性学校，如何完善用地手续？依据《广东省意见》的规定，"现有民办学校选择登记为营利性学校的，其通过划拨方式取得的用地，应按规定实行有偿使用，缴纳土地出让金"。但广东省各地关于补缴土地出让金的计算方式以及标准并不一致，应该按什么标准缴纳土地出让金？第二，原来的非营利性学校经过 2017 年 8 月 31 日为基准日的财务清算留有净资产的，如果该校登记为营利性学校后，继续使用该类净资产的，是否需要纳税，如何纳税？

《广东省意见》规定，含有义务教育阶段多层次办学的现有民办学校，非义务教育阶段选择营利性办学的，应在财务清算后进行资产剥离，并换发办学许可证，到相应的登记机关登记。这样的剥离是只能把营利性学校从原来的非营利性学校中剥离出来，还是可以由举办者自行决定？另外，这样的剥离从法理上属于新设分立，但是目前只有《公司法》对公司的分立程序和责任承担有明确的规定，民办非企业组织应该如何分立，剥离程序、责任承担及法律运用等问题尚无明确规定。

（四）补偿或奖励标准制定权进一步下放

《广东省意见》规定现有民办学校选择登记为非营利性民办学校的，终止时具体补偿或奖励办法由各级教育、人力资源社会保障部门按照审批权限另行制定。针对广东省各地、民办学校之间的发展历史、发展模式多样，发展不平衡的实际，不搞"一刀切"，而是要求"一市一策""一县一策""一校一策"，为各地留出空间，鼓励和支持各地积极探索。换句话说，就是将补偿或奖励的标准制定权进一步下放。

（五）2016年11月8日至2017年8月31日设立的民办学校的分类登记

《广东省意见》没有对2016年11月8日至2017年8月31日设立的民办学校的分类登记做出规定，也没有规定对这些民办学校出资人的"补偿"与"奖励"办法。一种合理的理解是，这些民办学校理应享有与现有民办学校相同的分类登记权利，其出资人应该享有相应的"补偿"与"奖励"。

三、保障举办者权益

保障举办者的合法权益是《广东省意见》的一大亮点，体现对民办学校的支持和鼓励。

依据《广东省意见》规定，举办者的权益及其行使条件具体如下。

（1）选择登记类型的权利，只适用于现有民办学校。

（2）民办学校的举办者或其代表应当依照政策法规和学校章程规定的权限及程序参与办学和管理。也就是说，举办者的意志只有通过章程和学校董（理）事会的合法决议才能得到体现。

（3）重大事项变更的权利。重大事项变更由举办者提出，但是有些事项如举办者变更等，还需要依法按章程经学校的决策机构同意。

（4）获取劳动报酬的权利。举办者参与学校的管理，可以获得劳动报酬，应按法律法规和学校章程的规定，履行决策程序。

（5）获得补偿或奖励的权利。

四、对广东省民办学校选择分类管理的建议

2018年5月28日，广东省教育厅等部门联合制定并印发《非营利性民办培训机构的监督管理办法》（粤教策〔2018〕7号）及《营利性民办培训机构的监督管理办法》（粤教策〔2018〕8号）；2018年11月8日，广东省教育厅等部门联合制定并印发了《关于民办学校分类登记的实施办法》（粤教策〔2018〕20号）；2018年11月15日，广东省教育厅等部门联合制定并印发了《关于营利性民办学校监督管理实施办法》（粤教策〔2018〕21号）。尽管《广东省意见》没有规定明确的"过渡期"，但各现有民办学校不要盲目等

待，应当结合实际以及广东省相关配套政策，按"一校一策"原则制定过渡工作方案，做好选择登记的准备，方案内容包括但不限于以下六个方面。

（1）重视党建，落实民办学校党组织负责人交叉任职的规定，健全党组织工作制度。

（2）修改和完善学校章程。民办学校是选择非营利性还是营利性办学，以及决策机构、监督机构的议事规则等调整完善，都应纳入新的章程。

（3）完善学校的内部治理结构，设定董（理）会、监事会和校长办公会各自权责。

（4）开展财务清查，摸清"家底"。无论选择营利性还是非营利性办学，都需要做资产清查，做出合适选择。

（5）加强师资队伍建设，保障教职工的待遇。

（6）加强规范管理，尤其是加强学校资产财务的规范管理。

解读 17：湖南省配套政策重点

2019年1月22日，湖南民办教育界一直翘首以待的《湖南省人民政府关于鼓励社会力量兴办教育促进民办教育健康发展的实施意见》（湘政发〔2019〕2号，以下简称《湖南省意见》）终于发布。通过比较，发现与《湖南省人民政府关于鼓励社会力量兴办教育促进民办教育健康发展的实施意见（征求意见稿）》（以下简称《征求意见稿》）有不少改动。

基于《征求意见稿》的内容以及我们这两年在湖南省从民办幼儿园到民办高等院校的法律服务实践，我们对《湖南省意见》进一步分析。

《湖南省意见》共七部分二十五条，除了"国务院三十条"中的"（八）拓宽办学筹资渠道""（九）探索多元主体合作办学""（二十五）引进培育优质教育资源""（二十九）发挥行业组织作用"以及"（三十）切实加强宣传引导"外，《湖南省意见》对"国务院三十条"给予了全面回应，并增加了"保障民办学校出资者权益"相关规定。

《湖南省意见》的基本内容框架如图6-8所示。

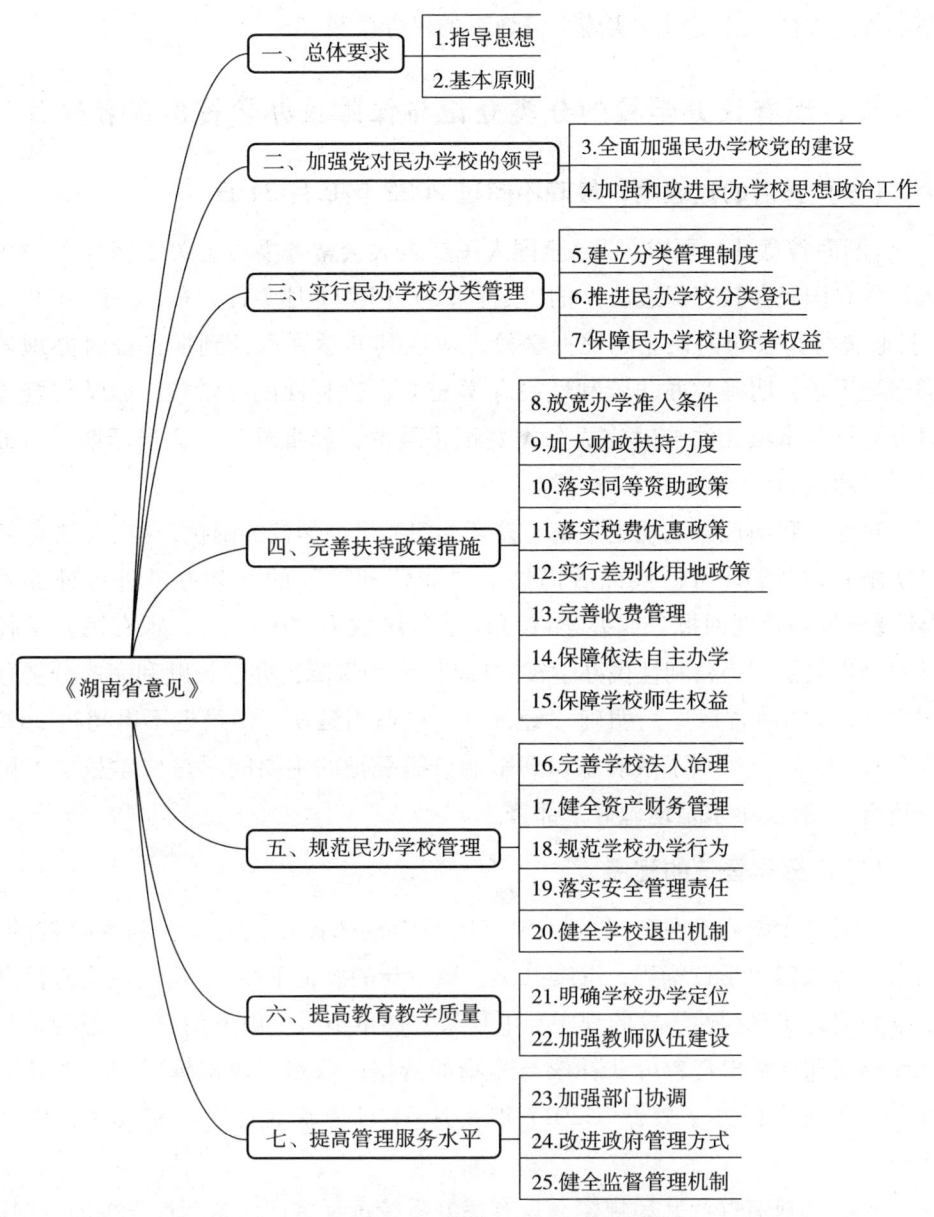

图 6-8 《湖南省意见》基本内容框架

接下来,我们重点关注《湖南省意见》的一些特殊规定。

一、义务教育阶段要始终坚持以公办学校为主体

《湖南省意见》在"总体要求"中规定:"义务教育阶段要始终坚持以公

办学校为主体,适度设立实施义务教育的民办学校。"

二、现有民办学校的分类登记与保障民办学校出资者权益

(一)灵活的过渡期,最晚不超过 2022 年 8 月 31 日

《湖南省意见》要求:"《全国人民代表大会常务委员会关于修改〈中华人民共和国民办教育促进法〉的决定》(2016 年 11 月 7 日公布,2017 年 9 月 1 日起施行)公布前设立的民办学校,应在其办学许可证到期换证时办理分类登记手续,明确举办非营利性民办学校或者营利性民办学校,因学校资产财务清算等事项无法按时完成分类登记手续的,经批准,可适当延期,但最迟不得超过 2022 年 8 月 31 日。"

对此,我们理解该规定是基于教育部门和民办学校的困扰,《民促法》修订实施后,办学许可证换证后仍显示"非营利性"的(如办学许可证注明"不要求取得合理回报"或办学许可证证号尾数为"0"等),现有民办学校是否会丧失登记为营利性民办学校的权利?[①] 为保障民办学校顺利完成分类登记手续,《湖南省意见》明确"经批准,可适当延期,但最迟不得超过 2022 年 8 月 31 日",反映了政府意识到影响分类登记的主要问题是"学校资产财务清算",并实事求是地做好了部署。

(二)分类登记的程序

根据《湖南省意见》规定,现有民办学校选择登记为非营利性学校的,应当"依法修改学校章程,继续办学,履行新的登记手续"。据此,现有民办学校登记为非营利性学校的程序并不复杂,甚至不需"财务清算"。但为了更好地说明和列举出资者可获补偿与奖励的依据,依然建议选择登记为非营利性学校的现有民办学校,以 2017 年 8 月 31 日为基准日尽早完成学校财务清查。

根据《湖南省意见》规定,现有民办学校选择登记为营利性学校的,"应当进行财务清算,依法明确财产权属,并缴纳相关税费,办理新的办学许可证,重新登记,继续办学"。

[①] 教育部门基本不会以此作为民办学校已进行分类登记的依据,通常会保留现有民办学校分类登记权利。

(三) 对学校出资者的补偿和奖励

为保障民办学校出资者权益,《湖南省意见》做了专门规定。

《湖南省意见》规定:"2016年11月7日前设立的民办学校选择登记为非营利性民办学校的,依法修改学校章程,继续办学,履行新的登记手续,终止时,学校财产依法清偿后有剩余的,根据出资者的申请,综合考虑出资者在2017年9月1日前的出资、取得合理回报的情况以及办学效益等因素,可以给予出资者相应的补偿或奖励,补偿奖励总额占学校依法清偿后剩余财产总额的比例不高于出资者2017年9月1日前的出资占学校办学总投入的比例。补偿奖励资金从学校货币资金中提取,货币资金不足的,可以通过依法转让学校资产支付。对出资者进行补偿或奖励后的剩余财产,继续用于其他非营利性学校办学。民办学校恶意终止办学的,对出资者不予补偿或奖励。"

《湖南省意见》所指的"恶意终止办学",根据《中华人民共和国民办教育促进法释义》,是指"实践中,极少数民办学校的举办者,在收取各种费用后,恶意终止办学,遣散教师和学生"[①]。

(四) 划拨土地的处置

《湖南省意见》规定:"民办学校建设用地按科教用地管理。非营利性民办学校享受公办学校同等政策,按划拨等方式供应土地。营利性民办学校按国家相应的政策供给土地。只有一个意向用地者的,可按协议方式供地。土地使用权人申请改变全部或者部分土地用途的,政府应当将申请改变用途的土地收回,按时价定价,重新依法供应。"

根据我们的研究,湖南省就划拨土地已出台相应的优惠政策。湖南省人民代表大会常务委员会于2020年7月30日修订并于同日生效的《湖南省城镇划拨土地使用权管理条例》(湖南省第十三届人民代表大会常务委员会公告第48号)第十一条中规定:"有下列情形之一的,土地使用者可以不办理土地使用权出让手续,但应当按照本条例的规定报经批准后,缴纳土地收益:……(二)改变划拨土地的批准用途与性质,以划拨土地使用权或者连同地上建筑物和其他附着物由本单位进行经营的。"湖南省财政厅、湖南省国土测绘管理局于1999年11月12日发布并于同日生效的《湖南省国有土地有

---

① 中华人民共和国民办教育促进法释义 [A/OL]. [2021-02-22]. http://www.npc.gov.cn/npc/c2185/200311/936b2fe8a15f416baa8bdb8e4043d3fd.shtml.

偿使用费收缴使用管理办法》（湘财农税字〔1999〕28号）第三条规定："对以协议方式出让、租赁国有土地使用权收取的土地出让金、土地租金、土地收益金等有偿使用费，实行最低价控制制度。协议出让国有土地使用权，应缴纳金库的土地纯收益不得低于基准地价的25%；土地租金、土地收益金等以年为单位收取的土地有偿使用费不得低于基准地价的2%。并视经济发展水平定期调整。"第七条规定："土地使用者将划拨的土地使用权或者连同地上建筑物和其他附着物出租给其他使用者，或改变划拨土地使用权批准用途进行经营的，应缴纳土地收益金。具体标准由市、县人民政府制订，但不得低于年土地收益的最低控制价。"湖南省人民政府办公厅于2015年3月12日发布并于2015年4月12日生效的《湖南省国有土地使用权出让收支管理办法》（湘政办发〔2015〕1号）第八条中规定："转让划拨国有土地使用权、依法利用原划拨土地进行经营性建设，或者变现处置抵押划拨土地使用权等，依法应当补办出让手续的，补缴土地价款等于正常出让土地使用权市场价格减去划拨土地使用权价格。其最低补缴额，商业用地不得低于成交价款的40%；商品住宅用地不得低于成交价款的35%；工业用地不得低于成交价款的25%；其他用地不得低于成交价款的30%。"

需要确认的是，在分类管理的实践中，民办学校是否能适用上述法规政策？如果可以适用，对于使用了行政划拨土地而又打算登记为营利性学校的举办者而言不失为一个利好消息。

三、民办学校资产监管

《湖南省意见》规定："民办学校举办者应依法履行出资义务，将出资用于办学的土地、校舍和其他资产足额过户到学校名下……营利性民办学校收入应全部纳入学校财务专户，办学结余分配应在年度财务结算后进行，非营利民办学校收入应全部纳入在主管部门备案的账户，接受审批机关及相关部门的监管。"

我们认为在此需要特别对办学用地和校舍是否需要过户的问题做出说明。实践中，我们发现多数举办者对此问题感到迷惑。

湖南省教育厅于2018年5月15日发布的《对省十三届人大一次会议第2036号建议的答复》（湘教复字〔2018〕66号）提出："《国务院关于鼓励社会力量兴办教育促进民办教育健康发展的若干意见》（国发〔2016〕81号）

第二十条规定："民办学校举办者应依法履行出资义务,将出资用于办学的土地、校舍和其他资产足额过户到学校名下。"因此,按照规定,凡是举办者名下用于办学的土地、校舍等资产都属于法律规定的'举办者投入学校的资产'范围,必须过户到学校名下。"

但实践中,举办者在设立学校时既可以用现金出资,也可以用名下的土地、校舍等实物出资,这里存在两种情况。

第一,如果举办者明确表示以名下的土地校舍作为对学校出资的,自然应该按照"国务院三十条"的规定,将出资用于办学的土地、校舍和其他资产足额过户到学校名下。

第二,如果举办者已以现金或其他实物资产完成了对学校的出资义务,同时将名下的土地和校舍租赁或无偿提供给学校使用,那么该土地和校舍无须过户至学校名下。

四、收费

《湖南省意见》规定:"民办学校收费实行市场调节价,由民办学校按照价格主管部门规定的收费项目,综合考虑办学成本、市场需求等因素自主确定收费标准,按规定向社会公示后执行,其中,实施义务教育的民办学校收费标准应抄送价格主管部门。"由此看来,湖南省关于民办学校收费的态度是比较开放的。

此外,《湖南省意见》特别规定"公办学校参与举办的民办学校收费项目和标准"由物价部门审批通过。基本公办学校参与举办的民办学校的收费乱象,这一条规定具有很强的现实意义。

五、教师队伍建设

相比之前发布的《湖南省人民政府关于鼓励社会力量兴办教育促进民办教育健康发展的实施意见(征求意见稿)》,"非营利性民办学校教师享受当地公办学校同等的人才引进政策""教育行政部门可以有计划选派公办学校教师到民办中小学校支教,选派数量不得超过该民办学校教师总数的15%,选派到民办学校支教的公办学校教师在民办学校工作时间累计不超过4年"等内容在《湖南省意见》中未能予以明确。

六、其他问题

关于党建、招生、税收优惠、土地优惠、办学自主权等民办学校关心的问题，《湖南省意见》亮点不多。

基于《湖南省意见》，我们建议现有民办学校不要盲目等待，应当结合实际，做好分类选择的准备。

解读18：海南省配套政策重点

根据《海南省统计年鉴2020》，截至2019年，海南省共有民办幼儿园2114所、民办普通小学80所、民办普通初中94所、民办中等职业教育学校32所、民办普通高中37所、民办高校9所。为着力构建符合海南省民办教育发展实际的土地、税收、补贴等扶持政策体系，鼓励和激发社会力量兴办教育的积极性，鼓励现有民办学校加快分类登记，同时进一步健全民办学校监督管理体系，保障学校教育教学工作正常开展，确保分类管理改革平稳过渡，维护好教育发展稳定大局，2018年2月13日，海南省人民政府印发了《海南省人民政府关于鼓励社会力量兴办教育促进民办教育健康发展的实施意见》（琼府〔2018〕14号，以下简称《海南省意见》）。该文件在"国务院三十条"的基础上，通过借鉴其他省区市经验，广泛征求社会意见，基于海南省的经济社会条件所做的地方性特色规定，体现了海南省政府办好民办教育的智慧与魄力。

《海南省意见》共三大部分，分别为基本要求、主要任务（六项21款）和保障措施。《海南省意见》基本内容框架如图6-9所示。

以下就民办学校及其举办者共同关心的主要问题，对《海南省意见》相关规定进行分析解读。

一、2017年9月1日前设立的民办学校的分类登记

（一）过渡期

《海南省意见》规定："2017年9月1日前设立的民办学校，须在5年过渡期内（2017年9月1日—2022年8月31日）进行分类登记，分类登记之前，根据其法人属性予以管理。在过渡期内不进行分类登记的，不得再登记为营利性民办学校；确有特殊情况的，经审批机关批准，可延期进行分类登记，但延期最长不超过2年，超过期限仍不进行分类登记的，不得再登记为营利性民办学校。"

理解上述规定具有以下三个要点。

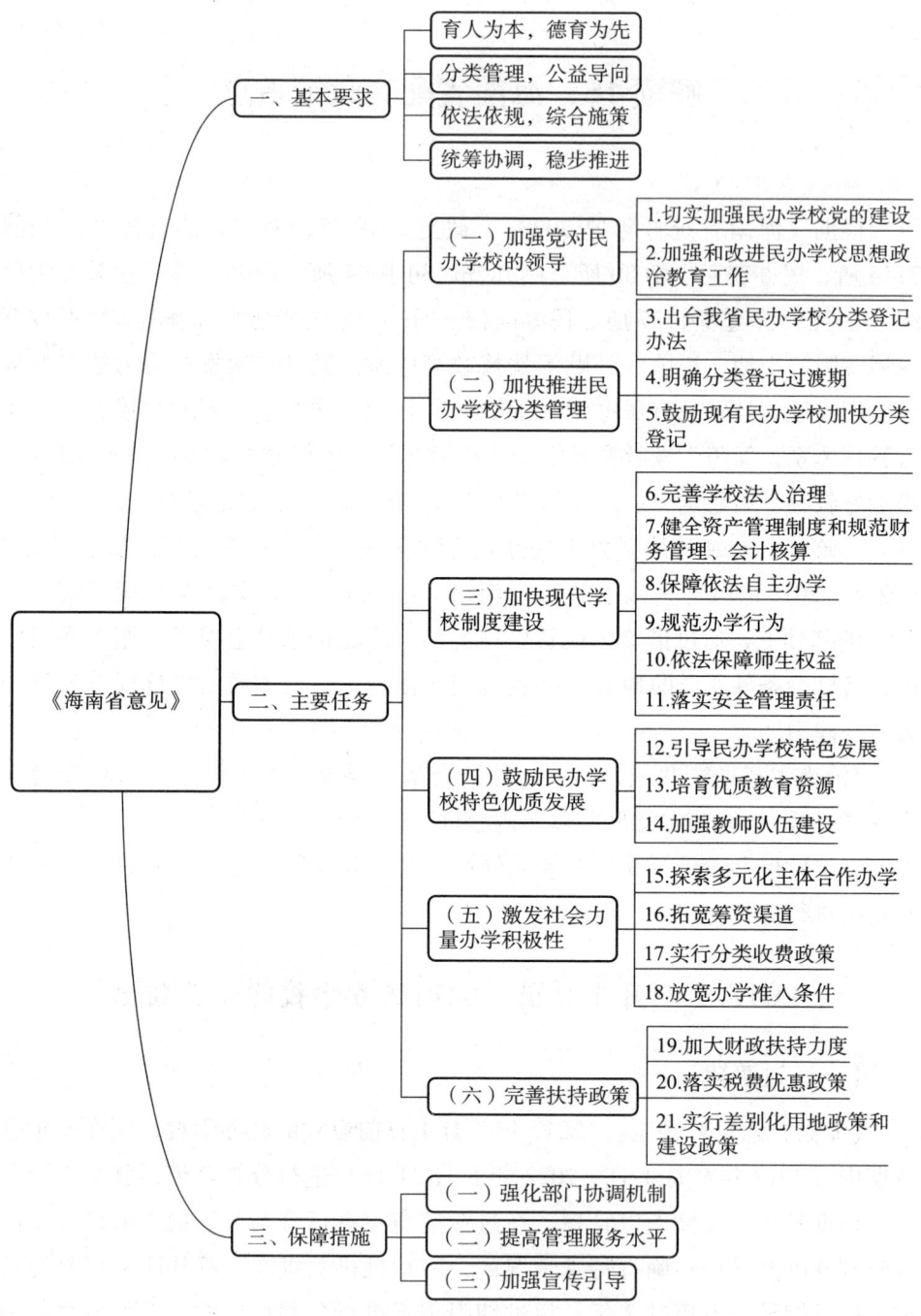

图 6-9 《海南省意见》基本内容框架

（1）《海南省意见》明确 2016 年 11 月 8 日至 2017 年 8 月 31 日设立的民

办学校均可以进行分类登记。通过比较，我们不难发现，除海南省、云南省以及江苏省外，无论是《民办学校分类登记实施细则》还是其他省区市的有关规定，一般只规定 2016 年 11 月 7 日前经批准设立的民办学校（以下简称"现有民办学校"）可以选择登记为营利性学校或非营利性学校，没有规定 2016 年 11 月 8 日至 2017 年 8 月 31 日设立的民办学校如何处理。

基于以上规定，2016 年 11 月 8 日至 2017 年 8 月 31 日设立的民办学校是否在分类登记时同样享受"补偿与奖励"政策？其在退出时资产处置的原则与现有民办学校是否一致？对此，《海南省意见》在"现有民办学校退出办法"中仅规定，现有民办学校选择登记为非营利性民办学校的可享有补偿和奖励。

《民促法》虽没有对 2016 年 11 月 8 日至 2017 年 8 月 31 日设立的民办学校进行规定，但修订的《民促法》于 2017 年 9 月 1 日才正式实施，故从法理上看在 2017 年 9 月 1 日之前批准设立的民办学校仍然是民办非企业组织，无法选择登记为营利性学校。所以，2016 年 11 月 8 日至 2017 年 8 月 31 日设立的民办学校应与 2016 年 11 月 7 日之前设立的民办学校享有一致待遇。

（2）《海南省意见》明确 2017 年 9 月 1 日之前批准设立的民办学校在选择分类登记之前，根据其法人属性予以管理。换言之，这类学校在未选择分类登记时均按照非营利性学校管理。

（3）选择分类登记的期限原则上是 2017 年 9 月 1 日至 2022 年 8 月 31 日，即五年，确有特殊情况的，经审批机关批准，可延期进行分类登记，但延期最长不超过 2 年；超过时限不进行分类登记的，不得再登记为营利性学校。

（二）对选择登记为非营利性民办学校的现有民办学校出资人的补偿与奖励

《海南省意见》没有针对"补偿与奖励"进行细化规定，与《民促法》规定保持一致。

（三）针对选择登记为营利性学校的现有民办学校有关规定

针对现有民办学校选择登记为营利性学校的有关问题，《海南省意见》没有对"国务院三十条"和《民促法》规定进行简单重复，但对民办学校普遍关注的问题，如划拨土地、税费缴纳等进行了细化规定，具体如下。

1. 划拨土地与分类管理选择

现有民办学校对选择登记为营利性学校划拨土地的处置，尤其是补缴土地使用权出让金的数额特别关注。为此，《海南省意见》明确了划拨土地缴纳土地出让金的计算方式："以划拨方式取得的用地，不改变土地用途的，应按规定补办土地使用权出让手续，并按国土部门同意补办时该宗地经确认的市场评估价格40%补缴土地使用权出让金，土地出让价款可按有关规定在规定期限内按合同约定分期缴纳。用地大、补缴出让金确有困难的，市县政府要充分考虑历史因素，按照'一校一策'的原则，采取长期租赁、先租后让、租让结合等灵活的方式办理用地手续，确保平稳过渡。"

我们可以对此规定进行合法性的补充分析。在《海南省意见》出台之前，国家和地方关于补缴划拨土地的土地使用权出让金已出台一些规定，具体如下。

（1）《划拨土地使用权管理暂行办法》（国家土地管理局令〔1992〕第1号）第二十六条中规定："土地使用权出让金，区别土地使用权转让、出租、抵押等不同方式，按标定地价的一定比例收取，最低不得低于标定地价的40%。"[1]

（2）《协议出让国有土地使用权规定》（国土资源部令第21号）第五条中规定："协议出让最低价不得低于新增建设用地的土地有偿使用费、征地（拆迁）补偿费用以及按照国家规定应当缴纳的有关税费之和；有基准地价的地区，协议出让最低价不得低于出让地块所在级别基准地价的70%。"

（3）《海南经济特区土地管理条例》（2014年修正）[2] 第五十九条规定："划拨土地使用权转让的，由受让方与市、县、自治县人民政府土地行政主管部门补签土地使用权出让合同，补办土地使用权出让手续，并按该宗地经确认的评估价格40%补交土地使用权出让金；划拨土地使用权租赁、对外承包的，租赁方、发包方应当按经确认的租金、承包金的40%向县级以上人民政府交纳土地收益。以划拨土地使用权与他人联合举办企业的，以经评估确认的土地入股额依照前款规定的比例补交土地使用权出让金。"

鉴于"标定地价"是政府基于管理需要，评估或认可的具体宗地在正常土地市场和正常经营管理条件下某一日期的土地使用权价格，其与"评估价格"可以视为同一价格，《海南省意见》实际参照了《划拨土地使用权管理暂行办法》以及《海南经济特区土地管理条例》的相关规定，从而为民办学

---

[1] 根据《自然资源部关于第一批废止和修改的部门规章的决定》，《划拨土地使用权管理暂行办法》于2019年7月24日被废止，但该部门规章在《海南省意见》出台之前仍有效。

[2] 在《海南省意见》出台之前的生效版本为《海南经济特区土地管理条例》2014年修正版。

校准确判断土地出让金的数额提供了明确指引。

2. 补缴税费

《民促法》规定："选择登记为营利性民办学校的，应当进行财务清算，依法明确财产权属，并缴纳相关税费。"在实践中，民办学校常有这样的疑问：具体缴纳哪些税费？是否包括民办学校依法免除的企业所得税或其他税费？

对此，《海南省意见》明确规定："选择登记为营利性民办学校的，分类登记之前依法依规减免的税收不再补缴，减免的增值税、企业所得税依据税收法律法规执行，减免的规划建设相关费用不再补缴。"

3. 尚未解决的问题

《海南省意见》没有对重新登记营利性学校的有关程序、旧主体注销时民办学校剩余资产处置方式、社会公共资产的处置与利用等问题做细化规定。

二、民办学校的办学自主权

《海南省意见》对落实民办学校自主权进行了细化规定，具体如下。

（1）民办幼儿园、营利性民办学校收费实行市场调节价，收费标准由民办学校自主确定，向学生和社会公示后执行；"十三五"期间试点非营利性民办中职、高职学校收费市场调节价，由试点民办学校根据办学成本等因素确定收费标准，向学生和社会公示后执行；其他非营利性民办学校根据办学成本、办学质量、社会需求等因素确定学费及住宿费标准，报物价、教育主管部门审批后由学校公示执行。"十三五"后逐步放开非营利性民办学校收费标准，实行市场调节价。

（2）中等及以下层次民办学校在核定的办学规模内，按规定与当地公办学校同期面向社会自主招生。

（3）民办中小学和幼儿园可面向全省招生，各市县不得对民办学校跨区域招生设置障碍。

（4）除国控专业外，民办学校可自主设置和调整学科、专业。

（5）民办高等职业学校可在核定的招生计划总量内自主确定招生专业、招生范围。

与其他省区市相比，海南省关于民办学校收费的规定较严格；但关于民办高等职业学校的招生政策更为宽松，没有要求该类学校具备"社会声誉好、教学质量高、就业有保障"等条件。

三、民办学校教师队伍建设

为了让民办学校可留住优秀人才,《海南省意见》借鉴了其他地区的成功经验,规定:"落实跨统筹地区社会保险关系转移接续政策,民办学校教职工可在不同养老保险制度间转移养老保险关系,其缴费年限可按规定连续计算。"

上述规定的重点在于"在不同养老保险制度间转移养老保险关系",意味着民办学校教职工除了按照规定可以参加城镇企业职工基本养老保险外,还可以参加事业单位的养老保险。《海南省意见》的这一规定可谓是对海南省相关地方法规的一大突破。早在2015年,海南省人力资源社会保障厅曾就"关于解决我省民办学校教师与公办学校教师享受同等退休养老待遇的建议"的人大提案(第0320号提案)发表了否定性意见,认为:"民办学校教师是否参加机关事业单位养老保险,实际上并不是简单选择某一种社会养老保险制度的问题,它已经涉及我国公共财政政策的改革与调整。当前,在财政部门尚无给民办学校拨付人员工资经费的制度性安排的前提下,若将民办学校教师纳入机关事业单位养老保险制度管理,也因缺乏资金保障条件、工资制度不相同等,不具备可操作性。"可见,这一现象能否顺利执行,还需实践检验。

四、拓宽融资渠道

《海南省意见》规定:"鼓励营利性民办学校通过引入风险投资、战略投资、上市融资、发行债券、贷款融资等方式融资。"海南省是唯一在配套政策中提到"上市融资"的省份。

虽然我国各类民办学校、培训机构在境外上市已不是新鲜事,但国家对于营利性学校上市问题尚处于审慎研究中。因此,尽管《海南省意见》鼓励营利性民办学校上市融资,但影响上市的因素不是在海南省层面能够完全解决的。

五、其他方面

《海南省意见》规定:"省及市县政府通过财政拨款、教育券、社会捐资等多元化渠道筹资设立民办教育发展基金。"这里要特别说明一下教育券，教育券是由美国当代著名经济学家、芝加哥大学教授、诺贝尔奖获得者弗里德曼首先提出。实际上，海南省自 2005 年就开始探索教育券的应用，但教育券如何用于筹资设立民办教育发展基金还需进一步研究。

此外，《海南省意见》还规定"国际及国家的教育类非营利性组织在海南设立分支机构的，享受非营利性民办学校同等用地政策"。该规定有助于研究院、基金会等组织在海南落地生根，促进民办学校和培训机构在海南省的发展。

附录 1

附表 1　各省、自治区、直辖市选择分类管理过渡期截止日期

序号	地区	文件	条文		截止日期
1	上海市	《上海市人民政府关于促进民办教育健康发展的实施意见》（2018年7月30日，沪府发〔2017〕94号）	（三）推进现有学校有序过渡。现有学校的举办者办学应当在2018年12月31日前，向主管部门提交材料，按期提交材料的书面材料，未按期提交材料的学校办学属性将选择为非营利性办学。选择登记为非营利性民办学校的，2019年12月31日前，依法修订学校章程，完善法人治理结构和内部管理制度。选择办学。选择登记为营利性民办学校的，应当由学校组织进行财务清算，依法明确资产权属，按照国家和本市规定缴纳相关税费，重新办理法人登记手续，继续办学。其中，主要实施高等学历教育的学校，应当在2021年12月31日前完成上述工作；其他学校应当在2020年12月31日前完成上述工作	现有民办学校	2018年12月31日前提交材料
				经营性培训机构	2019年12月3日
				选择登记为非营利性民办学校的	2019年12月31日
				选择营利性办学——除实施高等教育以外的	2020年12月31日
				选择营利性办学——主要实施高等学历教育的	2021年12月31日
2	北京市	《北京市民办学校分类登记办法》（2018年11月26日，京教民11号）	实施学前教育以及非学历教育培训的民办学校的关于教育法人提交关于民办学校培训机构的书面申请，原则上应在2019年9月1日前向审批机关提交关于教育法人的书面申请；实施普通高级中等教育、中等职业教育、高等学历教育的学校，原则上应在2020年9月1日前向审批机关提交关于学校法人性质选择的书面申请；实施高等学历教育的学校，原则上应在2021年9月1日前向审批机关提交关于学校法人性质选择的书面申请。在审批机关收到书面申请后，符合法定条件和相关规定的民办学校原则上应在1年内完成分类登记	学前教育及非学历教育培训民办学校	2019年9月1日
				普通高级中等教育、中等职业教育的学历教育学校	2020年9月1日
				高学历教育的学校	2021年9月1日

续表

序号	地区	文件	条文	截止日期
3	天津市	《天津市民办学校分类登记实施办法（试行）》（2017年12月29日，津教委规范〔2017〕10号）	第二十四条 现有民办学校应按本办法规定在2020年8月31日前完成分类登记。到期未完成分类登记的现有民办学校，办学许可证到期后不再换发	2020年8月31日
4	湖北省	《湖北省人民政府关于鼓励社会力量兴办教育促进民办教育健康发展的实施意见》（2017年12月28日，鄂政发〔2017〕62号）	（六）依法依规办理登记。经县级以上教育或人社部门正式批准并依法取得办学许可的民办学校，选择非营利性的，可以登记为民办非企业法人或事业单位法人的分支机构。民办非企业法人由民政部门登记，事业单位法人由编制部门登记；选择营利性的，登记为企业法人或企业法人的分支机构，企业法人由工商部门登记。同时举办非义务教育和其他教育的民办学校，如选择营利性，要严格区分义务教育和非义务教育的产权归属，资产、财务分别入账，实行两个法人主体。原则上须在2020年9月1日前完成分类登记	2020年9月1日
5	西藏自治区	《西藏自治区人民政府关于促进民办教育健康发展的实施意见》（2018年8月13日，藏政发〔2018〕32号）	（三）建立分类登记管理制度。对民办学校（含民办教育培训机构）实行非营利性和营利性分类管理。非营利性民办学校不取得办学收益，办学结余全部用于学校发展。营利性民办学校可以取得办学收益，办学结余依据国家有关规定进行分配。举办者自主选择举办非营利性民办学校或营利性民办学校，并按照法定程序到相关部门登记备案。义务教育阶段不得举办营利性民办学校，选择为非营利性的合法权益，为保障各方实现分类登记，分类登记前，现有民办学校仍实行原管理办法。现有营利性民办学校到2020年9月1日前全部实现分类登记，转为非营利性的合法权益	2020年9月1日

续表

序号	地区	文件	条文		截止日期
6	四川省	《四川省人民政府关于鼓励社会力量兴办教育促进民办教育健康发展的实施意见》（2018年9月17日，川府发[2018]37号）	现有民办学校的举办者应当在2020年9月1日前，向主管部门提交关于学校选择为营利性民办学校的书面材料，未按期提交材料的，应当在2021年9月1日前完成相关手续。选择为营利性民办学校的，应当在2023年9月1日前实施高等教育的民办学校的，应当在2022年9月1日前完成登记手续；其他学校应当在2017年11月7日至2017年9月1日前完成登记手续。2016年11月7日至2017年9月1日批准设立的民办学校，参照现有民办学校进行分类登记	现有民办学校	2020年9月1日提交材料
				选择为营利性民办学校的	2021年9月1日
				选择为营利性——实施高等学历教育的民办学校	2023年9月1日
				选择为营利性——除高等学历教育以外的民办学校	2022年9月1日
7	江苏省	《江苏省政府关于鼓励社会力量兴办教育促进民办教育健康发展的实施意见》（2018年2月22日，苏政发[2018]31号）	对2017年9月1日前经批准设立的民办学校，举办者或者举办者集体可自主选择为营利性民办学校或者非营利性民办学校，原则上在2020年12月31日前完成分类登记，如有需要可延期至2022年12月31日	原则上：2020年12月31日	
				特殊情况：2022年12月31日	
8	重庆市	《重庆市民办学校分类登记实施细则》（2018年7月30日，渝教民发[2018]3号）	第十七条 现有民办学校应在2022年9月1日之前选择登记为营利性或非营利性，学校非营利性学校的举办者在2021年12月31日前应当向主管部门提交非营利性学校选择的书面材料；2022年9月1日前仍未完成选择登记的，按原法人属性确定。2016年11月7日至2017年8月31日期间设立的民办学校（不含在工商行政管理部门登记的其他民办培训机构），只能登记为非营利性民办学校进行分立，合并	2021年9月1日前未完成分类管理登记的，2021年12月31日前应提交学校属性选择材料，2022年9月1日前完成登记	

续表

序号	地区	文件	条文	截止日期
9	云南省	《云南省人民政府关于鼓励社会力量兴办教育促进民办教育健康发展的实施意见》（2017年12月18日，云政发〔2017〕81号）	以及学校举办者、名称、层次、类别等重要事项的变更，合并分立、合并以及变更时完成选择登记，应当在办学许可证到期换发时，现有民办学校的举办者应当向主管部门提交关于学校办学属性选择的书面材料，并从许可证期换发之日起3年内完成学校选择登记，且不能超过2022年9月1日 2016年11月7日前经批准设立的民办学校设置过渡期，到2021年11月7日前全部实现分类登记，过渡期内暂未进行非营利性或营利性登记的民办学校要尽快完成登记准备工作	2021年11月7日
10	海南省	《海南省人民政府关于鼓励社会力量兴办教育促进民办教育健康发展的实施意见》（2018年2月9日，琼府〔2018〕14号）	4. 明确分类登记过渡期。2017年9月1日之后申请设立的民办学校必须在申请设立时选择登记为营利性或非营利性，不存在过渡期。2017年9月1日前设立的民办学校，须在5年过渡期内（2017年9月1日—2022年8月31日）进行分类登记，分类登记之前，根据其法人属性予以管理。在过渡期内未进行分类登记的，不得再登记为营利性民办学校，经批准机关批准，可延期进行分类登记，但延期最长不超过2年，超过期限仍不进行分类登记的，不得再登记为营利性许可证的其他文化教育机构，须在过渡期内申请办学许可证并进行分类登记，具体范围以国家规定为准。2017年9月1日前在工商部门登记，未办理办学许可证的其他文化教育机构，须在过渡期内申请办学许可证并进行分类登记，具体范围以国家规定为准	原则上：2022年8月31日； 特殊情况+批准：可延期，但最长不超过2年

续表

序号	地区	文件	条文	截止日期
11	湖南省	《湖南省人民政府关于鼓励社会力量兴办教育促进民办教育健康发展的实施意见》（2019年1月22日，湘政发[2019]2号）	6. 推进民办学校分类登记。《全国人民代表大会常务委员会关于修改〈中华人民共和国民办教育促进法〉的决定》（2016年11月7日公布，2017年9月1日起施行）公布前设立的民办学校，应在其办学许可证到期换证时办理分类登记手续，明确举办非营利性或营利性民办学校，因学校资产财务清算等事项无法按时完成分类登记手续的，经批准，可适当延期，但最迟不得超过2022年8月31日	2022年8月31日
12	河北省	《河北省民办学校分类登记实施办法》（2018年1月9日，冀教政法[2018]1号）	第十八条 对现有民办学校，依法设置过渡期，过渡期限为五年，到2022年9月1日前，全部实现分类管理和登记。过渡期内，除实施义务教育的民办学校外，通过政策引导，由举办者自主选择登记为非营利性民办学校或营利性民办学校。在现有民办学校做出分类选择前，仍按原法人登记进行管理	2022年9月1日
13	陕西省	《陕西省人民政府关于鼓励社会力量兴办教育促进民办教育健康发展的实施意见》（2018年1月14日，陕政发[2018]2号）	现有民办学校按《民办学校分类登记实施细则》规定重新登记，过渡期限为2017年9月1日至2022年9月1日前	2022年9月1日

附录1

续表

序号	地区	文件	条文	截止日
14	山东省	《山东省人民政府关于鼓励社会力量兴办教育促进民办教育健康发展的实施意见》(2018年5月30日,鲁政发〔2018〕15号)	3.建立分类管理制度。对民办学校(含其他民办教育机构)实行非营利性和营利性分类管理。民办学校取得办学许可证并依法设立规范法人登记后,方可开展办学活动。2017年9月1日前设立的民办学校,原则上应于2022年9月1日前完成分类登记工作。	2022年9月1日前①
15	江西省	《江西省人民政府关于鼓励社会力量兴办教育促进民办教育健康发展的实施意见》(2018年6月29日,赣府发〔2018〕20号)	现有民办学校设置5年过渡期(2017年9月1日—2022年9月1日)。举办者应在过渡期内向审批机关提交关于学校分类选择的书面材料,逾期未选择的学校视为非营利性民办学校。鼓励民办学校尽早进行选择。	2022年9月1日前
16	吉林省	《吉林省委、吉林省政府关于鼓励社会力量兴办民办教育促进民办教育健康发展的实施意见》(2018年8月17日,吉发〔2018〕27号)	(七)平稳推进现有民办学校的分类过渡。2016年11月7日《全国人民代表大会常务委员会关于修改〈中华人民共和国民办教育促进法〉的决定》公布前经批准设立的民办学校(以下简称现有民办学校),选择登记为非营利性民办学校的,依法修改学校章程,继续办学;选择登记为营利性民办学校的,应当进行财务清算,依法明确财产权属,并缴纳相关税费,办理新的办学许可证,重新登记,继续办学。现有民办学校原则上须在2022年9月1日前完成分类登记工作。分类登记办法另行制定。	2022年9月1日前

① 山东省济南市有不同规定,具体规定见《济南市人民政府关于鼓励和促进民办教育优质发展的意见》(济政发〔2019〕4号)。

续表

序号	地区	文件	条文	截止日期
17	甘肃省	《甘肃省民办学校分类登记实施办法》（2018年11月15日，甘教厅[2018]176号）	第十七条 现有民办学校应在2022年9月1日之前完成营利性或非营利性分类登记，并应当在2020年9月1日前，向许可机关提交关于学校办学属性选择的书面材料，未按期提交材料的学校不得转为营利性民办学校	2022年9月1日
18	黑龙江省	《黑龙江省民办学校分类登记实施办法》（2019年3月1日，黑政规[2019]3号）	第二十一条 2016年11月7日前设立的民办学校应在2022年9月1日前向审批机关提交关于学校法人性质选择的书面材料，并完成学校法人性质变更工作	2022年9月1日
19	安徽省	《安徽省人民政府关于鼓励社会力量兴办教育促进民办教育健康发展的实施意见》（2017年10月17日，皖政[2017]127号）	民办高校须在2022年年底前完成分类登记。其他学段的民办学校由各市、省直管县决定。分类登记办法另行制定	民办高校：2022年12月31日 其他学段的民办学校由各市、省直管县自行决定
20	浙江省	《浙江省人民政府关于鼓励社会力量兴办教育促进民办教育健康发展的实施意见》（2017年12月26日，浙政发[2017]48号）	现有民办学校（2016年11月7日前正式设立的）到2022年底前完成分类登记	2022年12月31日

续表

序号	地区	文件	条文	截止日期
21	河南省	《河南省人民政府关于鼓励社会力量兴办教育进一步促进民办教育健康发展的实施意见》（2018年2月2日，豫政[2018] 6号）	举办者自主选择举办非营利性民办学校或者营利性民办学校，依法依规办理登记。对民办学校按照举办者自愿办学的原则，通过政策引导实现分类管理。民办高校须在2022年年底前完成分类登记。其他学段的民办学校分类登记时限由各省辖市、省直管县（市）决定	民办高校2022年12月31日 其他学段的民办学校分类登记时限由各省辖市、省直管县（市）决定
22	宁夏回族自治区	《宁夏回族自治区民办学校分类登记实施办法》（2018年6月25日，宁教发[2018] 124号）	第四十七条 现有民办学校应按本办法规定在2022年12月31日前完成分类登记。到期未完成分类登记的，办学许可证到期后不再换发	2022年12月31日
23	广西壮族自治区	《广西壮族自治区民办学校分类登记实施办法》（2018年10月10日，桂教规范[2018] 8号）	第十五条 本办法施行之日前经批准设立的民办学校，需在2022年12月31日前全部完成分类登记，分类管理。本办法施行之日起申请设立的民办学校在批准设立时必须明确登记为非营利性或营利性类型	2022年12月31日
24	新疆维吾尔自治区	《自治区营利性民办学校监督管理办法》（2019年9月5日，新教规[2019] 4号）	第二十八条 现有民办学校选择登记为营利性民办学校的，按照教育部等五部门《民办学校分类登记管理细则》（教发[2016]19号）执行，须在2022年12月31日前完成分类登记	2022年12月31日

续表

序号	地区	文件	条文	截止日期
25	福建省	《福建省民办学校分类登记实施细则》（2019年10月14日，闽教发〔2019〕72号）	第三十七条 2017年9月1日前设立的民办学校应当在2022年12月31日前办理分类登记手续，未按期办理的原则上不得转设为营利性民办学校；特殊情况需要转设的，须经主管部门批准。民办学校在未完成分类登记前，原登记为企业法人的按照营利性民办学校管理；原登记为民办非企业法人或事业单位法人的按照非营利性民办学校管理	2022年12月31日 特殊情况：须批准
26	山西省	《山西省人民政府办公厅关于支持和规范社会力量兴办教育促进民办教育健康有序发展的若干意见》（2018年7月11日，晋政办发〔2018〕75号）	（六）平稳推进现有民办学校的分类登记。按照举办者自愿的原则，2016年11月7日前设立的民办学校，选择登记为非营利性民办学校的，依法修改学校章程，继续办学，履行新的登记手续；选择登记为营利性民办学校的，应当进行财务清算，经同级有关部门和相关机构依法明确土地、校舍、办学积累财产等权属，并缴纳相关税费，办理新的办学许可证，继续办学。现有完全中学、十二年一贯制民办学校高中阶段选择登记为营利性法人的，应明确财产权属，并缴纳相关税费，独立分设两个法人，重新登记，与义务教育阶段分设两个法人。各地应在5年之内完成重新登记	推断为2023年7月11日
27	内蒙古自治区	《内蒙古自治区人民政府关于鼓励社会力量兴办教育促进民办教育健康发展的实施意见》（2018年1月8日，内政发〔2018〕2号）	（三）平稳推进分类过渡。对2017年9月1日前批准设立的民办学校设置过渡期限，通过政策引导，原则上由举办者在2023年8月31日前自愿做出非营利性或营利性选择。过渡期内没有历史遗留和现实情况的，默认为非营利性民办学校。各地应当充分考虑举办者的合法权益，确保民办学校受教育者、教职工和举办者的合法权益，确保民办学校分类管理改革平稳有序推进。自治区将另行制定民办学校分类登记管理办法	2023年8月31日

附录1

续表

序号	地区	文件	条文	截止日
28	辽宁省	《辽宁省人民政府关于鼓励社会力量兴办教育促进民办教育健康发展的实施意见》（2017年9月30日，辽政发〔2017〕48号）	1. 建立分类管理制度。对民办学校（含其他民办教育机构）实行非营利性和营利性分类管理。……各市、县（市、区）政府和省直有关部门应当充分考虑有关历史和现实情况，保障民办学校举办者、教职工和举办者的合法权益，推进民办学校分类管理改革平稳有序推进。 2. 推进民办学校分类登记。正式批准设立的实施专科及以上层次学历教育的非营利性民办高校，由省政府相关部门办理登记……	未规定过渡期①
29	青海省	《青海省人民政府关于鼓励社会力量兴办教育促进民办教育健康发展的实施意见》（2018年3月28日，青政〔2018〕23号）	（五）推进民办学校分类审批登记。……对现有民办学校，按照《民办学校分类登记实施细则》（教发〔2016〕19号）的有关要求，本着举办者自愿的原则，通过政策引导，积极稳妥推进分类登记管理改革。	未规定过渡期

① 辽宁省大连市有具体规定，见《大连市人民政府关于鼓励社会力量兴办教育促进民办教育健康发展的实施意见》（大政发〔2018〕24号）。

续表

序号	地区	文件	条文	截止日期
30	广东省	《广东省人民政府关于鼓励社会力量兴办教育促进民办教育健康发展的实施意见》（2018年4月24日，粤府〔2018〕36号）	（四）建立平稳过渡机制。各地、各有关单位要认真指导现有民办学校开展财务清查、清算和章程修订工作，按"一校一策"原则制定过渡工作方案，平稳有序推进分类管理。现有民办学校以2017年8月31日为基准日，在完成财务清查或清算或修改学校章程后，按照教育部《民办学校分类登记实施细则》（教发〔2016〕19号）以及省的相关规定进行分类登记；其中，选择登记为营利性学校的，应在完成明确财产权属，完善用地手续，缴纳相关税费，办理民办非企业单位或事业单位注销办学许可证，换发办学许可证，办理民办非企业单位或事业单位注销手续等工作后，到工商部门登记；含有义务教育阶段多层次办学的，应在财务清算后进行资产剥离，非义务教育阶段选择营利性办学的，到相应的登记机关完成有民办学校，非义务教育阶段选择营利性办学许可证后，并换发办学许可证。	未规定过渡期
31	贵州省	《贵州省人民政府关于支持和规范社会力量兴办教育促进民办教育健康发展的实施意见》（2018年7月16日，黔府发〔2018〕19号）	（三）落实完善分类管理制度。教育、人力资源社会保障、民政、编制、工商等部门要制定《贵州省民办学校分类许可登记实施办法》，细化许可登记事项及流程，明确民办学校变更登记类型的办法和工作规程。新设立的民办学校，应明确为非营利性或营利性分类审批和登记。2016年11月7日《全国人民代表大会常务委员会关于修改〈中华人民共和国民办教育促进法〉的决定》公布前经批准设立的民办学校（以下简称现有民办学校），应根据省和各地的工作部署适时进行分类登记。2017年9月1日以前选择登记或新设立的非营利性民办学校不得转设为营利性民办学校	适时进行分类登记，未规定过渡期

附录 2

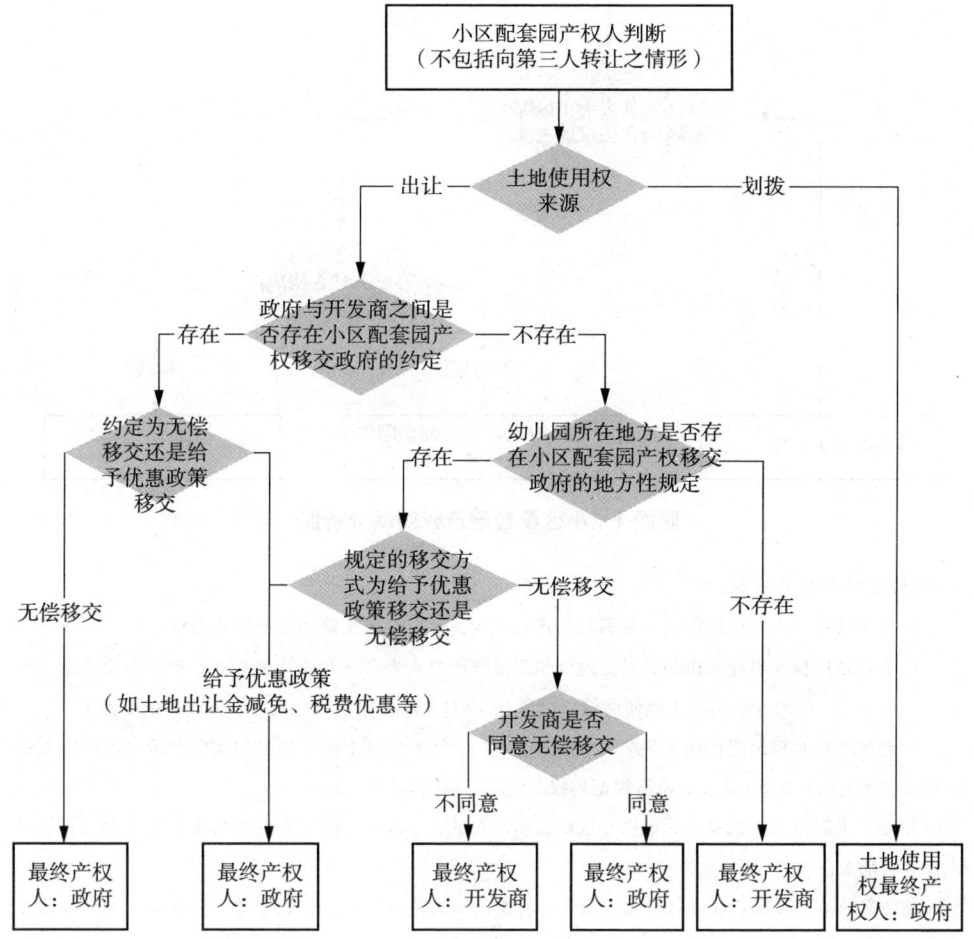

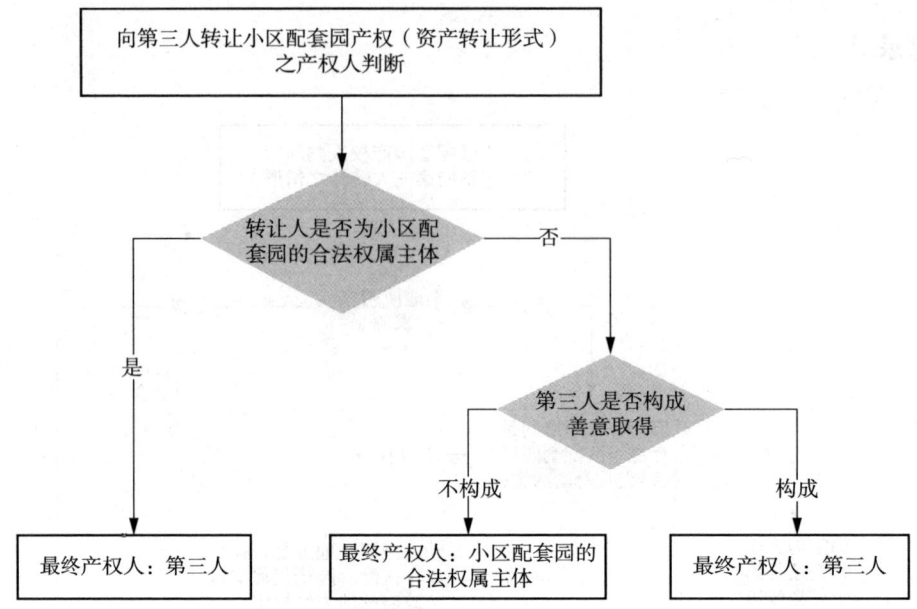

附图 1　小区配套园产权归属分析图

小区配套园产权回收规则：

1. 土地使用权为划拨取得的，除另有约定或规定，政府可以无偿回收土地使用权。

2. 土地使用权为出让取得的，且土地使用权最终产权人为第三人或开发商的，政府原则上应当通过协议收购或征收的方式回收土地使用权，交易/征收对象需根据物权登记等具体因素情况确定。

3. 建筑物所有权最终产权人为第三人或开发商的，政府原则上应当通过协议收购或征收的方式回收建筑物所有权，交易/征收对象需根据物权登记等具体因素情况确定。

4. 第三人通过善意取得方式取得小区配套园产权的，小区配套园的合法权属主体还可向无权处分人追究赔偿责任。

注：影响第三人能否依法取得相应物权的因素，除上图所示以外，还可能包括合同无效、一物多卖等情形，应根据实际情况进行判断。

后 记

2018年,《民促法》第三次修正后,民办教育的运营、管理和发展发生了很大的变化,无论是办学者,还是教育行政管理部门,分类管理制度都是新生事物。尤其是办学者,需要考虑是继续选择非营利性办学还是选择营利性办学。他们发现非营利性办学的模式和要求已发生变化,营利性办学也与普通企业的运营管理不同。教育行政管理部门同样面临挑战,针对教育行业出现的各种新生事物,如何管理?教育行业从业者不能只低头办学,而需要密切关注国家的政策走向、学习最新的法律法规。

但是中国的民办教育体系和其他行业不同,除了基本制度和原则之外,很多重要的问题国家授权各省、自治区、直辖市地方政府,结合本地实际情况制定具体政策,所谓"一地一策"。很多地方基于区域内民办教育发展的不平衡,再次将立法权限下放,这使得在法律实践中人们经常面临"同样的问题在不同的地方法规里有不同的规定"等问题。

从2002年开始,笔者一直从事教育法规相关实践工作。从2016年起,笔者陆续撰写了有关民办教育的系列文章,对民办教育所涉重要法律法规及地方政策进行解读,对民办学校办学过程中面临的实务问题进行分析并提出建议。《民促法》第三次修正至今,有些问题已经明确,有的问题尚待解决,很多基础性问题和共性问题仍然有很多人不甚了解。基于此,笔者萌发了一个想法,即对相关问题给予系统阐释,故有了今天这本书。

在此,要感谢的人很多。首先,要感谢多年来一直给予我信任的客户,正是因为他们的信任,笔者才能对行业有了全方位和多角度的认识和理解。其次,要感谢业内的专家学者,正是因为他们高屋建瓴的理论指点,笔者才能对行业发展有更深入的思考。最后,要感谢我的家人,正是他们毫无保留的支持,笔者才得以坚持至今。

一路走来得到了很多小伙伴的支持,非常感谢所有曾经一起奋斗过的朋友，特别感谢余媛姗、徐永琛、黄建城、陈航和张苏黛。没有你们，就没有我们在教育法律服务领域的成绩。千言万语，无以言表，绝不是一句"谢谢！"可以涵盖。

　　本书出版过程中得到了中国经济出版社教育教材出版分社社长崔姜薇、编辑夏军城的大力帮助，在此一并感谢！